Ingeborg Breuer / Peter Leusch / Dieter Mersch
Welten im Kopf. Profile der Gegenwartsphilosophie
Rotbuch Taschenbuch 1045

W0472595

Ingeborg Breuer, geboren 1955, studierte Philosophie und Germanistik und arbeitet als Autorin und freie Journalistin für den Rundfunk und große Tageszeitungen.
Peter Leusch, Jahrgang 1954, studierte Philosophie, Germanistik und Geschichte und arbeitet als freier Autor für verschiedene Rundfunksender und Zeitungen; Themenschwerpunkte: Gegenwartsphilosophie, Ethik und Technik sowie Medientheorie.
Dieter Mersch, geboren 1951, Studium der Philosophie und Mathematik, Dr. phil., ist Lehrbeauftragter für Philosophie an der Berliner Humboldt-Universität. Buchveröffentlichungen. u.a.: *Gespräche über Wittgenstein* (1991), *Umberto Eco zur Einführung* (1992).

Zu diesem Buch:
Die Philosophie in Deutschland hat viele Gesichter. Zahlreiche Traditionen und Denkströmungen wirken in sie hinein, ohne jedoch eine klare Identität oder eindeutige Konturen zu ergeben. Ein zusammenhängendes Gemälde ist schwerlich zu zeichnen, eine Augenblicksbeschreibung scheint angemessener. Die in diesem Band versammelten Porträts richten sich an alle philosophisch Interessierten. Sie verstehen sich als kurze, verständliche Einführungen in eine Diskussion, die sich laufend weiterentwickelt, deren Grundpositionen aber im wesentlichen von den Denkern geprägt werden, die der Band vorstellt.

Ebenfalls erschienen sind Bände zur Gegenwartsphilosophie in Frankreich/Italien (Rotbuch TB 1046) und England/USA (Rotbuch TB 1047).

Ingeborg Breuer / Peter Leusch / Dieter Mersch

Welten im Kopf

Profile der Gegenwartsphilosophie

Deutschland

Rotbuch Verlag

Die Deutsche Bibliothek - CIP-Einheitsaufnahme

Breuer, Ingeborg:
Welten im Kopf : Profile der Gegenwartsphilosophie /
Ingeborg Breuer ; Peter Leusch ; Dieter Mersch. -
Hamburg : Rotbuch Verlag
NE: Leusch, Peter:; Mersch, Dieter:
Bd. 1. Deutschland. - 1996
(Rotbuch-Taschenbuch ; 1045)
ISBN 3-88022-367-X
NE: GT

Rotbuch Taschenbuch 1045
© 1996 by Rotbuch Verlag
Lektorat: Caroline Fetscher, Peter Hammans
Umschlaggestaltung: MetaDesign, Berlin,
unter Verwendung des Gemäldes »Il grande metafisico«
von Giorgio de Chirico
© VG Bild-Kunst, Bonn 1996
Foto: Archiv für Kunst und Geschichte, Berlin
Herstellung: Das Herstellungsbüro, Hamburg
Satz: H & G Herstellung, Hamburg
Druck und Bindung: Druckerei Wagner, Nördlingen
Printed in Germany
ISBN 3-88022-367-X
Alle Rechte vorbehalten

Inhalt

Vorbemerkung

Einen »weltlosen Kopf« nannte Elias Canetti seinen Dr. Kien in *Die Blendung* – einen, dem im Denken der Sinn für die Wirklichkeit abhanden gekommen ist. Daß einem die Welt nicht verloren geht, daß man sich in ihr trotz der Faktenflut der Informationsgesellschaft zurechtfinden und denkend orientieren kann – daß also in einer »kopflosen Welt« den philosophischen »Welten im Kopf« eine besondere Rolle zukommt, dies mögen die im ersten Band unserer »Profile der Gegenwartsphilosophie« versammelten Texte zur zeitgenössischen deutschen Philosophie zeigen.

Die hier vorgestellten Denker haben in besonderem Maße mit ihren Fragestellungen die philosophische Diskussion im Nachkriegsdeutschland geprägt. Die Auswahl ist daran ausgerichtet. Zur älteren, im ersten Jahrzehnt dieses Jahrhunderts geborenen Generation gehören Hans-Georg Gadamer, Günther Anders und Hans Jonas. Carl Friedrich von Weizsäcker begann ursprünglich als Physiker, beeinflußte aber als Begründer des Starnberger Max-Planck-Instituts zur »Erforschung der Lebensbedingungen in der technisch-wissenschaftlichen Welt« das ethische und naturphilosophische Denken zahlreicher jüngerer Philosophen hierzulande. Niklas Luhmann wiederum ist Soziologe; doch übt seine Systemtheorie eine mannigfache Wirkung nicht nur auf die Sozialphilosophie, sondern inzwischen auch auf Ethik, Ästhetik und Rechtsphilosophie aus. Der 1991 tödlich verunglückte tschechische Philosoph Vilém Flusser, der lange Zeit in Brasilien lebte, wurde in den Band mit aufgenommen, weil sich sein Philosophieren ganz im Umkreis deutscher Philosophie definierte. Und Hermann Schmitz ist gewiß noch ein Außenseiter, dennoch entfalten sich die Spuren seines Denkens bereits zunehmend in der gegenwärtigen feministischen wie ökologischen Philosophie.

Grundlage der vorliegenden Porträts bildeten Rundfunkfeatures, die wir für das Deutschlandradio Köln geschrieben haben, und die dort ausgestrahlt wurden. Unser besonderer Dank gilt deshalb Hildegard Krei, die mit ihrem Interesse an unseren Features auch das Zustandekommen dieses Bandes ermöglichte.

Köln und Berlin, im Mai 1996

Einleitung: Vernunft und Geschichte – die Lasten deutscher Philosophie

I.

Auf Philosophie in Deutschland lastet die Bürde der Tradition. Dies gilt in vielfacher Hinsicht. Noch immer wirkt die Ära des deutschen Idealismus und vor allem die Transzendentalphilosophie Immanuel Kants nach und bildet das Maß und den Hintergrund des Denkens. Als kritischer Gegenpol dominiert die »Destruktion der Metaphysik«, wie sie Martin Heidegger von Nietzsche her vollzog. Sie hat ihre Erweiterungen und Fortsetzungen gefunden, ebenso wie sie ihrerseits zu mancherlei Kritik herausforderte, die gegen sie erneut die Kraft der Vernunft ins Recht zu setzen versuchte. Drittens aber ist weiterhin der Einfluß des großen Stroms marxistischer Philosophie und ihrer Dissidenz spürbar, besonders repräsentiert durch die Gesellschaftskritik der Frankfurter Schule, die mit Theodor W. Adorno und Max Horkheimer den rebellischen Geist der 60er und 70er Jahre entscheidend mitprägte.

Am Kreuzungspunkt dieser Traditionslinien ereignet sich heute die philosophische Diskussion in Deutschland und stellt das Denken in den Kontext von Geschichte. Geschichtlichkeit und ein Wiederfinden der Sprache der Vergangenheit bildet eines der Hauptthemen deutscher Philosophie, auch im Blick darauf, wieder positiv an jenes Erbe anzuknüpfen, das durch die Katastrophe des Nationalsozialismus ein für allemal in Mißkredit geraten zu sein schien. Die Besonderheit der deutschen Situation gegenüber Frankreich und Italien oder England und Amerika leitet sich daraus ab: als eine Auseinandersetzung mit einer kulturellen Identität, die durch den nationalsozialistischen Terror zerstört ward und die es in der Nachkriegszeit wiederherzustellen galt. Ein anderes Hauptthema betrifft deshalb den Verlust des Moralischen und das ethische Vakuum, das der Holocaust hinterließ; Auschwitz steht nicht nur als Symbol für die Schuld der Deutschen, sondern auch – in der Mitte des Jahrhunderts – für das Versagen des Humanismus und die Zerrüttung sämtlicher Werte von Aufklärung und rationaler Lebensführung. Die Hinwendung zur Ethik, insbesondere seit den 60er und 70er Jahren, dokumentiert in dieser Hinsicht das Bedürfnis nach Restitution und Rechtfertigung verbindlicher Normen und Prinzipien sowie die Frage der Verantwortung, die die Ungeheuerlichkeit des Geschehens unwiederholbar machen sollen.

Nachzuholen galt darüber hinaus in Deutschland die Etablierung eines demokratischen Bewußtseins. Diese geschah nicht so sehr in der restaurativen Periode der Adenauerzeit, als vielmehr durch die Studentenunruhen der späten 60er Jahre, die wie überall in Europa eine grundlegende Zäsur setzten, und die ebensosehr ihren Widerhall im philosophischen Denken fanden. Zunächst als Rückfrage der Jüngeren an die Adresse der Vätergeneration, die die Verbrechen des Nationalsozialismus ermöglichte oder zumindest komplizenhaft zuließ, eröffnete sie eine Opposition gegen Krieg, Macht und Unterdrückung überhaupt, die sich umgekehrt in einem emphatischen Freiheitswillen ausdrückte, der die noch unsichere deutsche Republik in ihren Grundfesten erschütterte. Das eruptive Ereignis zog Veränderungen nach sich, die ihre Spuren ins Denken legten und die philosophischen Debatten für einen Pluralismus von Themen aufschloß. Seither dringen fast widerstandslos die vielfältigen intellektuellen Moden aus Frankreich und Amerika, die unter dem Stichwort des »Postmodernismus« zusammengefaßt werden können, in die traditionslastige Landschaft der deutschen Philosophie ein und verändern nachhaltig deren Bild. Strukturalismus und Rationalitätskritik, Dekonstruktivismus und Pragmatismus mischen sich mit den Ingredienzien einer philosophischen Hermeneutik, verschwistern sich mit kritischen Gesellschafts- und Kulturanalysen, um schließlich jene typische Situation der 80er und beginnenden 90er Jahre hervorzubringen, deren Beschreibung Jürgen Habermas schon früh unter den treffenden Titel der »neuen Unübersichtlichkeit« stellte.[1]

Wiederentdeckt als spezifisch deutscher Bezugspunkt des

Postmodernismus wird dabei besonders Friedrich Nietzsche. Seine Philosophie des Lachens, der Artistik, der Relativität und des Nihilismus entfaltet ihre Wirkung bei den hier vorgestellten Philosophen zwar vorerst noch unterirdisch, so daß sie kaum tragend ins Gewicht fällt, dafür aber um so mehr bei den jüngeren, die deren Motive radikaler aufnahmen. Ihr Weg und ihre Richtung sind freilich noch nicht abzusehen. Sie blieben deshalb hier unberücksichtigt.

II.

Der Nestor der deutschen Philosophie ist unbestritten der Heidegger-Schüler *Hans-Georg Gadamer.* Seine »philosophische Hermeneutik« hat ihren Ort in der Kontinuität der Heideggerschen Daseinsontologie und eines Wahrheitsverständnisses als Spiel von »Lichtung und Verbergung«, jedoch erweitert um die Dimension des Dialogischen. Gadamer hat so, wie wiederum Habermas es schlagend charakterisiert hat, die Philosophie Heideggers aus der Einsamkeit ihrer ländlichen Provinz ins urbane Leben überführt und verständlich gemacht. Verstehen wird darin universalisiert und an Sprache gebunden, so daß die Hermeneutik einerseits aus ihrer Engführung als Interpretationslehre entlassen, andererseits ins Gespräch der Überlieferungen gestellt wird, die die Produktivität der Geschichte ausmacht. Auslegung vollzieht sich dann nicht mehr in bezug auf einen Autor und seine Texte, sondern als Übersetzung von Traditionen, bei der es nicht um einen Fortschritt der Bedeutung in Form ständiger Lektüren und Relektüren geht, sondern, wie Gadamer bündig formuliert, um ein »Andersverstehen«.

Solches Andersverstehen geschieht freilich nicht beliebig, sonst verlöre sich die philosophische Hermeneutik in einen uferlosen Relativismus; vielmehr weiß es sich stets in den Kontext von Geschichtlichkeit, von ihm ausgehend und über ihn hinaussteigend, eingebunden. Gadamer weist damit der geschichtlichen Überlieferung, in die jede Kultur gestellt ist, einen positiven Sinn zu: als Erbschaft, die es immer wieder neu anzueignen, zu vermitteln und dabei umzuschreiben gilt.

Als Brücke dient dazu das unabschließbare Gespräch über die Generationen hinweg, als Kontinuität und Bruch der Zeiten, als Spannung zwischen Eigenem und Fremdem, zwischen Vergangenem und Zukünftigem, wodurch das Wichtige weiterwirkt, das Unwichtige aber abstirbt.

Ein Vertrauen in die Macht und Fähigkeit der Sprache als einzigem Ort der »Verschmelzung von Horizonten« leitet diesbezüglich die philosophische Hermeneutik, die in das berühmte Diktum mündet: »Sein, das verstanden werden kann, ist Sprache.«[2] Das will sagen: Wo Verstehen überhaupt geschieht, ist es bereits sprachlich verfaßt. »Es ist so, daß es sich von sich aus dem Verstehen darstellt. ... Zur-Sprache-kommen heißt nicht, ein zweites Dasein bekommen. Als was sich etwas darstellt, gehört vielmehr zu seinem eigenen Sein. Es handelt sich also bei all solchem, was Sprache ist, um eine spekulative Einheit: eine Unterscheidung in sich: zu sein und sich darzustellen, eine Unterscheidung, die doch gerade keine Unterscheidung sein soll.«[3]

Das Wesen der Sprache aber geht für Gadamer eben erst in der Form des »Dialogs« auf, dessen Strukturmerkmal in der Eigentümlichkeit des »Zwischen« besteht, worin es sich entfaltet. Dazu gehört als wesentliche Bedingung das Geltenlassen der anderen Gesichtspunkte, was sich freilich nicht in einer bloßen Anerkennung der Andersheit des Anderen erschöpft, um anschließend wieder zur Tagesordnung überzugehen, sondern wirkliche Berührung und ein »Angehenlassen« erfordert, das bis zur Selbstverunsicherung reicht. Dann aber geht das Gespräch seine eigenen, unerforschlichen Wege, so daß seine Führung eigentlich heißt, sich von ihm führen zu lassen. Gadamers Hermeneutik weitet sich mithin – entgegen allen Unkenrufen konservativer Restauration – zu einer Philosophie der dialogischen Existenz, in der die »Achtung« vor dem Anderen und die Kunst, »unrecht zu behalten«, zu den maßgeblichen Werten gehören. Und insofern führt sie unmittelbar über Heideggers Philosophieren hinaus ethische Implikationen mit sich – und weist mehr Ähnlichkeit mit dem jüdischen Denken Martin Bubers oder Emmanuel Lévinas' auf, als mit dem des einstigen Lehrers.

Ganz anders hat demgegenüber *Hans Blumenberg* an Heidegger angeknüpft und dessen Philosophie in entscheidenden Motiven umgewandelt – soweit, daß die Spuren ihrer Herkunft kaum noch kenntlich sind. Mit Studien zur Frage nach Wahrheit und Ursprünglichkeit begann er seine akademische Laufbahn und entfaltete daraus im Sinne der Rhetorik eine Toposlehre, die er später zu dem weiterentwickelte, was er eine »Metaphorologie« nannte. Als »Fundamentalphilosophie der Metapher« untersucht sie jene geistigen Bilder und überraschenden Vergleiche, aus denen das Denken der Welt erst entspringt: Der Mensch, der im strengen Sinne nicht rational sein kann, bedarf ihrer, weil die Vernunft und ihre Begriffe nicht alleine an das Problem der Endlichkeit der Existenz und der aus ihr entspringenden Daseinsunsicherheit heranzureichen vermögen. Mängelwesen, die wir sind, zwingt uns unsere tendentielle »Ungerüstetheit« und »Lebensuntüchtigkeit« zur Kompensation, zu der vorzugsweise die Gebilde der Phantasie gehören, mit denen wir unsere Wirklichkeit zu beschreiben versuchen. Rational sind sie nicht aufzuklären; so bleibt an ihnen etwas Irreduzibles, das sich keiner objektivierenden Sprache fügt. Umgekehrt vermag auch diese auf die »Leitfossilien« der Metaphernbildung nicht zu verzichten, so daß selbst die diskursiven Zentralkategorien die konkreten Versinnbildlichungen, denen sie entstammen, nicht verbergen können. Die Metaphorik wird so zum »Grundbestand« der rationalen Rede: Alle Theorie hat ihre Wurzel in ästhetischer Wirklichkeitserfahrung.

Wie Heidegger die Philosophie in die Nähe der Dichtung stellte, weil erst die Dichter die »Maßgabe« des Wortes erteilten und somit eine »Sicht« der Wirklichkeit stifteten, wird auch bei Blumenberg die Strenge des philosophischen Denkens in die Lebendigkeit der Narration überführt. Erzählend schreiben wir Geschichten, in denen wir die immergleichen Lebensmotive durch Umbesetzung, Verdichtung oder Umkehrung verändern, so daß schließlich ein Ganzes in Selbsterzählungen entsteht. So kommt der Rhetorik und ihrer hauptsächlichen Leistung, der Poesie, ein Primat im Weltverstehen zu, deren Fäden wir auf je neue und andere Weise fortspinnen.

Sinn ist etwas Unerschöpfliches: doch nicht, weil er sich hermeneutisch nicht ausschöpfen und zu Ende interpretieren ließe, sondern weil in ihm ein erfinderisches und produktives Moment arbeitet, das ihn an die Kunst anschließt. Blumenberg sieht darin einen Paradefall für eine »Hermeneutik in umgekehrter Richtung«: »Nicht die Ausdeutung bereichert den Text über das hinaus, was der Autor in ihn hineingewußt hat, sondern der Fremdbezug (der Metapher) fließt unabsehbar in die Produktivität zu Texten ein.«[4]

Auch *Hans Jonas* und *Odo Marquard* sind – jeweils auf unterschiedliche Weise – von Heidegger ausgegangen, allerdings so, daß sie dessen früher existentialontologischer Daseinsanalytik einen komplett anderen Sinn verliehen. So hat *Jonas* den zentralen Topos der »Sorge« von seinen existenzphilosophischen Implikationen abgelöst und auf eine spekulative Philosophie des Organischen angewandt. Kernpunkt bildet die These, daß es allem Lebendigen, sei es Pflanze, Tier oder Mensch, in seinem Sein um dieses selbst gehe. Von Sterblichkeit gezeichnet, bedeute jedes Leben ein Schwebezustand »zwischen Sein und Nichtsein«[5]; darum bedürfe es des beständigen Ringens um Todesabwehr und Selbsterhalt, in dem sich seine eigene Würde und sein besonderes Existenzrecht bekunde. Ausdrücklich behauptet Jonas auf diese Weise die Unverzichtbarkeit einer Wertsetzung der Natur, die anders als metaphysisch nicht zu begründen sei. Deshalb müsse »der um eine Ethik sich mühende weltliche Philosoph ... zuvörderst die *Möglichkeit* einer rationalen Metaphysik einräumen, trotz Kant, wenn das Rationale nicht ausschließlich nach den Maßstäben der positiven Wissenschaft bestimmt wird«.[6] Diese sei gerade dort notwendig, wo sich durch die Herrschaft der Naturwissenschaft ein Bruch zwischen Mensch und Natur vollzogen habe, der dieser ebenso die Achtung wie jenem seinen Boden entzog. Der Stellungswechsel, den Jonas damit vornimmt, führt von der Ontologie des (menschlichen) Daseins zur Ethik des Natürlichen, die schließlich jenen Skandal auszuräumen erlaubt, der der Heideggerschen Philosophie von Anfang an anhaftete: das Fehlen jeglicher Kategorie des Moralischen.

Ganz anders hat wiederum *Marquard* die Existenzanalyse Heideggers weiterentwickelt, indem er deren Begriff der »Endlichkeit im Menschen« – freilich unter Abzug ihres immanenten »Eigentlichkeitspathos« – auf jene Lebenszufälligkeiten hin konkretisierte, die uns daseiend unvorbereitet ereilen. Mehr als durch Entscheidung oder Planung kämen wir nämlich durch das »Los« der Widerfahrnisse zu uns selbst, so daß nicht der »Entwurf«, sondern die Kontingenz unsere Lebensgeschichten schreibe. Freilich liege darin kein Mangel, sondern Möglichkeit, die es anzueignen und zu entfalten gelte, weil die Todesbegrenztheit der Existenz zugleich zum skeptischen Vorbehalt gegen alle Universalitätsansprüche zwinge. Marquard wendet die Heideggersche Existentialontologie also ins Skeptische, jedoch begrenzt durch eine gleichermaßen existentiell gegebene Anschlußnotwendigkeit an Tradition und Geschichte. Denn kein Mensch sei je schon für sich der absolute Anfang: stets gehe ihm die Wirklichkeit, das Immer-schon-Gelebte mit seinen »Üblichkeiten« und Bedingtheiten voraus und nötige ihn zur Selbsteinrichtung und Bescheidenheit. So sichert Marquard seine Skepsis zugleich durch »Usualismus«, durch Orientierung am Üblichen ab, wie umgekehrt die Skepsis davor schützt, den darin liegenden Konservatismus ins Affirmative umschlagen zu lassen. Beide halten einander die Waage und bezeugen darin, daß die Menschlichkeit des Menschen im Maß liegt – und nicht im Dogma einer strengen Position.

III.

In strikter Opposition zu solcher »Verendlichung« der Philosophie haben hingegen *Karl-Otto Apel* und *Jürgen Habermas* auf Kant zurückgehend die philosophische Reflexion in die Pflicht zu rationaler Begründung genommen. Gegen die Drohung des Irrationalismus, der Relativität des Verstehens und der Beliebigkeit der Narration haben sie erneut auf die Notwendigkeit der Vernunft gesetzt, freilich verstanden als diskursive Argumentation, die mit den Mitteln intersubjektiver Verständigung jeweils praktisch auszutragen ist.

Besonders *Apel* hat daraus in direkter Transformation der Transzendentalphilosophie ein »Letztbegründungsprogramm« entwickelt. Dabei wird der Begriff der Begründung umgedeutet. Nicht im »Beweis« im Sinne logischer Deduktion, welche stets noch etwas voraussetzt und darum nie an ein Ende gelangt und somit entweder sich in einem Zirkel bewegt oder sich in einen infiniten Regreß verliert, besteht das philosophische Begründungsverfahren; vielmehr als »reflexiver Aufweis« dessen, was im eigenen Tun »immer schon« unterstellt und daher in Anspruch genommen wird. Der Grundgedanke ist, daß alle Philosophie, selbst wo sie ausschließlich skeptisch oder negativ verfährt, argumentieren muß; daß mithin die Situation des argumentativen Diskurses »unhintergehbar« ist, so daß selbst der, der ihre Hintergehbarkeit behauptet, sich noch auf sie berufen muß, sie also im Rücken behält. Die radikale Verweigerung, so Apel, verwickelt sich derart in einen »performativen Selbstwiderspruch«, insofern sie praktisch bejaht, was sie inhaltlich verwirft.

Aus diesem »Apriori« der Argumentation gibt es mithin keinen Ausweg; in diesem Sinne gilt es als »letztbegründet«, als ein »*fundamentum inconcussum*« Descartesscher Prägung, von dem sich Apel, gleich wie vormals Descartes, einen Neuanfang in der Philosophie verspricht. Er hat auf diese Weise zugleich ein Motiv geltend gemacht und in den Rang einer »Transzendentalität« gehoben, das für die gesamte westliche Philosophie des 20. Jahrhunderts, sei es in Frankreich, Italien, England, Amerika oder Deutschland, leitend geworden ist: das Primat von Sprache und Kommunikation gegenüber dem Bewußtsein, folglich der Intersubjektivität vor dem Subjekt. Deren Regeln und konstitutive Bedingungen werden als Ort einer spezifisch kommunikativen Vernunft hergeleitet, von dem aus, so die Hoffnung, sich wieder ein positiver Sinn von Aufklärung rekonstruieren ließe.

Apels Letztbegründungsstrategie hat Schule gemacht, sie hat aber auch ebensoviel Widerstand erfahren. Ihr starker Begriff von Rationalität und Begründung nährt sich an einem Dogmatismus, der, gleichwie er ein philosophisches Instrumentarium der Kritik zu retten versucht, jedoch umgekehrt gerade das wieder hereinzuholen scheint, was es zu verabschieden galt: den Totalitarismus, diesmal in Gewand eines Zwangs zum Diskurs. Dagegen hat *Habermas*, der unbestritten im Zentrum aller wichtiger Kontroversen unserer Zeit steht, schwächer und bescheidener argumentiert, wenn auch im Anspruch ebenso strikt und universalistisch. Das von Apel vorgeschlagene Verfahren tauge nicht zu letztendlicher Versicherung, wohl aber gebe es zum rationalen Diskurs keine Alternative. Diese Alternativlosigkeit besteht dann allerdings nur in bezug auf ein potentielles »Anderes der Vernunft«: Denn solange wir vernünftig sein wollen, erscheint der rationale Diskurs unverzichtbar; jenseits von Rationalität finden sich bestenfalls Macht und Gewalt, so daß die Idee des Humanum sich mit der Praxis diskursiver Auseinandersetzung überhaupt verbindet. Mithin bestimmt sich die Menschlichkeit des Menschen aus der Kontinuität von Kommunikation, und wo diese abreißt, wird nicht nur die Möglichkeit von Vernunft und Aufklärung unterbrochen, sondern letztlich auch die Identität der Gesellschaft zerstört.

Insbesondere hat Habermas versucht, die Struktur kommunikativer Rationalität aus der Logik der Verständigung herzuleiten. Er stützt sich dabei wesentlich auf die Sprechakttheorie John R. Searles, dessen Untersuchung »illokutionärer Handlungen« er zu einer Theorie »kommunikativer Kompetenz« ausweitet.[7] Sie dient der Rekonstruktion »universaler Geltungsansprüche der Rede«, die als Modell idealer Kommunikation fungieren, welche, so die Formulierung Habermas', »kontrafaktisch« in jeder Verständigung unterstellt werden müssen und somit in jeder möglichen Gesprächssituation gleich einem »regulativen Prinzip« als Maßstab ihres Gelingens vorausgehen.[8] Zugleich bilden sie die Bedingungen jenes Einverständnisses, in dem Habermas das Ziel jeder Verständigung erblickt. Konsensus, das heißt intersubjektive Übereinstimmung, ist das Kriterium der Kommunikation, die als sozial gebundene ebenso dafür verantwortlich ist, daß eine gemeinschaftliche Lebensform und Kultur zustande kommt, als auch, daß sich Geschichte hervorbringt.

Gadamer hat dem jedoch im Rahmen der in den 70er Jahren ausgefochtenen Debatte um den »Universalitätsanspruch der Hermeneutik« widersprochen. Es gibt keine allgemeine und notwendige Struktur des Gesprächs, weil auch dessen Zustandekommen und Nichtzustandekommen der Geschichte unterliegen. Sprache könne deshalb stets nur Mittler zwischen den Positionen und Zeiten sein, niemals Richter. Ähnlich erteilte auch Marquard der universalistischen Vernunftkonzeption eine Absage, indem er gegen sie das Zufällige des Menschlichen ins Recht setzte. Einem Humanum, das einen Emanzipationszwang mit sich führt, bescheinigte er ein gleichzeitiges Inhumanum; so verteidigte er den Dissens gegen den Konsens und die Vielheit gegen die Einheit. Kommunikation müsse Differenzen eher kenntlich machen und bewahren, statt sie einzuebnen. Der Widerstand ist exemplarisch für die Kritik, die der Diskurstheorie Apels und Habermas' von vielen Seiten widerfuhr, auch von französischer und amerikanischer Seite, dort vor allem vertreten durch Jean-François Lyotard und Richard Rorty: ein Widerstand, der in ihr einen neuen Fundamentalismus und Aufklärungsterror wittert.

Gleichwohl dominiert in beidem, der Begründung der Rationalität von Kommunikation, wie auch der Skepsis ihr gegenüber, das Bild des Menschen als eines *animal rationale*. Vernünftig soll die Einrichtung des Sozialen sein; vernünftig auch das Maß der rechten Vernunft, mit der ihr übermäßiger Anspruch eingeschränkt werden soll. Noch die Kritik der Rationalität fällt so letztlich rationalitätslastig aus. Demgegenüber gestattet die Leibphilosophie von *Hermann Schmitz* einen ganz anderen Zugang. Sie wirft – in beinahe Heideggerschem Gestus und noch über ihn hinaus – der Philosophie in ihrer gesamten abendländischen Prägung seit der Vorsokratik einen undurchschauten Intellektualismus und entsprechend eine »Leibvergessenheit« vor. Allein werde das Denken im Verstand und seinen Begriffen verankert, so daß der Leib und seine Befindlichkeiten sowie die elementaren Gefühle und Betroffenheiten verdrängt und ausgeschlossen, ja sogar als unbegrifflich verachtet würden. Gegen das Primat des Diskursiven stellt Schmitz deshalb die unmittelbare Leiberfahrung, das seine Methode in einer Phänomenologie des direkten Erlebens und Spürens leiblicher Erregungen hat, deren »Alphabet«, das heißt bloße Buchstabensprache er aus diesen selbst zu rekonstruieren trachtet.

Schmitz stellt sich auf diese Weise in Opposition zu allen Hauptströmungen gegenwärtiger Philosophie, sei es der philosophischen Hermeneutik Gadamers, der Diskurstheorie Apels und Habermas', aber auch der amerikanischen Pragmatik und Analytik wie des französischen Strukturalismus und Poststrukturalismus oder der italienischen Semiotik. Er durchquert sogar die Geschichte der Philosophie nach rückwärts, um schließlich an jene Wegbiegung Homerischer Vorzeit anzulangen, wo das Gefühl noch als objektive Macht erlebt wurde, die uns ohne Verstellung, Umbiegung oder kontrollierte Selbstbeherrschung durchs Rationale anging. Schmitz kommt so zu einer eigentümlichen Rekonstruktion des Mythos, den er dem Logos als sein Anderes voranzustellen sucht, indem dieser aus jenem erst seinen Ort gewinnt.

Bezeichnenderweise hat sich in jüngster Zeit der Feminismus mit seiner Kritik des Phallo-Logozentrismus dieser Ideen angenommen.[9] Er knüpft allerdings damit an jene Befindlichkeitsdiskurse der 70er Jahre an, die die Authentizität von Emotionen und das Recht ihrer ungebrochenen Empfindung wiederzuerlangen strebten – ungefiltert und als schonungslose Hingabe an die unreflektierte Sprache des Körpers, zu der auch Schmitz in einer gefährlichen Nähe steht. Treffend hat sie der Publizist Dieter E. Zimmer in ein polemisches Bild gesetzt: »Unschuldig und arglos geht er seines Wegs, durchaus aufgeschlossen für alles, das ihm begegnet, da packt ihn eine Wut, da überfällt ihn eine Trauer, wie die Windpokken, wie ein Inkubus, der ihm aufhockt, und er kann nur noch hilflos die Achseln zucken. Frag mich nicht, warum ich dies oder das tue, mich hat neuerlich eben eine Wut ergriffen.«[10] Eine Rechtfertigung aus dem Gefühl, so Nietzsche, ist allemal eher eine Rechtfertigung dagegen als dafür.

IV.

Die skizzierte Diskussion betrifft vor allem das Verhältnis von Rationalität und Irrationalismus. Sein Prüfstein bildet die Möglichkeit rationaler Kritik. Dessen Notwendigkeit entspringt der schmerzlichen Erfahrung des Nationalsozialismus. In ihr spiegelt sich die spezifisch deutsche Empfindlichkeit: die Auseinandersetzung mit dem fatalen Erbe und die Schuld, die es verhängte. Die Ungeheuerlichkeit des Holocaust, die Maßlosigkeit der faschistischen Greuel und der verlorene Krieg bedeuten so jene besonderen Lasten, die gleichsam das Territorium der Debatten hierzulande von vornherein abstecken. Denn ein relativistischer Pluralismus, wie er vor allem in den USA Tradition hat, findet sein Ende notwendig an der Frage nach der vermeintlichen »Wahrheit« des Nationalsozialismus, die andernfalls, als gleichberechtigte Möglichkeit unter anderen, akzeptiert zu werden droht. So bedarf es eines Kriteriums, das Terror und Gewalt ausgrenzt und zugleich dessen Rechtfertigung, weil es als Kriterium nicht gesetzt werden kann, ohne selber terroristisch zu werden. Die Allergie gegen Rationalitätskritik und die damit verbundene Abwehr der angeblichen Grundlosigkeit allen Denkens, die sich in weiten Teilen der gegenwärtigen deutschen Philosophie bezeugt, wird erst daraus verständlich.

Aus dieser besonderen Verantwortung vor der Geschichte erklärt sich denn auch bei uns die relativ frühe Hinwendung zu ethischen Fragestellungen, die in Frankreich und Amerika erst in den letzten Jahren – dort freilich unter anderen Vorzeichen – nachgeholt wurde. Die unumgängliche Revision des Moralischen war eines der philosophischen Grundmotive *Apels*, überhaupt die Frage nach der Möglichkeit einer »Letztbegründung« zu stellen. Denn von Anfang an galt ihr Ziel nicht einem gedankenspielerischen Selbstzweck, sondern der Erneuerung von Ethik aus der Einheit theoretischer und praktischer Vernunft. Rationalität selbst, als kommunikative immer schon in Handlungen vollzogen, sollte, wie bei Kant, unmittelbar praktisch wirksam werden, allerdings, wiederum gegen Kant, nicht postulatorisch als ein »Faktum der Vernunft«, sondern so, daß die theoretische Einsicht notwendig die praktische nach sich ziehe. Dann würde aus der Nichthintergehbarkeit des argumentativen Diskurses auch direkt die Nichthintergehbarkeit seiner praktischen Akzeptierung folgen, so daß, wer überhaupt argumentiert, bereits moralisch handelt. Apel kommt so zur »Diskursethik«, deren »kategorischer Imperativ« in der »Metanorm« gipfelt, Handlungskonflikte möglichst kommunikativ auszutragen. Statt des rigoristischen: »Handle nur nach derjenigen Maxime, durch die du zugleich wollen kannst, daß sie ein allgemeines Gesetz werde«[11], heißt es jetzt knapp: »Argumentiere!«.

Habermas hat die in diesem Prinzip zugrundegelegte Diskursethik vor allem um politische Gesichtspunkte erweitert und sie in jüngster Zeit durch eine Demokratietheorie komplettiert. Rechtsnormen müssen – ebenso wie moralische – gleichermaßen argumentativ legitimiert sein, um als demokratische Geltung zu erlangen. Das erfordert jedoch gleichzeitig eine selbst noch diskursive Verankerung von Prozeduren der Rechtssetzung, so daß gleichsam das Gebot gemeinschaftlicher kommunikativer Austragung stets das letzte Wort behält. »Der entscheidende Gedanke ist, daß sich das Demokratieprinzip der Verschränkung von Diskursprinzip und Rechtsform verdankt«[12], heißt es in *Faktizität und Geltung*. Diese Verschränkung beginnt mit der Anwendung des Diskursprinzips auf Freiheitsrechte und endet mit der rechtlichen Institutionalisierung der Ausübung politischer Autonomie durch diskursive Verfahren. Das bedeutet gleichzeitig, daß eine Gesetzgebung, die rein administrativ und unter Umgehung demokratischer Prozeduralität vollzogen wird, illegitim sei. Habermas kritisiert so den Fetisch formaler Rechtsstaatlichkeit wie den damit verbundenen Prozeß schleichender Verrechtlichung, die den real existierenden Demokratien einen faktisch undemokratischen Zug verleihen. Der »höchste Punkt« des Politischen ist immer die freie Selbstverständigung der Bürger; an ihr und ihrer radikalen Verwirklichung wären demokratische Lebensformen, die ihren Namen verdienten, erst zu messen.

Gegen eine solche, sich ausschließlich auf formale Grundsätze berufende Ethik, die ihre Normen kollektiv austrägt und dabei allein auf die Praktiken diskursiver Auseinandersetzung stützt, hat *Hans Jonas* das Prinzip »Verantwortung« gestellt. Weniger auf das bezogen, was der Einzelne im Handeln zu tragen vermöchte, als am Modell des Eltern-Kind-Verhältnisses orientiert, versteht Jonas Verantwortung wörtlich: als Aufforderung, Antwort zu geben und mithin Rechenschaft darüber abzulegen, was ein jeweiliges Tun oder Lassen an Folgen zeitigt. Verantwortung besteht dann nicht individuell in dem Sinne, daß die überschaubare Folgelast des Handelns übernommen wird, so daß im konkreten Fall sich auch auf Unwissenheit oder Alternativlosigkeit berufen werden könnte, auch nicht in einer Verantwortlichkeit diesem oder jenem Anderen gegenüber, vor dem im Zweifel ein Entzug möglich wäre; sondern die Radikalität der Verantwortung ergibt sich summarisch vor der Zukunft, die ihre eigenen Fragen stellen wird, und der niemand auszuweichen vermag. So beinhaltet sein Begriff eine wesentliche Irreduzibilität: die Unmöglichkeit, nicht verantwortlich zu sein.

Jonas' Problemstellung entsprang allerdings einem ganz anderen Fragehorizont als der Apels oder Habermas'. Während diese ihr ethisches Pathos aus der Verhinderung einer Wiederholung unheilvoller Geschichte bezogen, richtete jener seinen Blick auf die veränderten Lebensbedingungen des Menschen im 20. Jahrhundert: auf das Monstrum Technik. Daraus ergab sich auch seine veränderte Antwortrichtung: Die Möglichkeiten der Technik greifen heute derart über Raum und Zeit hinaus, daß etwas buchstäblich Ungeheueres und Unabsehbares hinzukommt, ein Verlust des Bewußtseins der Grenze. Der traditionellen »Ethik der Nähe«, die Übersicht über das Terrain des Handelns und seiner Folgen voraussetzte, stellte Jonas deshalb eine »Ethik der Ferne« gegenüber, deren Ort nicht länger die Präsenz, sondern ein Ausgesetztsein ins Zukünftige darstellt, welche die Begrenztheit der jeweiligen Lebensspannen immer schon überschritten hat. Der ethische Imperativ Kants wäre dann um die Dimension der Zeitlichkeit zu erweitern: »Handle so, daß die Wirkungen deiner Handlung verträglich sind mit der Permanenz echten menschlichen Lebens auf Erden.«[13]

Wenn auch die Plausibilität der Formulierung angesichts der drohenden ökologischen Katastrophe in die Augen springt, haftet ihr doch der Mangel eines bloß »wertethischen« Postulats an, das sich stets auf ein inhaltlich bestimmtes Gutes berufen muß und auf diese Weise in einen chronischen Rechtfertigungsnotstand gerät. Dennoch verweist Jonas umgekehrt auf eine Problematik, die der lediglich formalistisch argumentierenden Diskursethik enträt: Der Gefahr, daß die Menschheit weniger Zukunft vor sich zu haben scheint, als Vergangenheit hinter sich. Der Preis der Beschränkung aufs Gesellschaftliche und Politische ist bei Apel und Habermas die Abwesenheit jeglichen Sinnes dafür, daß der Mensch, selbst Natur, nur in und mit der Natur leben kann; auf der anderen Seite würde Jonas im Extremfall sogar vor einer temporären Aussetzung des Demokratieprinzips nicht zurückschrecken, um das Überleben der Menschheit unter der Gefahr eines ökologischen Zusammenbruchs zu sichern.

Es scheint also, daß zwischen Freiheit und Natur, Ethik und Politik eine unversöhnliche Lücke klafft – ein Widerstreit, den *Carl Friedrich von Weizsäcker*, von Haus aus Physiker, durch die Zurückführung des Ethischen *auf* und die Einbindung von Freiheit, Natur und Politik *in* Religion zu lösen versucht hat. Auch Weizsäcker denkt, wie Jonas, von der Monstrosität des Technischen her. Auch zu seinen Schlüsselerfahrungen gehört die Barbarei des Nationalsozialismus. Aber es kommt eine wichtige persönliche Erfahrung hinzu: Die Mitwirkung am »Uranverein« während des Krieges und der daraus entspringenden Möglichkeit der »Bombe« als eines Mittels zur Selbstvernichtung der Menschheit. Zusammen mit Otto Hahn, Werner Heisenberg und Max Born unterzeichnete er darum nach dem Kriege die »*Göttinger Erklärung*«, die im Namen des Friedens jede atomare Bewaffnung ablehnte und zur Abschaffung der »Institution« des Krieges aufrief. Doch impliziere dies, wie Weizsäcker es später formulierte, eine radikale Verwandlung des Umgangs mit Macht, der eine Transformation des Bewußtseins noch vorausgehen müsse. Solcher »Bewußtseinswandel« bestehe in der Notwendigkeit der Überwindung des in die technische und wissenschaftliche Rationalität eingeschriebenen »Titanismus«[14] der Moderne in Richtung einer Ethik, die, wiederum wie bei Jonas, einen weitgefaßten Begriff von Verantwortung ins Zentrum rückt. Grundsätzlich nämlich ist jede Verantwortung unteilbar: daher sind wir für alles verantwortlich, ob wir es wollen oder nicht, auch für die Unverantwortlichkeiten unseres Denkens. Es folgt, daß Wissenschaft, Technik und Politik die Suche nach dem »Guten« mit der gleichen Leidenschaftlichkeit zu betreiben haben, wie ihre Suche nach Wahrheit: Der von Weizsäcker angemahnte Bewußtseinswandel geht auf die rigorose Vertiefung des Gewissens. Dies könne freilich nur unter Erneuerung des Sinns für *religio*, der Rückbindung ins Religiöse, erfolgen.

Weizsäcker gehörte darüber hinaus zu den ersten Wissenschaftlern und Philosophen in Deutschland, die die Gefahr einer um sich greifenden ökologischen Bedrohung ernst nahmen und schon früh Warnungen aussprachen. Als Direktor des von ihm 1969 gegründeten Starnberger Max-Planck-Instituts zur »Erforschung der Lebensbedingungen in der technisch-wissenschaftlichen Welt«, dessen Mitdirektor zeitweise auch Habermas war, löste er mit seinen pessimistischen Prognosen zum Welthunger und zur Energieproblematik eine Reihe wichtiger Diskussionen zur Dynamik des Fortschritts aus, deren eigentliche politische Brisanz sich heute erst abzeichnen. Denn die Krise der Umwelt, so Weizsäcker, folge der Logik der Moderne, und ist also deren Erfolg und Durchsetzung selbst immanent. Weizsäcker kommt so zu einer eigenen Form von Modernismuskritik, die der Max Horkheimers und Theodor W. Adornos in der *Dialektik der Aufklärung* nicht unähnlich ist: der These eines unausweichlichen Umschlagens von Vernunft in Unvernunft, wo diese ihrer Grenzen nicht eingedenk bliebe. Entsprechend zieht Weizsäcker – nun aber wiederum im Unterschied zu den Vertretern der Frankfurter Schule – andere Konsequenzen: Der machtförmigen Rationalität, ihrem Willen zu Aneignung und Herrschaft, setzt er eine Kultur der Askese entgegen, die sich als »demokratische Askese«[15] aus den Tugenden des Verzichts, der Bescheidenheit und Selbstbeherrschung versteht. In ihr konkretisiert sich letztlich jener Sinn von *religio*, aus der allein ein Ausgang aus der Tragödie der Moderne vorstellbar wäre.

Ebenso wie für Weizsäcker bildete auch für *Günther Anders* der Schrecken der »Bombe« den »*Kairos*« seines Denkens. Wie Auschwitz für Adorno, galt ihm Hiroshima als Symbol für das Unheil dieses und sogar künftiger Jahrhunderte. Jahrelang litt er, wie er selbst bekannte, an einer Schreibhemmung, weil mit der nuklearen Katastrophe die aufgeklärte Moderne mit einem Schlag zu Ende gegangen und in eine neue Epoche übergegangen sei. »Gleich wie lange, gleich ob es ewig währen wird, dieses Zeitalter ist das letzte«[16], heißt es in seinen *Thesen zum Atomzeitalter.* Fortan stellten sich alle Fragen anders: Erkenntnis bedeute vor allem Denken des Entsetzlichen, Ethik das Engagement seiner Verwehrung durch Widerstand. Abseits der eingespielten Reserviertheit akademischer Diskurse zog daraus Günther Anders auch die praktische Konsequenz: Bis ins hohe Alter hinein scheute er sich nicht, sich direkt politisch einzumischen. Nachhaltig prägte er die Friedensbewegung mit und verlieh ihr ihr intellektuelles Gewicht.

Bekannt wurde Anders vor allem mit seiner Diagnose von der »Antiquiertheit des Menschen«. Sie betrifft die Möglichkeit des Humanismus in einer Zeit, deren technische Hochrüstung sämtliche traditionellen Bestimmungen obsolet werden ließ. Nicht mehr von der Idee der Person, des aufgeklärten Subjekts sei auszugehen, sondern, wie Anders es formulierte, von der »Diskrepanz der Kapazität unserer verschiedenen Vermögen«.[17] Diese bedeutet vor allem die Desintegration der Persönlichkeit, die Zersplitterung des Sinns, schließlich die Auflösung des Gewissens. Anders' Bilanz klingt fatal: Gefühl und Handeln, Machen und Vorstellen, Wissen und Verantwortung werden unweigerlich auseinandergerissen und führen ein Eigenleben, ohne noch aufeinander beziehbar zu sein. Die Krankheit der Epoche ist die Krankheit des Menschen: sein Selbstverlust, insofern er seine Mitte eingebüßt hat.

V.

Anders' pessimistische Zeitdiagnose partizipiert an jener Gesellschafts- und Zivilisationskritik, wie sie für die 60er Jahre charakteristisch war. Freilich blieb er auch dort Außenseiter. Die revoltierenden Studenten folgten eher dem großen Strom der neomarxistischen Theoretiker wie Max Horkheimer, Theodor W. Adorno, Jean-Paul Sartre oder Ernst Bloch. Doch wenn sie auch in Berlin und Frankfurt, wie überall in der westlichen Welt, Brandsätze eines Umsturzes legten, die die Nation zeitweise erschütterten und heftige Gegenwehren auslösten, blieb ihr Aufstand doch wesentlich inspiriert von Kulturkritik. Ihre entscheidenden Impulse empfing die Studentenbewegung so einerseits von der »Kritischen Theorie« der Frankfurter Schule und deren ideologiekritischem Vokabular wie der »verwalteten Welt«, der »Kulturindustrie« oder dem »Massenkonsum«, andererseits von einer radikalen Psychoanalyse und deren Kritik der familiären Repression und der gesellschaftlich eingeforderten »Sublimation«. Nicht die »Diktatur des Proletariats« oder die »klassenlose Gesellschaft« waren deshalb ihre Ziele, auch wenn sie erklärtermaßen auf ihren Fahnen standen, sondern Freiheit im allgemeinsten Sinne. Zunehmend eskalierte jedoch die Revolte, driftete ins Revolutionäre und mündete zuletzt in die erklärte Gewalt jenes »Splittergruppenkleinkrieges«, der den demokratischen Rechtsstaat als »Faschismus« entlarven und ihm derart den Boden entziehen wollte.

Aus den Polemiken dieser Zeit stammt auch die Parole: »Steine sind keine Argumente«. Entschieden hat in diesem Sinne *Habermas*, der in vielerlei Hinsicht die »Ideologiekritik« der Frankfurter Schule beerbte und sie mit anderen Mitteln fortzusetzen versuchte, der revolutionären Gewaltsetzung widersprochen und die dialogische Arbeit des beharrlichen Überzeugens angemahnt. Das Diktum vom »zwanglosen Zwang des besseren Arguments«[18] findet darin sein Pathos: der mystischen Beseelung durch eine überlegene Wahrheit, aus dessen Besitz sich das vermeintliche Recht zu ihrer gewaltsamen Durchsetzung ableitete, hielt es den reziproken Charakter eines jeweils nur kollektiv herstellbaren und zu verwirklichenden Konsensus entgegen, denn »in einem Aufklärungsprozeß gibt es nur Beteiligte«.[19] Habermas hat so die Koordinaten der Gesellschaftskritik variiert: Das Soziale konstituiert sich nicht, wie noch bei Karl Marx, ausschließlich durchs Ökonomische, sondern wesentlich durch Kommunikation und Interaktion. Erst die Sprache verleiht einer Gemeinschaft ihre Integrität, wie sie umgekehrt – als verzerrte – gleichermaßen auch für deren Desintegration sorgt. Aufklärung gelingt stets nur *in* und *mit* Sprache: Darum nimmt, so die berühmte Formel Habermas', die kritische Theorie der Gesellschaft erst von einer Theorie der intersubjektiven Verständigung ihren Ausgang.[20]

Dagegen hat *Niklas Luhmann* aus systemtheoretischer Sicht die generelle Möglichkeit einer Aufklärung von Gesellschaft, sei es durch Kritik oder Kommunikation, verworfen. Das Soziale präsentiert sich ihm als ein opakes System, das Selbstdurchschauung und folglich auch Selbsttherapie nicht ohne weiteres gestatte. Unter System wird dabei alles verstanden, was einen Handlungszusammenhang bildet, sei es Familie, Wissenschaft, Recht, Ökonomie, Kunst oder Gesellschaft. Sie zeichnen sich durch Selbstreferentialität aus, indem sie sich ausschließlich auf sich selbst beziehen und gegen ihr Anderes abgrenzen und sich gerade dadurch konstituieren. Exemplarisch kann dies für das Rechtssystem, dem Luhmann eine eigene Untersuchung gewidmet hat, beschrieben werden: Einzig durch juristische Kategorien vermag sich die Jurisprudenz selbst zu fassen und setzt sich dadurch von ihrer Umwelt als ihr Negatives ab. Die Unterscheidung zwischen System und Umwelt fällt so ins Innere des Systems selber: Es kommuniziert lediglich mit sich und hat deshalb auch keine andere Form des Bezugs als den des Selbstbezugs.

»Autopoiesis« lautet entsprechend die Schlüsselkategorie Luhmanns: Systeme reproduzieren sich selbst, weil sie nur ihre eigenen Begriffe und Prozesse verstehen, nicht die der jeweils anderen. Kein System kann außerhalb seiner Grenzen operieren; jedes erzeugt sich vielmehr selbst nach Maßgabe seiner eigenen inneren Struktur. Dann aber versagt das Pathos der Kritik, weil es zwischen den Systemen systematisch ortlos wird und keine angemessene Sprache mehr findet. Buchstäblich verliert sie sich in Zirkularität: Reflexion gibt es nur aufgrund interner Zustände, die wiederum der Selbsterhaltung dienen; daher funktioniert sie lediglich in bezug auf diese, nicht in Ansehung einer wie immer gearteten neutralen Rationalität. Luhmann diskreditiert so das Erbe der Vernunft: Die Systemtheorie ermögliche keine rationale Theorie, die einen übergeordneten Standpunkt erlaubt, sondern sie bilde eine Differenztheorie, die aus der Unterscheidung von Systemen argumentiert, ohne daß diesen selbst ein vernünftiger Hintergrund zukommt.

Folgt der Streit zwischen Habermas und Luhmann, der vor allem zu Beginn der 70er Jahre ausgetragen wurde, noch ganz dem Paradigma klassischer Sozialphilosophie, die nach den Konstitutionsbedingungen des Sozialen fragt, so sind in jüngster Zeit, besonders durch Informations- und Medientheorien, neue Impulse in die Gesellschaftsanalyse eingetragen worden. Sie führen zu ganz anderen Schlüssen, weil sie die unmittelbare Kraft von Verständigungen bezweifeln, vor die sozusagen ein Neues tritt: das Medium, das nach Marshall McLuhan bereits die Botschaft ist. Vieles hatte in dieser Hinsicht bereits Günther Anders antizipiert – so die Zurichtung von Wahrnehmungsmustern und die Selbsterzeugung der Wirklichkeit durch Rundfunk und Fernsehen oder seine Analysen in bezug auf die Entfesselung von Gleichgültigkeit angesicht einer universellen Präsenz der Bilder. Ahnungslos blieb er jedoch für die erst bevorstehende Revolution des Computers und des sogenannten Informationszeitalters.

Dessen profiliertester Theoretiker ist zweifellos *Vilém Flusser*. Nach Flusser taugen die alten, an Schrift und Rationalität orientierten Kategorien nicht mehr; vielmehr sei weltweit ein Prozeß des »Umcodierens« im Gange, im Verlauf dessen die gesamte überlieferte Kultur durch einen »digitalen Code« verdrängt und ersetzt werde: »Wir sind Zeugen einer Revolution, die auf die Vorherrschaft des Auges über das Ohr dringt. ... Wir denken nicht mehr buchstäblich, sondern numerisch, nicht mehr mit dem Ohr, sondern mit dem Auge.«[21] Die Folgen dieses Umsturzes sind freilich kaum zu ermessen:

Nicht nur spielen sie sich auf der Ebene von Technik und Geschwindigkeit ab, nicht nur betreffen sie die Beziehungen der Menschen untereinander – dies alles wären vordergründige Analysen – vielmehr tangieren sie vor allem das Denken und seine Produktivität, seine Ordnung und Streuung, seine Formation und seine Freiheit. Denn der künftige Denker ist ein »Kalkulator«; er sitzt vor dem Bildschirm, um Informationen abzurufen, sie zu steuern, zu kontrollieren und über eine Reihe von Querverbindungen laufen zu lassen, um sie schließlich zu zerschneiden, wieder neu zusammenzusetzen oder spurlos verschwinden zu lassen. So spinnen sich Netze einer spielerischen und nichtdiskursiven Logik, die das Bewußtsein und mit ihr die Struktur von Kommunikation und Verständigung bis in ihr Innerstes hinein verändern[22], während nicht länger von einer intakten Sozialität nach altem Muster ausgegangen werden kann, sondern das traditionelle Modell von Gesellschaftlichkeit selbst obsolet zu werden scheint.

Allerdings changiert die Diagnose Flussers zwischen Affirmation und Kritik. Erlaubt das digitale Netz eine andere Art des Dialogs, deren Vorstellung die mystifikatorische Rede vom »*global village*« weckt, auf dessen Marktplatz ein freier Austausch der Meinungen stattzufinden scheint, so öffnet sich auf der anderen Seite, wie es Jean-François Lyotard ausgeführt hat, ein Kampf um Informationen und deren Zugänge, der dem um Märkte nicht nachsteht.[23] Keineswegs ist darum die Zukunft der Informationsgesellschaft vorgezeichnet: Was sie sein wird und welche grundlegenden kulturellen und sozialen Transformationen sich mit ihr abzeichnen, ist noch nicht abzusehen, so daß sie eher Gegenstand künftiger Philosophie wird, als daß diese bereits existierte. Doch ist jetzt schon klar, daß ihr Feld mit neuen Kategorien zu bestellen ist, in deren Verlauf nahezu sämtliche bisherigen »Wahrheiten« durcheinandergeraten und auf den Kopf gestellt werden müssen. Das betrifft vor allem das Verhältnis zu Wissenschaft und Kunst, deren überkommene Trennungslinien einreißen und gegeneinander durchlässiger werden, aber auch zur Geschichte, die sich in eine Masse punktueller Ereignisse aufzulösen droht, sowie zum Anderen, der ebenso nah wie fern, anwesend wie abwesend, unmittelbar konkret wie abstrakt erscheinen wird und gerade darin seine Gegenwart als Gegenüber verliert. Doch bedarf, dies zu verstehen, einer anderen philosophischen Arbeit, die noch aussteht.

VI.

Insgesamt ergibt sich so ein schillerndes Bild philosophischer Auseinandersetzung, die nirgends feststeht oder an ein Ende gekommen ist. Philosophie in Deutschland hat ein vielfältiges Gesicht ohne klare Identität oder eindeutige Konturen, so daß schwerlich ein zusammenhängendes Gemälde, höchstens eine Augenblicksskizze zu geben ist. In diesem Sinne sind auch die im vorliegenden Band versammelten Beiträge zu verstehen: als exemplarische Annäherung an einen Diskussionsstand, der sich laufend weiterentwickelt, dessen Grundpositionen aber im wesentlichen von jenen Denkern geprägt werden, die wir behandelt haben.

Anmerkungen

1 J. Habermas, Die Neue Unübersichtlichkeit. Kleine politische Schriften, Frankfurt/M. 1985.
2 H.-G. Gadamer, Wahrheit und Methode, 3. Aufl., Tübingen 1972, S. 450.
3 Ebd.
4 H. Blumenberg, Ausblick auf eine Theorie der Unbegrifflichkeit, in: Schiffbruch mit Zuschauer, Frankfurt/M. 1979, S. 80.
5 H. Jonas, Philosophische Untersuchungen und metaphysische Vermutungen, Frankfurt/M. 1992, S. 85.
6 Ders., Das Prinzip Verantwortung, Versuch einer Ethik für die technologische Zivilisation, Frankfurt/M. 1979, S. 94.
7 Ebd., S. 102.
8 Ebd., S. 136 ff. passim.
9 Vgl. z.B. Th. Wobbe/G. Lindemann (Hg.), Denkachsen. Zur theoretischen und institutionellen Rede vom Geschlecht, Frankfurt/M. 1994.

10 D. E. Zimmer, Die Vernunft der Gefühle, München 1981, S. 253; zit. nach M. Hauskeller, Atmosphären erleben, Berlin 1995, S. 30f.

11 I. Kant, Grundlegung zur Metaphysik der Sitten, BA 52; in: Werke Bd. IV, Wiesbaden 1956, S. 51.

12 J. Habermas, Faktizität und Geltung, 2. Aufl., Frankfurt/M. 1992, S. 154.

13 H. Jonas, Das Prinzip Verantwortung, a. a. O., S. 36.

14 C. F. v. Weizsäcker, Wahrnehmung der Neuzeit, München 1983, S. 387f.

15 Ders., Bewußtseinswandel, München 1988, S. 460.

16 G. Anders, Thesen zum Atomzeitalter, in: ders., Die atomare Drohung, München 1981, S. 93.

17 G. Anders, Die Antiquiertheit des Menschen, München 1980, Bd. II, S. 14.

18 J. Habermas, Vorbereitende Bemerkungen zu einer Theorie der kommunikativen Kompetenz, in: ders./N. Luhmann, Theorie der Gesellschaft oder Sozialtechnologie, Frankfurt/M. 1971, S. 137.

19 Ders., Theorie und Praxis, 4. Aufl., Frankfurt/M. 1971, S. 45.

20 Vgl. ders., Vorbereitende Bemerkungen zu einer Theorie der kommunikativen Kompetenz, a. a. O., S. 141.

21 V. Flusser, Die Schrift. Hat Schreiben Zukunft? 2. Aufl., Göttingen 1989, S. 29f. passim.

22 Vgl. dazu auch D. Mersch, Digitalität und nichtdiskursives Denken, in: Mersch/J. C. Nyíri (Hg.), Computer, Kultur, Geschichte, Wien 1991, S. 109-126.

23 Vgl. J.-F. Lyotard, Das postmoderne Wissen, Graz/Wien 1986.

Im Schatten der Bombe. Philosophische Technikkritik bei Günther Anders

»Frei sind die Dinge, unfrei ist der Mensch.«
Günther Anders

I.

»Mit dem 6. August 1945, dem Hiroshima-Tage, hat ein neues Zeitalter begonnen: das Zeitalter, in dem wir in jedem Augenblicke jeden Ort, nein unsere Erde als ganze in ein Hiroshima verwandeln können. Seit diesem Tage sind wir modo negativo *allmächtig* geworden; aber da wir in jedem Augenblick ausgelöscht werden können, bedeutet das zugleich: Seit diesem Tage sind wir *total ohnmächtig.*« [1]

Hiroshima bildete für das Denken von Günther Anders ein negatives Schlüsselerlebnis, so nachdrücklich wie Auschwitz für Theodor W. Adorno. Anders litt nach Hiroshima jahrelang an einer Schreibhemmung. [2] Er spürte, noch ehe er es ausdrücken konnte, daß in Hiroshima existentielle Gewißheiten des Menschen vernichtet worden waren. Als gewiß galt bis dahin, jedenfalls für die aufgeklärte Moderne, daß die Zukunft offen ist; und genauso unbezweifelbar schien, daß die menschliche Gattung weiterhin existiert. Beides gilt nicht mehr. Die Zivilisation ist ab sofort objektiv imstande, sich selbst auszulöschen, und diese Fähigkeit zur Selbstausrottung der Gattung ist ein Wissen, das niemals mehr zurückzunehmen ist.

Mit der Bombe ist ein neues Zeitalter angebrochen: »Gleich wie lange, gleich ob es ewig währen wird, dieses Zeitalter ist das letzte«, schrieb Anders in seinen *Thesen zum Atomzeitalter* und folgerte: »Der Frage ›Wie sollen wir leben?‹ hat sich die Frage ›Werden wir leben?‹ untergeschoben.« [3] Fortan gilt es für das Überleben der Gattung, das heißt gegen die Apokalypse zu kämpfen.

Günther Anders stellte sein Leben und Philosophieren in diese Konsequenz – von den philosophischen Reflexionen der 50er Jahre bis zu den Artikeln und Interviews der späten

80er, theoretisch genauso wie politisch-praktisch. Anders gehörte zu den Initiatoren der Anti-Atombewegung der 50er Jahre, er reiste 1958 nach Hiroshima und Nagasaki, er fuhr nach Auschwitz. Seine 1964 gehaltene Rede *Die Toten. Über drei Weltkriege*[4] gipfelte in dem Aufruf an Arbeiter und Wissenschaftler in der ganzen Welt, sich der Rüstungsproduktion zu verweigern und alle Unternehmen zu bestreiken, die an der Zerstörung des menschlichen Lebens beteiligt sind. In den 80er Jahren, als der Rüstungswahn und die Angst vor dem nächsten Krieg Millionen Menschen in die Friedensbewegung trieb, griff Anders, mittlerweile selbst schon über achtzig Jahre alt, mit Verve in die Diskussion ein. Wie kaum ein anderer Denker hat er es sich abverlangt, auf *Die atomare Drohung*, so eine mit *Radikale Überlegungen* untertitelte Publikation von 1981, aber auch auf die Ungeheuerlichkeit des Nationalsozialismus zu reagieren. Im Gegensatz zur akademischen Philosophie, die dazu neigt, in vornehmer Selbstbeschäftigung die Probleme der Philosophiegeschichte weiterzuspinnen, hat Anders sich dem Jahrhundert und seiner Monstrosität gestellt. Am 17. Dezember 1992 ist er neunzigjährig in Wien gestorben.

II.

Geboren wurde Günther Anders, der eigentlich Günther Stern hieß, 1902 in Breslau. Sein Vater war der bekannte Psychologe William Stern, von dem der Begriff des Intelligenzquotienten stammt. Das Elternhaus gehörte zu jenem assimilierten jüdischen Bildungsbürgertum, das Goethe und Schiller las, die Musik Schuberts spielte und auf die Liberalität in Deutschland baute. Anders wuchs in einem Milieu auf, dessen Menschenbild ganz von der Tradition des Humanismus und der Aufklärung geprägt war.

In den 20er Jahren studierte er in Freiburg Philosophie bei Edmund Husserl und Martin Heidegger. Er promovierte bei Husserl und schrieb fachphilosophische Aufsätze, aber das Angebot, Husserls Mitarbeiter und wissenschaftlicher Sekretär zu werden, schlug er aus. Heidegger warnte ihn davor, »je in die Praxis zu desertieren«.[5] Anders jedoch ließ sich nicht in den Elfenbeinturm der universitären Fachphilosophie einsperren und begann – inzwischen mit der Philosophin Hannah Arendt verheiratet – für den Kulturteil des »Berliner Börsenkuriers« zu schreiben. Und weil er eben dort zu viel schrieb, schlug man ihm vor, sich ein Pseudonym zuzulegen. So nannte er sich denn »Anders«.

Zu dieser Zeit schien eine Universitätskarriere noch denkbar, geplant war eine musikphilosophische Habilitation. In Frankfurt wurde Anders 1931 allerdings abgewiesen, der Nationalsozialismus warf seine Schatten voraus. Damals brachte er seine düsteren Visionen über das heraufziehende Unheil in dem verschlüsseltem Roman *Die molussische Katakombe* zu Papier: Molussien meint ein fiktives faschistisches Land, in dessen Katakomben gefangene Freiheitskämpfer sitzen, die einander in Parabeln und Geschichten die Botschaft der Freiheit weitersagen, während oben der Terror herrscht.

1933 floh Anders vor diesem Terror nach Paris, 1936 weiter nach New York. Die Emigration traf ihn besonders hart. Zwar hatte er Kontakte zu Brecht, Marcuse, Thomas Mann und anderen. Aber er konnte nicht, wie etwa Max Horkheimer und Theodor W. Adorno, finanziell gesicherte akademische Arbeiten übernehmen, zumal sein eigenwilliges Philosophieren sich keiner Schulrichtung zuordnete. Kurz: er war ein Außenseiter unter Außenseitern. Anders jobbte als Hauslehrer, Kleiderputzer, Fabrikarbeiter. Aber dabei machte er jene Erfahrungen, die ihn dazu befähigten, nach dem Krieg seine großen Analysen zu verfassen: *Über die Seele im Zeitalter der zweiten industriellen Revolution*, wie der Untertitel des ersten Bandes seines philosophischen Hauptwerkes *Die Antiquiertheit des Menschen* lautet. Eine Philosophie des technischen Zeitalters, die den Untergang jenes Menschen nachzeichnet, den die Aufklärung als freies und selbstbestimmtes Subjekt entworfen hat.

Inzwischen jedoch war fraglich geworden, ob das Wesen Mensch überhaupt noch eine Zukunft hat. Die Nachricht vom Abwurf der Atombomben auf Hiroshima und Nagasaki, die Berichte über Auschwitz – die Traumata des Jahrhunderts – schnitten in sein Leben und zwangen ihn zu einer völligen Revision und Neuorientierung seines Denkens. Anders wählte für diese Arbeit die unbedingte Unabhängigkeit: Er wurde, zurückgekehrt nach Europa, freier Publizist in Wien und blieb es auch, als ihm die Berliner Freie Universität 1957 einen Lehrstuhl in Philosophie anbot. Anders bereitete gerade seine Reise nach Hiroshima vor. Er wollte nicht sein Denken im sterilen Sonderraum der Universität zum Seminarstoff machen, er wollte in die Gesellschaft eingreifen, wollte wirken, nicht nur lehren. Anders' Denken bezog seine Originalität und Kraft daher, daß es sich im direkten Kontakt mit der Realität immer wieder fordern und herausfordern ließ: vom Gang der Geschichte, von den Menschen und ihren gesellschaftlichen Verhältnissen.

III.

Philosophie, heißt es bei Hegel, ist ihre Zeit in Gedanken gefaßt. Anders hat das wie kaum ein anderer einzulösen versucht. Und er hat dabei, was Hegel ignorierte, nach einer Sprache gesucht, die der Kontingenz der heutigen Welt angemessen ist. Anders hat die Hermetik der philosophischen Terminologie geöffnet, ganz im Sinne von Walter Benjamin – mit dem er verwandt war – und der den philosophischen Fachjargon als »Zuhältersprache« geschmäht hatte. Anders setzte die verschiedensten Formen des Schreibens ein. Neben philosophischen Aufsätzen entstanden journalistische Arbeiten – Artikel, Reportagen, Glossen und Essays; und daneben literarische Werke – Tagebücher, Gedichte, Erzählungen und Fabeln; narrative Texte, die Anders' philosophische Reflexionen auf brillante Weise veranschaulichen: Wir alle sind in der Situation jener Frau Glü aus der Anders-Fabel *Der Blick vom Turm*, die sieht, wie unten ihr Sohn, winzigklein, von einem auch nur spielzeuggroßen Lastwagen überfahren wird, und die dann ausruft: »Ich geh' nicht hinunter! Unten wäre ich verzweifelt!«[6]

In der übergroßen Distanz von den Ereignissen wird selbst das Unerträgliche erträglich. Die Abstandnahme entmächtigt das Schreckliche, so daß wir seine Entsetzlichkeit leugnen oder verdrängen können. Auschwitz und Hiroshima sind weit weg oder lange her – wir wissen davon, aber die ungeheure Zahl der Toten, das Ausmaß des Leides können wir uns nicht konkret vorstellen. Die Distanz jedoch existiert nicht allein draußen, sie ist vielmehr ins Innere des Menschen eingedrungen und trennt ihn von sich selbst. Im Menschen ist eine Kluft aufgerissen, zwischen dem, was er wissen und machen kann auf der einen Seite, und dem, was er verarbeiten und begreifen kann auf der anderen. »Ermorden ... können wir Tausende; uns vorstellen vielleicht zehn Tote; beweinen oder bereuen aber höchstens einen.«[7]

Der Golfkrieg lieferte für Anders' These die jüngsten Beispiele: In hyperschnelle Kampfflugzeuge baut man heute gar keine Fenster mehr ein, die Piloten avisieren vielmehr ihre Zielobjekte auf dem Monitor. So erfährt sich der Täter als Zuschauer seiner eigenen Tat. Und die Opfer haben schließlich nicht mehr Wirklichkeit als Punkte in einem Videospiel. Eine besondere Aggressivität, ein Haß auf den Feind, um das Tötungsverbot zu überschreiten, ist gar nicht mehr nötig. »Das Quantum an Haß und Bösartigkeit, das für die Abschlachtung eines einzigen Menschen durch den Mitmenschen erforderlich ist, erübrigt sich für den Angestellten am Schaltbrett. Knopf ist Knopf. Ob ich durch meine Schaltbrettbedienung eine Fruchteismaschine in Gang setze, ein Elektrizitätswerk anstelle, oder die Endkatastrophe auslöse – attitüdenmäßig macht das keinen Unterschied. In keinem dieser Fälle wird mir Gefühl oder Gesinnung irgendwelcher Art zugemutet.«[8]

Anders korrespondierte 1959 mit Claude Eatherly, einem der Hiroshima-Piloten.[9] Eatherly hatte allerdings gar nicht die Bombe geworfen, wie der Buchtitel zunächst suggerierte, er war nur der Pilot des Wetterflugzeugs gewesen und hatte günstige Bedingungen für den Abwurf gemeldet. Aber gerade in dieser nur indirekten Mitwirkung bestätigte er um so mehr die Anderssche These: Die Gewalt ist ganz und gar in die Maschinerie eingebaut. Und die hochtechnisierte Zivilisation ist so arbeits- und verantwortungsteilig organisiert, daß sich für den Einzelnen die Verantwortung unterwegs verflüchtigt und sein Handeln sich zu einem Knopfdruck verharmlost, der mit dessen grausigen Effekten nicht mehr in Zusammenhang gebracht werden kann.

Eatherly jedoch litt irgendwie unter seiner Mitwirkung, verlor mehr und mehr seine psychische Balance. Er beging kleine kriminelle Delikte, Bankraube, bei denen er das Geld liegen ließ. Es war, als ob er seine offizielle Unschuld nicht aushalten konnte und seine Strafe einklagen wollte. Eatherly ist darin das Pendant zu Adolf Eichmann, der auf seiner Unschuld beharrte. Eichmann, der »anständige Kleinbürger«, konnte den Anblick von Leichen in den Vergasungswagen nicht ertragen, während er am Schreibtisch gewissenhaft gewissenlos den Transport von Millionen in die Vernichtungslager organisierte. Hannah Arendt, Anders erste Frau, hat das treffend die »furchtbare Banalität des Bösen« genannt – eine Banalität, »vor der das Wort versagt und an der das Denken scheitert«.[10] Sie schrieb über Eichmann: »Er hat sich nur, um in der Alltagssprache zu bleiben, niemals vorgestellt, was er eigentlich anstellte. ... Es war gewissermaßen schiere Gedankenlosigkeit, ... die ihn dafür disponierte, zu einem der größten Verbrecher jener Zeit zu werden.«[11]

Eatherly und Eichmann manifestierten für Anders im Extrem das Dilemma des modernen Menschen. Die Idee des aufgeklärten Subjekts und das humanistische Bild des Menschen, der seine verschiedenen Fähigkeiten ausbildet und zu einer Persönlichkeit integriert, diese Vorstellungen sind obsolet. Nicht mehr von einer Einheit, also Identität des Menschen ist heute auszugehen, sondern von seiner inneren Diskrepanz. Anders hat deshalb sein Denken auch eine Philosophie der »Diskrepanz der Kapazität unserer verschiedenen Vermögen«[12] genannt. Es ist sein Beitrag zu einer kritischen Anthropologie. Anders ist dieser Diskrepanz in ihren Erscheinungen nachgegangen und arbeitete heraus, in welcher Weise die verschiedenen menschlichen Vermögen auseinandergefallen und desintegriert sind. Seine Bilanz ist erschreckend: Betroffen sind Erkenntnis und Emotion, Moral und technisches Vermögen. Es gibt »das Gefälle zwischen Machen und Vorstellen; das zwischen Tun und Fühlen; das zwischen Wissen und Gewissen; und schließlich und vor allem das zwischen dem produzierten Gerät und dem ... Leib des Menschen.« [13]

In dieser letztgenannten Bestimmung, dem entfremdeten Verhältnis des Menschen zu seinen technischen Produkten, fand Anders die Ursache der gesamten anthropologischen Diskrepanz. Deshalb muß ihm zufolge die philosophische Frage nach dem Menschen neu gestellt werden: Nicht länger sind die klassischen Dualismen zwischen Geist und Körper, oder zwischen Pflicht und Neigung entscheidend, sondern die Beziehung Mensch-Technik prägt die *conditio humana*. Die Technik ist dem Menschen zum »Schicksal« geworden. Und was er zunächst an der Atombombe analysierte, daß sie nämlich in ihrer totalen Vernichtung den Begriff des Mittels sprengt, weil sie die Menschen und ihre Zwecke gleich miterledigt, das gilt übertragen für die Technik schlechthin.

Die Technik ist kein Mittel, sondern längst ein Selbstzweck, der über seinen menschlichen Schöpfer triumphiert hat. Sie hat die Welt durchdrungen und sich anverwandelt. Naiv sei es deshalb, bei Technik an eine einzelne Maschine zu denken. »Jedes einzelne Gerät ist seinerseits nur ein Geräte-Teil, nur eine Schraube, nur ein Stück im System der Geräte, ein Stück, das teils die Bedürfnisse anderer Geräte befriedigt, teils durch sein eigenes Dasein anderen Geräten wiederum Bedürfnisse nach neuen Geräten aufzwingt. Von diesem System der Geräte, diesem *Makrogerät*, zu behaupten, es sei ein ›Mittel‹, es stehe uns also für freie Zwecksetzung zur Verfügung, wäre vollends sinnlos. Das Gerätesystem ist unsere ›Welt‹.« [14]

IV.

Anders' Blick auf die Welt enthüllt eine Technokratie. Und er meint mit Technokratie keine Herrschaft von Technokraten, sondern die wortwörtliche Übersetzung: Herrschaft der Technik. Prometheus wurde von seinen Produkten überflügelt und hinkt deren Entwicklung hoffnungslos hinterher. Er gleicht nun jenem Zauberlehrling der Goetheschen Fabel, der die technischen Geister, die er rief, nicht mehr gebändigt bekommt und nun umgekehrt von ihnen kommandiert wird. Anders nennt dieses Verhängnis das »prometheische Gefälle«.[15] Mit diesem Begriff denkt er die Marxsche Kategorie der Entfremdung weiter und bringt sie sozusagen auf den Stand der Zeit. Das »prometheische Gefälle« markiert die tiefste und entscheidenste Diskrepanz des Menschen im technischen Zeitalter. Buchstäblich gilt: »Wir sind alle von gestern«. Darum scheint der Mensch »antiquiert«: Er hat sich – als Mensch – selbst überlebt.

Die These vom Ende des Subjekts, wie sie poststrukturalistische Philosophen in Frankreich, vor allem Michel Foucault, vertraten, erhielt bei Anders so einen sehr konkreten und genauen Inhalt: Die Eigendynamik der technologischen und wissenschaftlichen Entwicklung, die Sachzwänge der Ökonomie, die Produktion von künstlichen Bedürfnissen haben die Welt des 20. Jahrhunderts in eine selbstläufige, gleichsam herrenlose Maschine verwandelt: »Die Technik ist nun zum Subjekt der Geschichte geworden«, der Mensch ist nur noch »mitgeschichtlich«.[16]

Mit Technik meinte Anders nicht allein den immer größer und undurchschaubar werdenden Maschinenpark, sondern die Herrschaft eines technologischen Weltverhältnisses, also den technologischen Geist, der den Maschinen entspricht und der nun in umgekehrter Richtung die Menschen sich unterwirft. Die Technik kennt nur die Frage nach dem »Wie«. Wie funktioniert etwas? Wie kann, wie muß etwas verwendet werden? Fragen jedoch nach dem »Was« und dem »Warum«, nach Bedeutung und Begründung, sind dem technologischen Denken fremd und in ihm immer schon ausgeblendet. Insofern ist die Technik nihilistisch: Sie kennt keine Werte, nur den Imperativ der Verwendung. Die Waffe ist deshalb die Krönung der Technik. In ihrem Vernichtungspotential erfüllt sich der prinzipielle Nihilismus des Technischen.

Hier wird die Stringenz des Andersschen Denkens besonders deutlich. Seine eigene Äußerung, er treibe »Gelegenheitsphilosophie«, sorgte reichlich für Mißverständnisse. Gelegenheitsphilosoph war Anders nur insofern, als er sich seine

Themen nicht von der Philosophiegeschichte vorgeben ließ, sondern von der modernen Welt und ihrem Wandel. Das sollte aber nicht darüber hinwegtäuschen, daß Anders seine Analysen zwar nicht in ein philosophisches System, wohl aber in eine überaus dichte Synthese brachte: eine philosophische Anthropologie des technischen Zeitalters, der menschlichen Situation unter der Herrschaft der Technik.

Verwandte Gedanken zu einer Herrschaft der Technik finden sich auch in Max Horkheimers *Zur Kritik der instrumentellen Vernunft*, vor allem aber bei Martin Heidegger. Doch ontologisierte Heidegger die Herrschaft der Technik, indem er das technische Weltverhältnis als ein schicksalhaftes Seinsgeschehen deutete, das die Menschen gelassen hinzunehmen und zu durchleben hätten. Denn aus jedem forcierten Versuch, ein anderes Weltverhältnis durchzusetzen, spreche nur aufs neue das technologische Machbarkeitsdenken. Scheinbar ähnlich wie Heidegger reflektierte auch Anders die Technik als eine übermächtige Kraft – aber er zog entgegengesetzte Konsequenzen: Es gelte, die Herrschaftsformen der Technik genau zu analysieren, und es gelte, gegen sie zu kämpfen. Und Analyse und Kampf beinhalten eine doppelte Aufgabe.

V.

Günther Anders untersuchte, wie die Apparatewelt begonnen hat, die Wahrnehmungs- und Verhaltensmuster des Menschen zu beeinflussen und zuzurichten. In brillanten und hellsichtigen Analysen ist Anders dieser Fragestellung am Beispiel von Rundfunk und Fernsehen nachgegangen. Anders, der im amerikanischen Exil den Beginn des Fernsehzeitalters erlebte, unterzog dabei nicht einzelne Sendungen oder Filme einer Inhaltskritik, sondern er untersuchte weit grundsätzlicher, wie das Medium unsere Erfahrung formiert und selber Wirklichkeit erzeugt. Seine frühen Studien zur Macht der Medien sind verblüffend aktuell und immer noch die beste philosophische Einführung ins Informationszeitalter.

Anders reflektierte, was für ein neues Weltverhältnis sich ausbildet, wenn Wirklichkeit nicht mehr primär sinnlich oder intellektuell erfahren, sondern als Fernsehbild »ins Haus geliefert«[17] wird. Es ist ein seltsam zweideutiges Verhältnis zur Welt, ein paradoxer »unernster Ernst«.[18] Einerseits empörten die Bilder vom grauenvollen Bürgerkrieg in Jugoslawien – insofern sind wir betroffen, reagieren ernst, moralisch entrüstet; anderseits verfliegt die moralische Reaktion mit der Leichtigkeit, die den Bildern als Bildern eignet – insofern reagieren wir im nächsten Moment unernst und konsumieren den entmächtigten Schrecken gleichgültig mit dem Abendbrot.

Während die Mediendiskussion auch heute zumeist immer noch auf der Folie der Abbildtheorie ausgetragen wird – ob also die Bilder und Berichte eine vorgängige Wirklichkeit getreu wiedergeben oder nicht –, drang Anders zu einem realitätskonstitutiven Begriff der Medien vor, demzufolge diese längst an der Konstruktion von Wirklichkeit mitwirken und – wie Anders unnachahmlich prägnant formulierte – »die Lüge sich wahrlügt, kurz: daß das Wirkliche zum Abbild seiner Bilder wird«.[19] Aktuelle Beispiele gibt es zuhauf: Der Schauspieler wird auf der Straße als »Kommissar« angesprochen, und damit die Leute dem imaginären Pfarrer der Fernsehserie zuschauen können, hat der leibhaftige Pfarrer vor Ort die Samstagabendmesse verlegt. Verkehrte Welt, in der Sein und Schein ihre Plätze tauschen, immer ununterscheidbarer werden, wie es auch Jean Baudrillard, der Theoretiker der Simulation, konstatiert.

Anders, früher genauso pessimistisch wie Baudrillard heute, hat später allerdings sein Verdikt über die Medien relativiert: Der Holocaust-Film habe viele Deutsche für die Nazi-Verbrechen sensibilisiert[20] und die freizügige Berichterstattung aus Vietnam erfolgreich die Antikriegsproteste unterstützt.[21] Das ist durchaus wahr: doch zogen daraus Politiker und Militärs ebenfalls ihre Lehren und führten im Golfkrieg wieder die Zensur der Bilder ein.

VI.

Trotz seiner pessimistischen Analysen der Kulturindustrie hat sich Anders immer wieder politisch engagiert, führte einen moralisch inspirierten Kampf, der bis zu einem gewissen Grad sogar den Einsichten der eigenen Theorie zuwiderlief, nach der es ja kein handlungsmächtiges Subjekt mehr gibt. Es war ein »Prinzip Trotz«, das er dem »Prinzip Hoffnung«, der unverantwortlichen »Hofferei«[22] seines Freundes Ernst Bloch entgegensetzte.

1986, im Rahmen der Protestbewegung gegen die sogenannte »Nachrüstung«, wurde Anders selbst von seinem verzweifelten moralischen Rigorismus mitgerissen. Die atomare Drohung, so seine Argumentation, verhänge einen Notstand, der zur Notwehr zwinge; Gegengewalt sei nicht nur erlaubt, sondern sogar geboten, und zwar notfalls auch gegen Personen, »weil es keine andere Rettungsmethode gibt, als die, die Drohenden zu bedrohen«.[23] In der einsetzenden Diskussion über Moral und Gewalt blieb Anders jedoch mit dieser Position isoliert. Gollwitzer[24] und andere führten gegen ihn die Argumente seiner eigenen Theorie ins Feld. Anders selbst hatte schließlich überzeugend dargelegt, daß die Gewalt aus den Händen des Menschen in eine anonyme Zerstörungsmaschinerie übergangen sei und daß auch hochrangige Individuen nur Funktionsträger sind, die man ersetzen kann. Das Konzept des Tyrannenmordes ist selbst »antiquiert«, weil es der Tyrann schon lange ist.

Vielleicht war es auch ein Stück Bitterkeit bei Anders darüber, daß Hunderttausende auf die Straße gingen, die Nachrüstung aber dennoch stattfand, und daß ein halbes Jahr nach Tschernobyl noch immer kein einziges Atomkraftwerk abgeschaltet worden war. Enttäuschung auch, daß die Apokalypse zum Modethema verkam, während das atomare Potential anwuchs.

Heute, insbesondere nach der Auflösung der UdSSR, stellt sich die Frage, ob die geschichtsphilosophischen Endzeitbestimmungen und das apokalyptische Szenario des großen atomaren Schlagabtauschs, die Anders in der Zeit des Kalten Krieges entwickelte, noch zur veränderten Weltlage passen.

Ganz sicher hat sich inzwischen das Bild der möglichen Katastrophe und der zerstörerischen Dynamik der Prozesse gewandelt. Hier wäre weiterzudenken, jedoch nicht gegen Anders, sondern mit ihm, der doch selbst die Bombe immer im Zusammenhang der selbstdestruktiven technischen Zivilisation reflektiert hat. Insofern bereitet seine Philosophie auf die makabre Bandbreite möglicher weiterer Katastrophen vor: Zur atomaren Bombe sind die chemische und die biologische hinzugekommen. Doch noch lauter tickt gegenwärtig die ökologische Zeitbombe. In einem seiner letzten Interviews meinte Anders, daß die Menschheit im Gegensatz zu 1945 nun viele Methoden habe, sich umzubringen.

Anmerkungen

1 Günther Anders, Thesen zum Atomzeitalter, in: ders., Die atomare Drohung, München 1981, S. 93.
2 Vgl. Günther Anders im Gespräch mit Mathias Greffrath, 1979, in: Das Günther-Anders-Lesebuch, hrsg. v. Bernhard Lassahn, Zürich 1984, S. 314.
3 Günther Anders, Thesen zum Atomzeitalter, a.a.O., S. 93.
4 Vgl. ders., Die Toten. Rede über die drei Weltkriege (1964), in: Hiroshima ist überall, München 1982, S. 378 ff.
5 Ders., Die Antiquiertheit des Menschen, Bd II, Über die Zerstörung des Lebens im Zeitalter der dritten industriellen Revolution, München 1980, S. 12.
6 Ders., Der Blick vom Turm, in: Das Günther-Anders-Lesebuch, a.a.O., S. 81.
7 Ders., Die Antiquiertheit des Menschen, Bd. I, Über die Seele im Zeitalter der zweiten industriellen Revolution, München 1956, S. 267.
8 Ders., Die atomare Drohung, a.a.O., S. 189.
9 Off limits für das Gewissen. Der Briefwechsel zwischen dem Hiroshima-Piloten Claude Eatherly und Günther Anders (1959-1961), in: G. Anders, Hiroshima ist überall, a.a.O., S. 191 ff.
10 Hannah Arendt, Eichmann in Jerusalem. Ein Bericht über die Banalität des Bösen, 5. Aufl., München 1986, S. 300.
11 Ebd., S. 16.

12 Günther Anders, Die Antiquiertheit des Menschen, Bd. II, a.a.O., S. 14.
13 Ders., Die Antiquiertheit des Menschen, Bd. I, a.a.O., S. 16.
14 Ebd., S. 2.
15 Ebd., S. 267ff.
16 Ders., Die Antiquiertheit des Menschen, Bd. II, a.a.O., S. 9.
17 Ders., Die Antiquiertheit des Menschen, Bd. I, a.a.O., S. 99ff.
18 Ebd., S. 143.
19 Ebd., S. 179.
20 Vgl. ders., Besuch im Hades, München 1979, S. 179ff.
21 Vgl. ders., Die Antiquiertheit des Menschen, Bd. I., Vorwort zur 5. Auflage, München 1980, S. VIII.
22 Ders., Interview mit Fritz J. Raddatz (1985), in: Günther Anders antwortet, hrsg. v. Elke Schubert, Berlin 1987, S. 101.
23 Ders., Reicht der gewaltlose Protest?, in: Forum, Heft 397/398, Wien, März 1987, S. 49.
24 Vgl. Lieber Günther Anders, Offener Brief von Helmut Gollwitzer, in: Forum, a.a.O., S. 49ff.

Versprachlichung der Vernunft. Karl-Otto Apels Philosophie der Letztbegründung

»Entweder Gott oder das
›transzendentale Sprachspiel‹ muß ...
stillschweigend vorausgesetzt werden.«
Karl-Otto Apel

I.

Inmitten schwankender und von Niedergang und Verzweiflung erschütterter Zeit hob die neuzeitliche Philosophie mit dem kühnen und folgenschweren Versuch eines Neuanfangs an: der Suche nach einem »*fundamentum inconcussum*«, einer letzten und unumstößlichen Gewißheit allen Denkens. Es war der junge französische Gelehrte René Descartes, der während des verheerenden Dreißigjährigen Krieges, der halb Europa in Schutt und Asche gelegt hatte, mit seinen berühmten *Meditationes* den Grundstein für Aufklärung und Rationalismus der Moderne legen sollte.

In erster Linie war Descartes' Schrift gegen den herrschenden Zeitgeist gerichtet: gegen den unklaren Humanismus der Renaissance-Philosophie und die »milde« Welt-Skepsis eines Michel de Montaigne oder die luzide Ironie eines François Rabelais. Descartes setzte demgegenüber genau da an, wo deren Skeptizismus weltanschaulich wurde und sich als Wahrheit behauptete. Er radikalisierte ihre Zweifel noch, um sie gleichsam durch ihre eigene Übersteigerung hindurch *ad absurdum* zu führen. Alles scheint unsicher, die Institutionen der Kirche ebenso wie die Glaubensartikel, die Staatengebilde, das Recht und die Ordnung der gesellschaftlichen Stände – warum dann nicht auch meine Erkenntnisse und Wahrnehmungen, das Vertrauen in die Sinne? Könnte es nicht sein, daß wir durch einen heimtückischen »Täuschergeist« so hinters Licht geführt würden, daß wir nur träumten, zu sein und all das zu sehen, was wir sehen? Doch ein Zweifel, der an allem zweifelt, so Descartes, wird notwendig selbstwidersprüchlich. Denn wer zweifelt, der kann immerhin nicht selbst wieder an seinem Zweifel zweifeln; darum bleibt ihm bei jeder noch so verwegenen Skepsis wenigstens das gewiß, daß er »zweifelt« und also »denkt« und damit »ist«. Der Schluß führt von der Zersetzung aller Gewißheiten auf die Gewißheit seiner selbst als Selbstbewußtsein, das weiß, daß es zweifelt und daher existiert. »*Cogito ergo sum*« – »Ich denke, also bin ich«: Aus diesem schlichten Satz rettete Descartes die Wahrheit der Welt, indem er sie auf die Selbstgewißheit des denkenden Subjekts und sein Erkenntnismittel, die Vernunft, zurückführte. Es gibt ein letztes Fundament, einen »archimedischen Punkt«, auf dem Philosophie und Wissenschaft aufbauen können: das »Ich«, die Souveränität des Subjekts, welche der Wirklichkeit – als ihrem Objekt – erkennend gegenübertritt.

In ähnlicher Weise hat der Frankfurter Philosoph Karl-Otto Apel für unsere Zeit den Versuch unternommen, die Philosophie auf eine neue Basis zu stellen. Man hat das 20. Jahrhundert insgesamt das »nihilistische« Zeitalter genannt; es leide an der Abwesenheit haltgebender Strukturen, an verbreiteter Dekadenz, an Orientierungslosigkeit und dem Verfall der Werte. Allenthalben sei die Kultur infiziert von einem uferlosen Relativismus, welche in Philosophie, Wissenschaft und Gesellschaft in den unterschiedlichsten Erscheinungsformen auftrete: als Zweifel an der Gültigkeit unserer Weltvorstellungen, als ethischer Dezisionismus, als »Wahrheitsgewißheitsschwund« oder als »Dispersion« allgemeiner Normenkonsense. Apel hat dagegen wieder den philosophischen Anspruch auf »Letztbegründung« ernstgenommen und zu seinem Lebenswerk gemacht – eine »Letztbegründung«, die gleichermaßen für die theoretische wie für die praktische Philosophie gelten soll und die es erlaubt, das kritische Erbe der Aufklärung einzuholen und ein universales Vernunftprinzip als verbindliche Basis für Humanität zu rekonstruieren.

Geboren am 15. März 1922 in Düsseldorf gehörte Apel zu jener Generation, die kriegsbedingt erst spät ihr Studium beginnen konnte. Als drängendstes Problem erschien die Überwindung der moralischen Katastrophe des Nationalsozialismus – vor allem des Holocaust, dessen ganzes Ausmaß erst nach Ende des Zweiten Weltkrieges offenbar wurde. Demgegenüber verharrte der herrschende philosophische Diskurs in einer Art erstarrter Betäubung. Allein Karl Jaspers stellte die »Schuldfrage«, um sie ins Metaphysische zu überhöhen; ansonsten nahm man Zuflucht zu den Klassikern oder verfiel der Unverbindlichkeit des Historismus. Und Martin Heidegger, durch sein Engagement für die sogenannte »nationalsozialistische Revolution« in Mißkredit geraten, zog es vor, überhaupt zu schweigen.

Apel mochte sich mit dieser Lage nicht abfinden. Während der 50er Jahre studierte er bei Erich Rothacker in Bonn – einem hermeneutischen Geisteswissenschaftler mit problematischer Vergangenheit, dessen historischer Relativismus ihm zugleich zur Herausforderung wurde. Dort traf er den etwas jüngeren Studenten Jürgen Habermas, mit dem ihn seither eine enge Freundschaft verbindet. Rückblickend beschreibt dieser Apel als dominierende Figur des Seminars: »Als ich zum Wintersemester 1950/51 von Zürich nach Bonn kam, um bei Rothacker mein Studium fortzusetzen, begegnete ich im Philosophischen Seminar A der heute versunkenen Welt der alten deutschen Universität – mit zwei Ordinarien, einem Assistenten, wenigen Studenten, noch weniger Doktoranden. Diesen war, hinter dem Direktorenzimmer, ein eigener Raum vorbehalten. In dem Direktorenzimmer selbst saßen freilich weder Rothacker noch Oskar Becker noch Wilhelm Perpeet, damals der Assistent. Es war vielmehr besetzt von einer Figur, die hier nicht zufällig residierte, weil sie den Geist des Seminars beinahe stärker als alle anderen prägte. Das wurde mir schon am ersten Mittwochvormittag, nämlich in der ersten Sitzung des philosophischen Seminars klar, wo sich mir ein typisches Bild darbot: der kettenrauchende Rothacker schnitt ein Thema an und lehnte sich dann mit seinen Zigaretten zurück, um den Fluß der Diskussion dem kräftigen Ruderschlag eines jungen Kollegen zu überlassen, dessen atemloses Engagement ihn halb befremdete, halb mit Bewunderung und Stolz erfüllte, während wir Studenten mit einem leichten Schwindel den kühnen, mitreißenden Gedankenzügen dieses synthetischen, erstaunliche Zusammenhänge konstruierenden Kopfes hinterherhasteten, ohne auf die Bremsversuche zu achten, die ein pädagogisch rücksichtsvoll operierender Perpeet ab und zu noch einzuschalten versuchte.«[1]

Damals prägten sich bereits die zentralen Motive, die Apels späteres Philosophieren kennzeichnen sollten. Mit »tiefem moralischen Ernst«, wie Habermas weiter sagt, stritt er gegen die Paralyse der philosophischen Vernunft und Moral. Er wollte sozusagen »reinen Tisch« machen und in einem geistigen Klima, in dem die Verdrängung regierte und das den Wiederaufbau des zerstörten Deutschland hastig und ohne Zurückblicken vorantreiben wollte, wieder bindende Richtlinien und Kriterien schaffen. Und wie einst Descartes setzte auch Apel genau da an, wo gleichsam der Nerv der Zeit offenlag: am Nihilismus, der Erosion von Rationalität und Ethik und einem ins intellektuelle Vakuum einsickernden Pluralismus der Beliebigkeit. Die Konturen dieser Nihilismusüberwindung lassen sich schon anhand seiner Habilitationsschrift *Die Idee der Sprache in der Tradition des Humanismus von Dante bis Vico* ablesen. Apel knüpft dabei an einen Kerngedanken der an Hegel geschulten Reflexionsphilosophie Theodor Litts an, der ihn im Grunde nie verlassen hat und der seither den eigentlichen Differenzpunkt zu Habermas' Philosophie der kommunikativen Vernunft ausmacht: Denn jede Relativierung, wie die des Historismus, könne ihren eigenen Begriff nicht denken, weil er selbst nicht relativ beziehungsweise historisch sei. Die Philosophie, die mit Begriffen arbeite, müsse sich deshalb ihres legitimen Status versichern – sonst unterschreite sie ihr eigenes Niveau. Notwendig habe sich die jeweilige Reflexion darum in einer höheren Reflexionsstufe zu übersteigern und aufzuheben – was zu einer fortwährenden, unendlichen »Selbstaufstufung des Geistes« (Litt) führe.

Schrittweise wendet Apel dann in seinem Hauptwerk *Transformation der Philosophie* mit Aufsätzen aus den Jahren 1951 bis 1973 diese Argumentationsstrategie ins Transzendentalphilosophische zurück. Die Rückwendung impliziert eine Veränderung des Transzendentalen selber: Apel bestimmt es reflexionslogisch, und zwar so, daß die »immer schon« sprachlich verfaßte Argumentation selber Thema und Medium jeder Reflexion wird. Die Vielheit der Meinungen mit ihren widerstreitenden Positionen wie auch deren wechselseitige Kritik müsse sich ja jeweils »argumentativ« behaupten und in der gemeinschaftlichen Diskussion »zur Geltung bringen«. Wir können nicht umhin, unsere Differenzen und unterschiedlichen Ansichten sprachlich miteinander auszutragen: So wird Verständigung zum eigentlich philosophisch »Unhintergehbaren«.

Damit ist zugleich ein Perspektivenwechsel vom subjektiven »Ich denke« Descartes' zum intersubjektiven »Wir sprechen« angezeigt. Zugleich wird Kants »Kritik der reinen Vernunft« zu einer »Kritik der kommunikativen Rationalität« hin überwunden. Dieser Perspektivenwechsel ist gemeint, wenn Apel von einer »Transformation der Philosophie« spricht. Er bedeutet den Übergang vom »Bewußtseinsapriori« zum »Sprachapriori«, der ebenso für die gesamte Philosophie unseres Jahrhunderts charakteristisch ist, für das, was Richard Rorty den »linguistic turn« genannt hat. Denn nicht länger bestimmt sich die philosophische Spekulation vom Vorrang des Denkens her; es ist nicht das individuelle Subjekt, das erkennend die Welt in Augenschein nimmt; sondern Wirklichkeit erschließt sich uns nur vermittels der Sprache, indem wir uns über sie verständigen und ihr dadurch einen Sinn verleihen. Zum Ausgangspunkt von Philosophie avanciert daher die sprachliche Verständigung: Alle Philosophie des Jahrhunderts ist Sprachphilosophie, sei es als »Sprachanalytik« im Anschluß an Wittgenstein oder als »Sprachhermeneutik« bei Heidegger und Gadamer, sei es als »Sprachpragmatik« in Amerika, als »Strukturalismus« in Frankreich oder als »Semiotik« in Italien.

Freilich ist auf diese Weise nicht mehr ausgewiesen als das schlichte Faktum der Nichthintergehbarkeit: Das eigentliche »Letztbegründungsargument« muß dieses nochmals als allgemeingültig ausweisen, indem es dieses nach dem Muster Theodor Litts reflexiv auf sich selbst anwendet. Sprache und Verständigung werden so zum Ort diskursiver Vernunft:

Beide sind, wie Apel, der sich hier auf die Sprechakttheorie John L. Austins und John Searles bezieht, an bestimmte unerläßliche Regeln geknüpft, ohne die wir uns weder verständigen noch einander verstehen könnten. Und wenn wir unsere verschiedenen Sichtweisen von der Welt allein in diskursiver Auseinandersetzung einbringen und auf ihre Gültigkeit hin prüfen können, dann geschieht dies wiederum nur aufgrund jener allgemeinen und notwendigen Voraussetzungen, welche ihre Diskutierbarkeit erst ermöglichen. Es liegt damit an der Art der Rede selber, daß sie an apriorische Bedingungen geknüpft ist; doch lassen sich diese, so die Grundidee Apels, nicht wiederum sinnvoll bestreiten, ohne im Akt des Bestreitens schon in Anspruch genommen zu werden. Darin besteht die Pointe des »Letztbegründungsarguments«: Was sich »nicht ohne aktuellen Selbstwiderspruch« bestreiten und zugleich »nicht ohne formallogische Petitio principii deduktiv begründen«[2] läßt, gilt insofern als »letztbegründet«, als es zwar keinen direkten Weg des Beweises, umgekehrt aber ebensowenig einen indirekten Weg der Widerlegung gibt. Zu solchen letztbegründeten Prinzipien gehören dann jene »transzendentalpragmatischen Voraussetzungen der Argumentation, die man immer schon anerkannt haben muß, wenn das Sprachspiel der Argumentation seinen Sinn behalten soll«.[3]

Wesentlich für die Strategie der Letztbegründung ist also – wie bei Descartes – eine *reductio ad absurdum*: die Unmöglichkeit der Behauptung des Gegenteils. Diese Unmöglichkeit muß freilich noch gezeigt werden. Dies geschieht, ebenfalls wie bei Descartes, durch Abweisung der Skepsis. Apel konstruiert einen »methodischen Zweifel«, gleichsam ein Paradigma des radikalen Unglaubens, dem innere Inkonsistenz nachgewiesen wird. Denn wer zweifelt, der argumentiert schon; er kann demnach nicht selber wieder die allgemeinen und notwendigen Voraussetzungen des »Sprachspiels« der Argumentation, an dem er teilnimmt, in Frage stellen und aussetzen, sonst würde er nicht teilnehmen. Kurz: Die Situation des argumentativen Diskurses erscheint für den Argumentierenden »unhintergehbar«: Das »Letzte« der »Letztbegründung« erweist sich mithin als die »Nichthintergehbarkeit« diskursiver Vernunft. Sie bildet für Apel den Angelpunkt jeder Philosophie.

II.

Strenggenommen besteht Apels Argumentation aus drei Teilen:

1. Aufgewiesen werden die allgemeinen und notwendigen »Präsuppositionen« des Argumentierens. Dieser Aufweis besteht in der Rekonstruktion dessen, was wir »immer schon« voraussetzen müssen, wenn wir sinnvoll argumentieren, etwas behaupten oder bestreiten wollen. Ihr Modus der Notwendigkeit und Allgemeinheit verbindet sie mit dem Prädikat eines »Apriori«. Dieses entspricht nicht dem Kantischen Apriori, insofern es keine Bedingung der Möglichkeit von Erfahrung *vor* aller Erfahrung auszeichnet, sondern – im Sinne abgeschwächter Transzendentalität – schlicht *conditiones sine quibus non*, Bedingungen, ohne die nichts ist. Es sind solche, die für unser Sprechen und Verstehen als Praxis *unentbehrlich* sind. Sie werden durch »strikte Reflexion« gewonnen, im Rekurs auf das, was wir selbstverständlich tun, wenn wir sprechen oder verstehen. Die Reflexion heißt »strikt«, weil sie auf das Tun selber und die in ihm geltend gemachten Voraussetzungen zurückgreift. Sie macht derart ein implizites Wissen bewußt; sie rekonstruiert das, was Habermas in Analogie zu Noam Chomsky »kommunikative Kompetenz« genannt hat.
2. Solche Reflexion ist strenggenommen an ein reflektierendes Subjekt gebunden. Der Aufweis beruft sich mithin auf eine Evidenz. Kommunikation und Verständigung sind freilich intersubjektive Prozeduren. Entscheidend ist darum die Wendung von der reflexiven Evidenz zum *tu quoque*. Nicht nur ich mache diese Voraussetzungen, wenn ich spreche oder verstehe, sondern »du auch«, sofern du dich auf ein Gespräch einläßt. Die durch strikte Reflexion gewonnenen notwendigen Präsuppositionen gelten mithin für alle, die überhaupt etwas sagen oder zuhören.

3. Der entscheidende Schritt im Letztbegründungsverfahren beruht dann darauf, daß noch dem Zweifler das *tu quoque* vorgehalten wird. Auch wer die apriorischen Präsuppositionen der Argumentation bestreitet, muß sie noch in Anspruch nehmen, insofern er sie bestreitet, weil er sonst seinen Zweifel gar nicht sinnvoll vertreten könnte. Darin besteht das Hauptargument Apels: Wer argumentiert, nimmt am Sprachspiel des Argumentierens teil. Er behauptet also etwas, selbst wenn er es leugnet. Etwas behaupten bedeutet aber, den Sprechakt der Behauptung vollziehen. Jeder Sprechakt enthält einen propositionalen und einen performativen Anteil. Etwas behaupten heißt dann propositional eine Bestimmung vornehmen und performativ, für sie in seiner Beziehung zu anderen einstehen. Solches Einstehen impliziert, so Habermas, daß man »gute Gründe hat, die Gewähr dafür zu übernehmen, daß die Bedingungen für die Wahrheit der behaupteten Aussage erfüllt sind«.[4] Wer also zweifelt, muß gleichermaßen »gute Gründe« haben, die Wahrheitsgeltung des jede Wahrheitsgeltung bestreitenden Satzes zu beanspruchen. Wer aber selbst solche Ansprüche noch bezweifelt, nimmt praktisch etwas in Anspruch, das er inhaltlich verwirft. Er dementiert durch sein Tun den Sinn seiner Tätigkeit: Er verwickelt sich dergestalt, wie Apel sagt, in einen »performativen Selbstwiderspruch«. Dieser besteht – gemäß der »propositional-performativen Doppelstruktur« der Sprache (Habermas) – in einem Widerspruch zwischen Proposition und Performation.

Letztbegründung erfolgt also mittels Skepsiswiderlegung und mit dem Hinweis auf eine implizite Paradoxie. Doch bedient sich ihr Nachweis einer argumentativen Schleife. Dies hängt schon daran, daß keineswegs klar ist, was ein Argument ist. Apel, wie auch Habermas, definieren es restriktiv, durch Einschränkung auf die Logik des Begründens. Danach erheben Behauptungen »Geltungsansprüche«, zum Beispiel den der Wahrheit des Behaupteten, und, so wiederum Habermas, »Geltungsansprüche sind intern mit Gründen verknüpft«.[5] Dies gilt auch für Apel: »Im Apriori der Argumentation liegt der *Anspruch*, nicht nur alle ›Behauptungen‹ der Wissenschaft, sondern darüber hinaus alle menschlichen *Ansprüche* zu rechtfertigen.«[6] Auf diese Weise wird der Begriff der Argumentation rational vorentschieden. Akzeptabel erscheinen allein diskursiv und begründend vorgetragene Argumente; alternative Argumentationsformen wie nicht-diskursive oder narrative Sprechweisen werden rigoros ausgeschlossen. Hingegen können Aussagen etwas aufweisen oder klarmachen, ohne selbst klar und eindeutig oder begründet zu sein. Sie können je nach Kontext beleidigen, konterkarieren oder ganz zum Abbruch von Gesprächen führen, selbst wenn in ihnen lediglich nüchtern und emotionslos einige von allen akzeptierte Grundwahrheiten ausgesprochen werden. An diese die Frage ihres Geltungsrechts zu stellen wäre verfehlt. Keine Antwort kann ebenso eine Antwort sein; so kann auch Schweigen zum Argument werden und in diesem Sinne sogar sehr beredt sein, wie umgekehrt viele Worte einen zum Schweigen bringen können. Manche Behauptungen übernehmen lediglich rhetorische Funktionen oder erfüllen symbolische Aufgaben, genauso, wie sie Handlungen ersetzen oder wie umgekehrt Handlungen Behauptungen ersetzen können. Ähnliches gilt für die Metaphernbildung, die keine zu vermeidende Pathologie der Sprache darstellt, sondern konstitutiv zum Argumentationsprozeß gehört, ohne daß an sie der Maßstab der Richtigkeit oder Begründetheit gelegt werden kann. Jeder Diskurs bedient sich ihrer Bildkunst, die Bedeutungen zugleich öffnet und verschließt und damit nicht nur Mittel der Verständlichkeit, sondern der Wahrheit selber ist, welche sich zureichender Begründung entzieht. »Die Allergie der gesamten approbierten philosophischen Überlieferung« gegen Metaphern, schreibt Adorno, »ist konform dem Zug aller Aufklärung, das Undisziplinierte der Gebärde noch bis in die Logik hinein zu ahnden ... .«[7]

Beispiele für die Durchführung alternativer Diskursformen finden sich bei Heidegger und Wittgenstein. Sie entsprechen ihrer Kritik am Begründungsdenken selber. Heideggers Spätphilosophie verfährt nicht primär fundierend, sondern zeigend, indem er gegen die eingeschriebene Ordnung der Sprache deren Möglichkeiten bis an den Rand des Sagbaren ausschöpft. Und Wittgenstein philosophiert, wie er selbst sagt, mittels »Erfindung von Beispielen«; er konstruiert Exempel, um Lehren zu erteilen, statt Begründungen vorzunehmen. Dann liegt die Bedeutung von Sätzen gerade in der Arbeit der Transformation ihres Sinns. Sprechen heißt, gegen die Sprache zu sprechen. Solches Sprechen geschieht dann durch Erzeugung von Neologismen, Akzentverschiebungen, Durchkreuzungen oder Eintragung von Nuancen und ähnlichem, die gleichsam den Blick verschieben. Sie können sowenig auf Wahrheiten oder Gründe verpflichtet werden, wie die Dichtung.

Apels Anstrengungen einer Letztbegründung beruhen demgegenüber auf einem enggeführten Diskursbegriff. Sie unterstellen eine Identität von Argumentation und Begründung – und schreiben auf diese Weise die rationalistische Tradition der abendländischen Metaphysik in die Sprache ein. Das wird besonders deutlich in Apels Polemik gegen Rorty und Derrida, die »kaum noch schreiben oder reden, ohne sich in den pragmatischen Selbstwiderspruch ... zu verwickeln«.[8] Ihnen wirft er – und ebenso Heidegger – »Logosvergessenheit« vor.[9] Sie besteht in der Mißachtung des »Logos« der Sprache. Dessen Rekonstruktion folgt wiederum aus den Ergebnissen der Habermasschen Universalpragmatik, die ihrerseits auf mannigfachen Unterstellungen der Wahrheitssemantik und der Sprechakttheorie fußt. »Unsere Analyse«, schreibt Habermas, »beschränkt sich ... auf Sprechhandlungen, die unter Standardbedingungen ausgeführt werden.«[10] Dagegen spricht Philosophie niemals »unter Standardbedingungen«. Weder ist sie auf das Sagen von Wahrheit noch auf das Beibringen von Gründen abonniert; es genügt, etwas zu denken zu geben. Sowohl geht ihr dabei die Sprache voraus, wie sie ihr umgekehrt nachfolgt. Das bedeutet: die Sprache entzieht sich. Sie ist nicht der Ort einer Rationalität, sondern einer Kreativität, deren Begriff weder Vorgriff noch Bestimmung zuläßt. Es gibt darum keine ausschöpfende Philosophie der Sprache, die sie nicht wesentlich reduzierte. Nicht »über« Sprache läßt sich sprechen, sondern bestenfalls »von« ihr, wie auch Carl Friedrich von Weizsäcker hervorgehoben hat, denn »vielleicht ist das, worüber man sprechen kann, ... nie die ganze Sprache, nie die Sprache schlechthin. Sprache kann sich zu Gehör bringen, indem man spricht. Dabei wird man auch über etwas sprechen, und das, worüber man spricht, kann etwas Sprachliches sein. Aber indem man darüber spricht, ist es nicht die ganze Sprache; die Sprache selbst steht noch hinter dem Sprechenden.« [11]

Indem jedoch Apel die Sprache analytisch auf die Standardbedingungen der Diskursivität verkürzt, folgt trivialerweise die »Unhintergehbarkeit« des Diskurses. Die Letztbegründungsfigur bewegt sich dann im Kreise. Von Anfang an schreibt sie die Arbeit der Sprache auf »sinnvolle«, das heißt begründende Argumentationen fest, schlägt sie dem Zweifler zu, um ihm anschließend nachzuweisen, daß er, so er »sinnvoll argumentieren« will, die Voraussetzungen der sinnvollen Argumentation negiert hat und sich also mit sich selbst im Widerstreit befindet. In den Diskursbegriff der Sprache werden mithin zuvor schon sämtliche rationalistischen Prämissen hineingelegt, die nachträglich mittels Skepsiswiderlegung als »letztbegründet« wieder aus ihm herausdestilliert werden. Apels Letztbegründungsbemühungen vollziehen damit letztlich eine *petitio principii.* Sie betrifft nicht nur die Unmöglichkeit einer positiven Begründung im Sinne des direkten Beweises, sondern ebenso der negativen der Widerlegung. Der Zirkelschluß gilt für beide Teile der Begründungsformel – weshalb sie ins Leere läuft.

III.

Ungeachtet solcher Schwierigkeiten hat Apel seit Mitte der 70er Jahre seiner Rechtfertigung diskursiver Rationalität einen zweiten Teil hinzugefügt. Er besteht in weitreichenden Folgerungen für eine »Letztbegründung« der Ethik. Die Grundidee basiert auf der Einsicht, daß die Regeln des argumentativen Diskurses nicht nur von jedem als *a priori gültig* angenommen werden müssen, sofern er überhaupt etwas begründet, ablehnt, darstellt oder kritisiert, sondern ebenfalls als solche *anerkannt* werden müssen. Denn gemäß der »propositional-performativen Doppelstruktur der Rede« enthält alle Verständigung nicht nur einen Bedeutungs-, sondern auch einen Beziehungsaspekt. Die Diskursregeln betreffen mithin den praktischen Prozeß der Intersubjektivität selber und gestalten den Bezug der Menschen untereinander. Sie haben insofern »immer schon« ethische Relevanz. Es gibt keinen Dialog, keine sprachliche Auseinandersetzung, die nicht bereits zu Anfang an eine ethische Dimension gebunden wäre und in die die apriorischen Verständigungsvoraussetzungen regulierend eingriffen und dem Gespräch seine normative Kontur verliehen. Aus der »Unhintergehbarkeit« der Kommunikation folgt so die »Unhintergehbarkeit« einer kommunikativen Moral.

Der Schritt von der Theorie zur Praxis ergibt sich dabei aus dem Übergang von der Notwendigkeit der Einsicht kraft reflexiver Vernunft zur Unerläßlichkeit verpflichtender Zustimmung. Dies gilt schon für die Frage nach der Rechtfertigung eines Moralprinzips. Wer sich nämlich auf eine moralische Argumentation einläßt, so Apel, der »*nimmt* ja schon an der Diskussion *teil*, und man kann ihm ... ›einsichtig machen‹, was er ›immer schon‹ als Grundprinzip akzeptiert hat und daß er dieses Prinzip als Bedingung der Möglichkeit und Gültigkeit der Argumentation durch willentliche Bekräftigung akzeptieren soll. Wer dies nicht einsieht beziehungsweise nicht akzeptiert, der scheidet damit aus der Diskussion aus. Wer aber nicht an der Diskussion teilnimmt, der kann überhaupt nicht die Frage nach der Rechtfertigung ethischer Grundprinzipien stellen, und daher ist *dies sinnlos*: von der Sinnlosigkeit seiner Frage zu reden und ihm einen wackeren Glaubensentschluß zu empfehlen.«[12] Das Moralprinzip, das derart gerechtfertigt ist, besteht aber in der Pflicht zur Rechtfertigung selber: »Wer argumentiert, der anerkennt implizit alle möglichen Ansprüche aller Mitglieder der Kommunikationsgemeinschaft, die durch vernünftige Argumente gerechtfertigt werden können (sonst würde der Anspruch der Argumentation sich selbst thematisch beschränken), und er verpflichtet sich zugleich, alle eigenen Ansprüche an Andere durch Argumente zu rechtfertigen.«[13]

Mit anderen Worten: In die Voraussetzungen des Gesprächs ist die Normativität der Anerkenntnis ihrer »pragmatischen Präsuppositionen« bereits eingelassen, und wer deren »Nichthintergehbarkeit« einsieht – und das muß nach Apel jeder, der am Argumentationsprozeß teilnimmt –, der verpflichtet sich zugleich, ihnen moralisch zu entsprechen. Die Rationalität des Diskurses fordert von sich her die Rationalität der Ethik: Doch fußt dieser Schluß abermals auf den von Apel vorgängig unterstellten Diskursprinzipien, so daß die Begründung der Ethik dem gleichen Dilemma verfällt wie die Begründung der kommunikativen Vernunft. Ihr liegt die Identifizierung von Argumentation und Begründung zugrunde, die gemäß der »Theorie der Sprachakte« in eine Identifizierung von Begründung und Verpflichtung übergeht. Zu viele Prämissen gehen in die Überlegungen mit ein, als daß den Folgerungen uneingeschränkte Gültigkeit zukommen kann.

Wie die Kantische Ethik wird allerdings auch die »Ethik der Kommunikation« von Apel nicht »material« verstanden, sondern »formal«. Sie fungiert als reine »Metaethik«, die erst die Diskurse organisiert, statt konkrete Handlungsmaximen oder verbindliche normative Richtlinien aufzustellen beziehungsweise gesetzgebend zu wirken. Ihr wesentliches Gebot kann bündig in der Formel: »Argumentiere!« zusammengefaßt werden. Sie ähnelt dem »kategorischen Imperativ« Immanuel Kants: Wie dieser im Grundsatz »Handle so, daß die Maxime deines Handelns jederzeit allgemeines Gesetz werden könnte« das »allgemeine Sittengesetz« als ein »Faktum der Vernunft« hinstellte, so begründet die Diskursethik eine vergleichbare »universale Grundnorm« durch die Anweisung: »Handle so, daß jeweils unter den besten Argumentationsbedingungen nur Argumente zählen.« Das soll heißen: Bei aller konkreten Differenz und Relativität moralischer Standpunkte sollen *nur diskursive* Verfahren gelten, und zwar im gegenseitigen Bemühen um die jeweils besten Argumente. Umgekehrt sind dann auch nur solche Lösungen zu rechtfertigen, die in einem argumentativen Diskurs von allen Betroffenen zwanglos akzeptiert werden können.

Die Diskursethik präsentiert sich damit als eine Ethik der

gewaltfreien Lösung kollektiver Konflikte. Darin liegt ihre eigentlich praktische wie politische Brisanz: Wie immer wir uns im einzelnen moralisch verhalten mögen, welchen Normen wir folgen wollen oder welchen ethischen oder religiösen Grundsätzen wir den Vorzug geben, für alle diese besonderen Moralen gibt es zwar keine unparteiische Entscheidungsinstanz, die berufen wäre, die jeweils beste auszuwählen, wohl aber eine – selbst schon normative – Verfahrensgrundlage ihrer gemeinschaftlichen Diskussion. Es gibt nach Apel kein anderes Mittel als den fairen Streit, der diskursiv ausgetragen wird – trotz und gerade wegen aller beklagten Unzulänglichkeiten des herrschenden Diskussionsstils. Tatsächlich versuchen wir ja unablässig den anderen zu täuschen, greifen auf rhetorische Mittel zurück, irritieren, indem wir wissentlich lügen; darum müssen wir uns ständig von neuem um eine gleichberechtigte Auseinandersetzung bemühen und uns – entgegen der schlechten Wirklichkeit – des möglichen Ideals, als eines »regulativen Prinzips«, versichern. Dies wiederum verlangt nach Apel die Antizipation von Vernunft in Gestalt eines »kontrafaktischen Vorgriffs« auf die »ideale Kommunikationsgemeinschaft«, vor der wir uns mit allen unseren Ansprüchen, Machenschaften und Finten zu verantworten haben.

Das bedeutet aber, daß Apel Kommunikation – wie im übrigen auch Habermas – von ihrer idealen Praxis her denkt, wodurch freilich noch ein versteckter Platonismus bezeugt wird. Verständigung erscheint als ein in ihrem Wesen auf Einverständnis abzielendes Handeln: Sie dient dem »Zweck« der Konsensbildung, und es ist der »ideale Konsens« und die gelungene Einlösung seiner pragmatischen Unterstellungen, die in allen Verständigungsakten, der Realität zum Trotz, vorausgesetzt werden müssen. Man hat der Diskursethik insofern Idealismus vorgeworfen: Sie sei utopisch, weil die Wirklichkeit eine andere Sprache spreche, und sie sei terroristisch, weil sie dieser ihre Utopie oktroyieren wolle. Apel hat sich mit diesem Einwand eingehend auseinandergesetzt. Durchaus konstatiert er eine problematische Ambivalenz im Begriff des »herrschaftsfreien Dialogs«, insofern er einerseits »ein unverzichtbares ethisches Postulat zum Ausdruck« bringe, andererseits »eine gefährliche Utopie signalisieren (könne), eine anarchistische Schwärmeridee, deren Realisierung in Terror und schließlich in totalitäre Herrschaft umschlagen muß«.[14] Dennoch weise eben jede Ethik über sich hinaus: Notwendig enthalte sie einen utopischen Überschuß, weil ihr Zeitcharakter stets auf Zukunft vorweist, statt auf die Vergangenheit gerichtet zu sein. Ohne solchen Vorgriff aber depraviere jeder Diskurs zur bloßen Strategie, der die Verzerrung von Kommunikation immanent ist. Gegen Hans Jonas' »Prinzip Verantwortung«, das dieser ausdrücklich Ernst Blochs »Prinzip Hoffnung« entgegenhalten wollte, gehört deshalb das Utopische immer schon zum Ethischen, weil dessen Imperative ebenso wie die Grundnorm der Argumentation erst dadurch ihren Sinn erhalten – nur darf der implizite Verweis aufs Ideale eben nicht dazu führen, aus ihm die »Erzwingbarkeit eines Rechts« abzuleiten.[15]

Die »Ethik der Kommunikation« nötigt auf diese Weise zur Differenzierung zwischen Ideal und Realität. Zu deren Vermittlung bedarf es, wie Apel besonders in *Diskurs und Verantwortung* herausstellt, einer »Interimsethik«. Sie operiert im Vorläufigen, um jenen Entscheidungen gerecht zu werden, die unter Zeitdruck und dem Zwang des Erforderlichen getroffen werden müssen. Teilweise hat sie dabei die Prinzipien des idealen Diskurses außer Kraft zu setzen; doch muß sie sich gerade deswegen ständig am möglichen Ideal als Leitfigur ethischer Rationalität messen lassen. Sie steht damit im Dienst der approximativen Annäherung an jene Bedingungen, die die Diskursethik als allein vernünftige einklagt. Das erfordert allerdings wiederum die Anwendung zweier »grundlegender regulativer Prinzipien«, die in »dialektischen Widerspruch« miteinander geraten können: »Erstens muß es in allem Tun und Lassen darum gehen, das Überleben der menschlichen Gattung als der realen Kommunikationsgemeinschaft sicherzustellen, zweitens darum, in der realen die ideale Kommunikationsgemeinschaft zu verwirklichen.«[16] Die Spannung gilt es auszuhalten und gleichsam durch die beharrliche »Arbeit der Vernunft« schrittweise aufzuheben.

Apel formuliert so die Aufgabe eines permanenten Lernprozesses, der mit dem Geschehen von Aufklärung gleichbedeutend ist. Für diesen gibt es freilich nirgends eine Garantie, höchstens das ununterbrochene Ringen um die Chance von Humanität. Nicht Fortschritt heißt sein Ziel, sondern Anstrengung um der Vernünftigkeit der Menschen willen.

Solange wir miteinander reden und unsere Probleme argumentativ lösen, befinden wir uns auf diesem Weg; sobald wir aber das Gespräch abbrechen und zu anderen Mitteln der Auseinandersetzung greifen, verlassen wir den Pfad der Vernunft und werden irrational. Die Entscheidung, die hier zu treffen ist, ist die zwischen Diskurs und Gewalt: Die Gemeinschaft vernünftiger Menschen beweist sich durch ihre Bereitschaft zur Verständigung; alles andere bedeutete Haß, Krieg oder die Zerstörung der Menschlichkeit. Dies ist die besondere Lehre, die Apel aus der Katastrophe des Nationalsozialismus gezogen hat: Die »unbegrenzte Kommunikationsgemeinschaft« als »Substrat der Menschheit« bildet den eigentlichen »Gerichtshof der Vernunft«, vor dem ihre wechselnden Streitigkeiten und Konflikte allein ausgetragen werden müssen. Die spezifische Substanz des Humanismus der Aufklärung wird so in der Notwendigkeit des Gesprächs und der Forderung, es nirgendwo abreißen zu lassen, rekonstruiert. Es ist ein Humanismus, der nicht nur die betrifft, die Vernunft haben, sondern alle, die am Dialog beteiligt sind – sogar die, für die der Diskurs stellvertretend Partei ergreift.

Gleichwohl bleibt auch dieser weite Begriff von Humanität nicht vor Dogmatismus gefeit. Argumentation kann nicht das einzige Medium vernünftiger Auseinandersetzung darstellen, weil sie selbst zum Zwang geraten kann. Das Diktat des Diskurses aber bedeutete wiederum eine Form von Gewalt. Das Übel mit den Mitteln des Übels zu bekämpfen, verschärfte es, statt es aufzulösen. Die Fortsetzung des Gesprächs »um jeden Preis« wäre dann irrational, sein Abbruch umgekehrt ein Zeichen von Vernunft. Denn wie reagieren, wenn die Debatten leerlaufen oder zum sterilen »Gerede« herabsinken, obwohl zwar wechselseitig Geltungsansprüche eingeklagt werden, die Konsequenzen des Handelns aber untergehen? Wie handeln, wenn die Diskussionen zirkulär werden und sich im eigenen Spiegel verlieren, während ihnen im gelingenden Diskurs buchstäblich ihr Gegenstand abhanden kommt? »Die Wirklichkeit ist eben reicher als die Sprache«, schreibt John L. Austin[17]; sie kann das Gespräch verkehren und, trotz bester Absichten, in sein genaues Gegenteil stürzen lassen. Beispiele subtiler, aber fruchtloser diplomatischer Bemühungen zeigen, wie die Perennierung des Gesprächs, gerade da, wo es funktioniert, pervertiert und zur Forcierung von Gewalt benutzt werden kann. Der Imperativ des Argumentierens gerät auf diese Weise in die Falle der Paradoxie, die die Grenze seines Geltungsbereichs vorführt. Das Problem, das sich hier ankündigt, folgt der Engführung des Begriffs der Rationalität und der Identifizierung von Diskurs, Vernunft und Begründung, welcher der Philosophie Apels durchgängig unterliegt. Restriktiv schließt sie alle Alternativen aus. Dennoch besteht die spezifische philosophische Leistung Apels darin, zumindest die Möglichkeit eines Humanismus in einer Zeit aufgezeigt zu haben, die ihn für einen Irrtum und Aufklärung für verfehlt hält.

Anmerkungen

1 Jürgen Habermas, Ein Baumeister mit hermeneutischem Gespür – Der Weg des Philosophen Karl-Otto Apel, in: Walter Reese-Schäfer, Karl-Otto Apel zur Einführung, Hamburg 1990, S. 137f.
2 K.-O. Apel, Das Problem der philosophischen Letztbegründung im Lichte einer transzendentalen Sprachpragmatik, in: B. Kanitschneider (Hg.), Sprache und Erkenntnis, Innsbruck 1976, S. 72f.
3 Ebd.
4 J. Habermas, Theorie des kommunikativen Handelns, Bd. 1, Frankfurt/M. 1981, S. 426.
5 Ebd., S. 405.
6 K.-O. Apel, Transformation der Philosophie, Bd. 2, Frankfurt/M. 1973, S. 424.
7 Theodor W. Adorno, Negative Dialektik, Schriften 6, Frankfurt/M. 1973, S. 65.

8 K.-O. Apel, Diskurs und Verantwortung, Frankfurt/M. 1988, S. 114.

9 Ebd.; auch S. 48, 90.

10 J. Habermas, Theorie des kommunikativen Handelns, a. a. O., S. 400.

11 Carl Friedrich v. Weizsäcker, Die Einheit der Natur, München 1974, S. 40.

12 K.-O. Apel, Transformation der Philosophie, Bd. 2, a. a. O., S. 420f.

13 Ebd., S. 424f.

14 Ders., Ist die Ethik der idealen Kommunikationsgemeinschaft eine Utopie? Zum Verhältnis von Ethik, Utopie und Utopiekritik, in: W. Voßkamp (Hg.), Utopieforschung, Bd. 1, Stuttgart 1982, S. 325-355, hier S. 346.

15 Ebd., S. 350.

16 Ders., Transformation der Philosophie, Bd. 2, a. a. O., S. 431.

17 J. L. Austin, Ein Plädoyer für Entschuldigungen, in: G. Grewendorf/G. Meggle (Hg.), Linguistik und Philosophie, Frankfurt/M. 1974, S. 54.

Von Geschichte zu Geschichten. Zu Hans Blumenbergs Metaphorologie

»Der Mensch begreift sich nur über das,
was er nicht ist, hinweg. Nicht erst
seine Situation, schon seine Konstitution
ist potentiell metaphorisch.«
Hans Blumenberg

Jacques Derrida hat darauf aufmerksam gemacht, daß die logozentrisch orientierte Philosophie des Abendlandes die Metapher stets als einen gefährlichen Feind behandelt hat. So schilt Platon die rhetorische Sophistik der Zwielichtigkeit, weil sie das Schlechtere zum Besseren mache und nicht Gründe, sondern Überlistungen an die Stelle von Argumenten setze. Gleichermaßen hat noch Kant in seiner *Kritik der Urteilskraft* die »Beredsamkeit« als eine hintersinnige Kunst denunziert, die zwar bisweilen zu »rechtmäßigen und lobeswürdigen Absichten« angewandt würde, doch da »verwerflich« werde, wo sie »Maschinen der Überredung« anlege, statt Begriffe, die »schon an sich hinreichenden Einfluß auf menschliche Gemüter« ausüben, sprechen zu lassen.[1] Hans Blumenberg sieht in solcher Kritik der Rhetorik allerdings selbst eine Form von Rhetorik. Nicht auf Begründungen fuße ihr Verbot; vielmehr auf Kunstgriffen einer Polemik, deren Zweck die Stützung der Vernunft sei. Keine zu tilgende Pathologie oder Unvollkommenheit der Sprache bezeichne dagegen die rhetorische Metaphernbildung, sondern ein notwendiges Element des Diskurses, weshalb das Denken nicht auf sie verzichten könne – ja allererst durch sie zu seinem eigentlichen Ausdruck fände. »Die Metapher ist Wirklichkeit«, schreibt der amerikanische Schriftsteller Gilbert Sorrentino; sie verschiebt nicht das Reale in einen fiktiven literarischen Raum, sondern sie bringt es mittels Bildern und Symbolen überhaupt erst zur Erscheinung.

Blumenberg erkennt in der Metaphernbildung »Leitfossilien einer archaischen Schicht des Prozesses der theoretischen

Neugierde«, wie es im Anhang zu der kleinen, aber durchaus zentralen Schrift *Schiffbruch mit Zuschauer* von 1979 heißt.[2] Man kann diesem *Ausblick auf eine Theorie der Unbegrifflichkeit* programmatischen Wert beimessen. Statt – wie in der gesamten europäischen Tradition üblich – das logische oder diskursive Denken zu privilegieren, geht Blumenberg dem Vorrationalen nach, den Anschauungen, Mythen und Gedankenmodellen, mit denen wir uns und unsere Welt zu erfassen und deren Rätsel zu enthüllen suchen. Doch bezeichnen diese keine zu überwindenden Vorformen oder Hilfsmittel, keine »Leitsphäre abtastender theoretischer Konzeptionen« oder Behelfe »in der noch nicht konsolidierten Situation von Fachsprachen«, wie Blumenberg formuliert, um schließlich doch zum abstrakten Denken und damit zur Vernunft zu gelangen; vielmehr zeigt sich in ihnen »eine authentische Leistungsart der Erfassung von Zusammenhängen«.[3] Erst die Arbeit der Vorstellungskraft, ohne welche Erkennen und Verstehen unmöglich wären, eröffnet den Zugang zur Welt, die anders als poetisch nicht aufgehen kann: »Welt zu haben, ist immer das Resultat einer Kunst ...«[4]

Solche Kunstfertigkeit gilt nach Blumenberg nicht nur im engeren Sinne für Dichtung und Religion, sondern gleichermaßen auch für Philosophie und Wissenschaft. Nicht primär durch abstrakte Begriffe argumentieren wir, sondern vorzugsweise mittels Metaphern und Bildvorstellungen. Viele Worte enthalten Vergleiche, die ihnen gleichsam unbewußt »imprägiert« sind und durch die wir zu veranschaulichen suchen, was dem unmittelbaren Ausdruck sich entzieht. »Ein gutes Gleichnis erfrischt den Verstand«, heißt es bei Ludwig Wittgenstein. Was sonst mühsamer Beschreibung bedarf, wird jetzt »schlagend« und durch eine einzige Formulierung faßbar. Blumenberg sieht darin geradezu einen »Paradefall für Hermeneutik ... in umgekehrter Richtung: nicht die Ausdeutung bereichert den Text über das hinaus, was der Autor in ihn hineingewußt hat, sondern der Fremdbezug (der Metapher) fließt unabsehbar in die Produktivität zu Texten ein.«[5] Die Metaphorik wird so zum »Grundbestand« der rationalen Rede selber; sie legt in ihn höchst konkrete Versinnbildlichungen, wie sich ebenfalls an den diskursiven Zentralkategorien ablesen läßt: Wir gewinnen beispielsweise »Einsicht« durch »Reflexion«, und durch vernünftiges Reden versuchen wir »aufzuklären«. Doch verweist uns die »Einsicht« auf den nach innen führenden Blick, der mit plötzlichem Aufleuchten das Dunkel der Seele aufhellt; und was beinhalten »Reflexion« und »Aufklärung« anderes als bildhafte Assoziationen an gespiegeltes Licht oder an die aufklarende Morgenröte?

Blumenbergs Werk, das nach Odo Marquard zum »faszinierendsten philosophischen Œuvre der Nachkriegszeit«[6] gehört, läßt sich als eine »Fundamentalphilosophie der Metapher« bezeichnen. Geboren am 13. Juli 1920 in Lübeck, studierte Blumenberg zunächst an den Philosophisch-Theologischen Hochschulen in Paderborn und Frankfurt, später, nach Kriegsende, in Hamburg und Kiel Philosophie, klassische Philologie und Germanistik. 1958 erfolgte eine Berufung nach Hamburg, dann nach Gießen und Bochum; schließlich lehrte er von 1970 bis zu seiner Emeritierung 1985 in Münster, wo er am 28. März 1996 starb.

»Metaphorologie« nennt er sein Projekt seit seiner ersten theoretischen Bestimmung, den 1960 niedergelegten *Paradigmen zu einer Metaphorologie*, selbst. Damit wird freilich ein Forschungszweig gekennzeichnet, der in Deutschland ohne Vorbild ist. Weder ist er eindeutig der phänomenologischen Tradition Edmund Husserls zuzurechnen – obwohl Blumenberg bei dessen Schüler Ludwig Landgrebe studierte und sich mit einer Arbeit über Heidegger habilitierte –, noch gehört er in den Umkreis der philosophischen Hermeneutik – auch wenn er zu den Gründungsmitgliedern der Gruppe »Poetik und Hermeneutik« zählt. Wohl am ehesten noch läßt sich die »Metaphorologie« in eine gewisse Nähe zu Ernst Cassirers *Philosophie der symbolischen Formen* rücken, ebenso wie zur sogenannten »Toposforschung« des Literaturwissenschaftlers Ernst Robert Curtius. Wie diese sucht sie eine Verbindung der vielfältigen Symbolismen in Mythos, Kunst, Religion oder Wissenschaft durch Aufweis quer zu ihnen liegender, leitender Gesichtspunkte gleichsam als Epochenspiegel; doch betreibt er im Unterschied zu ihnen weder eine

Konstitutionslehre des symbolischen Aufbaus der Welt noch bloße Motivgeschichte. Jede Ortsbestimmung bleibt bestenfalls nur »Spurenlese«: Blumenberg ist nicht zu klassifizieren.

Seine Philosophie setzt ein sozusagen nach dem Ende der Philosophie. Das bedeutet, sie ist der paradox scheinende Versuch, jenseits aller sich in diesem Jahrhundert als problematisch erwiesenen philosophischen Grundbegriffe wie »Vernunft«, »Wahrheit« und »Begründung« dennoch weiter zu philosophieren. Blumenberg macht deutlich, daß das Denken, wiewohl nicht ohne Begriffe, so doch nicht ohne das auskommt, was er »absolute Metaphern« nennt. Darunter versteht er jene seltsamen Gebilde der Phantasie, die sich nicht rational aufklären lassen und daher irreduzibel sind. Sie reichen ans Unsagbare heran und bilden mithin Unbegriffliches, das sich, wenn auch unverzichtbar, dennoch in keine objektivierende Sprache übersetzen läßt. »Absolute Metaphern beantworten jene ... prinzipiell unbeantwortbaren Fragen, deren Relevanz ganz einfach darin liegt, daß sie nicht eliminierbar sind, weil wir sie nicht stellen, sondern als im Daseinsgrund gestellte vorfinden.«[7] Dazu gehören vor allem die Fragen nach der Welt und nach uns selbst, die wir stets neu mit Bildern, etwa der Maschine oder des Buches, oder mit Geschichten der Wanderschaft und der Seefahrt bekleiden. Ein Ganzes kommt darin zur Anschauung, das in seinen möglichen Verständnissen unerschöpflich bleibt.

Alle Theorie hat ihre Wurzel in solch unmittelbar ästhetischer Wirklichkeitserfahrung. Das Denken ist weder diskursiv einlösbar noch fügt es sich allein den Regeln vernünftiger Argumentation; vielmehr bedarf es gleichermaßen des kreativen Reichtums der Phantasie, die in die Sprach- und Vernunftlastigkeit unserer Lebensbewältigung beständig nichtdiskursive Elemente einträgt. Gegen die seit Jahrhunderten geübte Herrschaft der Ratio besteht deshalb Blumenberg korrigierend auf dem Eigenrecht der Ästhetik. Entsprechend hat er in seinem Hauptwerk von 1979, *Arbeit am Mythos*, das gewöhnliche Verhältnis von Mythos und Logos umgekehrt. Das rationale Denken hat zwar das mythische ablösen und dessen vermeintlichen Irrglauben durch den steten Fortschritt von Aufklärung unschädlich machen wollen; doch beweist das mythische Denken weiterhin seine bildhafte Kraft, die es gleichwohl gegen die Anstrengungen der Vernunft immun macht. Nicht restlos lassen sich die mythischen Motive auflösen, sondern durch sämtliche Wandlungen und Anfechtungen hindurch bewahren sie ihre Eigenständigkeit, weil dem Mythos eine »Supposition des Vertrauten für das Unvertraute, der Erklärung für das Unerklärliche, der Benennung für das Unnennbare«[8] gelingt. »Mythen sind Geschichten .... Geschichten werden erzählt, um etwas zu vertreiben« – nach Blumenberg im besonderen die Furcht vor der Welt, vor ihrer elementaren Unheimlichkeit –, denn der »Schrecken, der zur Sprache zurückgefunden hat, ist schon ausgestanden«. Daher sei »die früheste ... Form der Vertrautheit mit der Welt, Namen für das Unbestimmte zu finden. Erst dann und daraufhin läßt sich von ihm eine Geschichte erzählen. ... Alles Weltvertrauen fängt an mit den Namen, zu denen sich Geschichten erzählen lassen.«[9] Sie besorgen gerade keine Bannung durch Erklärung oder Rationalisierung der Welt, sondern bauen buchstäblich Heimstätten durch ihre, im Wortsinne, »Ein-Bildung«. Solche Einbildungen enthalten immer »mehr« als sie sagen; darum besteht die Eigenart der narrativen Imagination – nach einem Ausdruck von Ernst Bloch – in ihrem »Überschuß«, der sie über die bloßen Begriffe hinaustreibt, wohingegen Begriffliches zur Reduktion, zur dürftigen Abstraktion herabsinkt. Darin liegt die prinzipielle Produktivität des Mythos: Bilder sind immer reichhaltiger als Begriffe; sie erzeugen eine Fülle, der das rationale Denken nicht habhaft zu werden vermag. »Die in der rigorosen Selbstverschärfung der theoretischen Sprache verächtlich gewordene Ungenauigkeit der Metapher entspricht auf andere Weise der so oft eindrucksvollen höchsten Abstraktionsstufe von Begriffen wie ›Sein‹, ›Geschichte‹, ›Welt‹, die uns zu imponieren nicht nachgelassen haben. Die Metapher jedoch konserviert den Reichtum ihrer Herkunft, den die Abstraktion verleugnen muß.«[10]

Das kann exemplarisch an Platons Höhlengleichnis nachvollzogen werden, dem Blumenbergs letztes großes Werk, die *Höhlenausgänge* von 1989, gewidmet ist. Denn an zentraler Stelle unterbricht Plato seinen Dialog über den Idealstaat, um der ansonsten logisch aufgebauten Rede unvermittelt das Bild der Höhle einzufügen. »Platons *Politeia* ist ein Dialog vom Versagen des Dialogs, und die Höhlenparabel in dessen (ungefährer) Mitte koppelt Ideenlehre und deren Erfolglosigkeit. ... Die Mittel des Rückkehrers reichen nicht aus, Lust auf Nachvollzug der Befreiung zu wecken, weil dies der Dialog von Natur aus nicht kann. Der Rückkehrer scheitert, weil er auf sokratische Weise seiner Aufgabe genügen will.« [11] Was aber derart scheitert, ist der Alleinvertretungsanspruch der Vernunft selbst. Gegen die rationale *Lesbarkeit der Welt* – so der Titel einer 1981 publizierten Untersuchung über die Metapher der Welt als Buch und ihrer vielfachen Lektüren – müßte treffender von deren Bildhaftigkeit oder Abbildbarkeit gesprochen werden – auch mit der Konnotation ihrer freien Gestaltung. Davon geht zugleich ein rationalitätskritischer Impuls aus; doch nicht so, daß die Vernunft pauschal, wie bei Nietzsche, als »Mißgeburt des Lebens« oder wie bei Heidegger als »Widersacherin des Denkens«, diskreditiert wird. Blumenberg will sie vielmehr auf ihr notwendiges Maß beschnitten sehen. Dem üblichen Oppositionsverhältnis von Rationalismus und Irrationalismus fügt er keine weitere Variante hinzu; vielmehr verweist er den philosophischen Begriff darauf, daß er bildlos nicht verfahren kann und ohne Gleichnis oder Erzählung nicht auskommt.

Wie kaum eine andere Erfindung der spekulativen Einbildungskraft ist daher das Höhlengleichnis für Blumenberg geeignet, das Problem der theoretischen Einstellung und ihrer systematischen Ambivalenz darzustellen. »An der Möglichkeit, die die genuine Exegese des Höhlenmythos nicht ausschöpft, läßt sich ablesen, welche Entscheidungen zugunsten des *bios theoretikos* allem voraus schon getroffen worden sind. Die Theorie hat sich selbst als das Bedürfnis idealisiert, das dem Leben erst Grund verschafft; aber des Grundes nicht zu bedürfen, ist die Genauigkeit des Lebens selbst.« [12] Begriffe erscheinen deshalb dem unmittelbaren Leben gegenüber stets sekundär; ihr Finden folgt dessen ungreifbarer

Logik, nicht umgekehrt. Die Lebenswelt ist daher geradezu »metaphernpflichtig«, wie Blumenberg sagt. Dieser Hinweis bindet die Philosophie, die sonst sich aller unmittelbaren Gegebenheit reflexiv zu enthalten pflegt, ans Existentielle zurück. Denn die Bilder und Metaphern, die Symbole und Geschichten, derer sie sich bedient, schöpfen – anders als die Prozesse des theoretischen Zugangs – aus direkter lebensweltlicher Erfahrung. Sie bilden sozusagen unerläßliche »Daseinsbewältigungsstrategien«, mit denen wir uns in der Welt orientieren – verstehen, wer wir sind. Vornehmlich solchen »Existenzmotiven« und »Lebensbildern«, die die »Seinsgrundfragen« stellen, gilt Blumenbergs Interesse. Sie bilden das eigentliche Reservoir der von ihm untersuchten »absoluten Metaphern«.

So spielt in dem philosophischen Bestseller von 1987 *Die Sorge geht über den Fluß*, genauso wie in *Schiffbruch mit Zuschauer*, die Seefahrt und alles, was dabei passieren kann, eine entscheidende Rolle. Per Schiff verlassen wir den sicheren Hafen, gehen auf große Fahrt und geraten dabei ebenso verhängnisvoll in eine Flaute wie in einen Sturm. Wir folgen dabei vielsagenden Sternen, suchen fremde Küsten auf oder segeln einfach ins Leere hinaus. »Schiffbrüche gehören in Schicksale von klassischer Statur. In den Lebensläufen der griechischen Philosophen treten sie als versetzbare Erprobungen auf; der Apostel Paulus hat nach dem zweiten seiner Briefe an die Korinther drei Schiffbrüche durchlitten ... Goethe kommt ihm zwischen Messina und Neapel nahe genug, läßt in dem Kleinepos ›Alexis und Dora‹ den zu Schiff gegangenen Helden den Untergang ersehnen, aus dem den Nichtschwimmer Delphine zu einer vielleicht schon untreu gewordenen Geliebten zurücktragen sollen. ... Für Philosophen ist *das* der obligate Weg: Wie sollte einer vom Letzten und Vorletzten lehren können, wenn er ihm nicht ausgesetzt gewesen war. Man klammerte sich ans Gebälk des zerschellten Schiffs – notorische Nichtschwimmer, wie die Philosophen seit je waren –, ließ sich ans Ufer auswerfen und setzte im nächstgelegenen Gymnasium seine Lehre fort, als sei nichts gewesen. Darauf kam es an: man war Philosoph im Maße der Immunität gegen solche Unterbrechungen. ... Das ist bis heute so geblieben. Emigrantenschicksale belegen es. Nach dem Ende des Zeitalters der reellen Schiffbrüche die metaphorischen: der ausgestoßene oder geflüchtete Fremde, unkundig noch der Sprache des Landes, schreibt seine Tafeln voll, dort wie hier.« [13]

Vergleichbares kann vom Höhlenbild gesagt werden: Es spiegelt, im Unterschied zum gelingenden oder vereitelten »Lebensweg«, die »Weltlage« des Menschen insgesamt wider, sei es, daß wir darin »zu Hause« sind oder uns womöglich »unbehaust« fühlen. Sie mahnt ans Zwiespältige aller Lebensbedingungen: an »die reine Verschlossenheit des Lebens bei sich selbst und die Unmöglichkeit, bei ihr zu verweilen« [14], an die Doppelung von Schutz und Einsperrung ebenso, wie an ersehnte Sicherheit und unsägliche Einsamkeit. Höhlenausgänge sind zugleich auch Eingänge: Sie führen ins Offene und Freie hinaus wie umgekehrt in ahnungsreiche Tiefen oder in die inwendige Stille der Meditation. »Was die Allgemeinheit der Höhlenimplikation ... zuläßt, ist die Ambivalenz der Position des Erdengehäuses: Es kann am Anfang der mythischen Ereignisse stehen als das, was verlassen zu haben und noch zu verlassen alles andere erst auf den Weg bringt, oder es kann am Ende aller Mühsal stehen als Einkehr in eine Geborgenheit, die im äußersten Fall die des Nichtseins sein wird. Schließlich können Anfang und Ende symmetrisch durch das Höhlenhafte bezeichnet sein, in das alles zurückkehrt – aus Resignation am Nichtgewinn des festen Wohnsitzes im Dasein wie aus dem Motiv der Einbringung des Gewinns, der auf dem großen ›Umweg‹ zu erlangen war. Sogar den Ausgang zu verweigern, vom Höhlenhaften gar nichts erst wahrzuhaben ... impliziert die Höhle als Vorgabe der doppelten Negation des verweigerten Ausstiegs.« [15]

Deutlich wird, daß es Blumenberg nicht darauf ankommt, was sich jeweils hinter den einzelnen Metaphern verbirgt, sondern was sie im Prozeß menschlicher Selbst- und Weltverständigung leisten. Das Entscheidende ist nicht die Frage nach ihrem Sinn, sondern nach ihrer Funktion. Diese entspringt der konstitutionellen Bedürftigkeit des Menschen, der in der

Welt nicht sein kann, weil er für sie nicht zureichend gerüstet ist. So mache seine Not ihn erfinderisch: Die Rhetorik kompensiere die Situation seiner tendenziellen Lebensuntüchtigkeit, die darin bestehe, daß es ihm an spezifischer Angepaßtheit an eine für ihn unwirtliche Umgebung fehle. »Der Mangel des Menschen an spezifischen Dispositionen ... ist der Ausgangspunkt für die anthropologische Rückfrage, wie dieses Wesen trotz seiner Indisposition zu existieren vermag. Die Antwort läßt sich auf die Formel bringen: indem es sich nicht unmittelbar auf die Wirklichkeit einläßt. Der menschliche Wirklichkeitsbezug ist indirekt, umständlich, verzögert, selektiv und vor allem ›metaphorisch‹.«[16] Fatal erinnern solche Formulierungen freilich an die höchst anfechtbare Anthropologie Arnold Gehlens, auf die Blumenberg besonders in seinem für die Grundlegung der »Metaphorologie« wohl wichtigsten Aufsatz *Anthropologische Annäherung an die Aktualität der Rhetorik* zurückgreift. Doch erweitert er dessen Befund insofern, als es dem Menschen nicht nur an Lebenskompetenz gebricht, sondern vor allem an Evidenzfähigkeit. Unablässig existiere er im Unbestimmten und Wahrheitslosen, was bedinge, daß er sich seine Welt rhetorisch einrichten muß. »Entspräche die Welt des Menschen dem Optimismus der Metaphysik von Leibniz, der sogar den zureichenden Grund dafür angeben zu können glaubte, daß überhaupt etwas und nicht eher nichts existiert ..., so gäbe es keine Rhetorik, denn es bestünde weder das Bedürfnis noch die Möglichkeit, durch sie zu wirken.«[17] Dagegen nennt Blumenberg als Hauptsatz aller Rhetorik das »Prinzip des unzureichenden Grundes« als notwendiges Korrelat eines Mängelwesens, das durch seine Schöpfungen seine Verlegenheit auszugleichen gelernt und darin sein Überleben trainiert hat. »Die Rhetorik wird hier nicht gefeiert als ein kreatives Talent des Menschen. Ihre anthropologische Beleuchtung ist nicht der Nachweis einer ›metaphysischen‹ Auszeichnung. Als Verhaltensmerkmal eines Wesens, das *trotzdem* lebt, ist sie im Sinne des Wortes ein ›Armutszeugnis‹. ... (Ich möchte) daran festhalten ..., in ihr eine Gestalt von Vernünftigkeit selbst zu sehen, das vernünftige Arrangement mit der Vorläufigkeit der Vernunft.«[18]

Prinzipiell mißlingt dem Menschen die vollständige Aufklärung seiner Lage; statt dessen versucht er in immer neuen Anläufen deren Aus- und Umdeutung, ohne sich je zu finden, weshalb sie ständig weitererzählt werden müsse und sich dadurch tradiere. Wie an einen endlosen Faden knüpft er Geschichte um Geschichte, aus denen sich schließlich das dichte Gewebe seiner historischen Selbstvergewisserung ergibt. Was er an sich begreifen kann, geht aus ihnen hervor, indem die Grundmetaphern je nach Welt- und Lebensgefühl vielfältigen Bedeutungswandlungen unterworfen werden. So entsteht eine »Drift« oder Verschiebung, im Verlaufe derer ein Motiv oder ein Topos zu etwas völlig anderem mutiert. Blumenberg spricht von den »Kunstgriffen des Umverstehens«: An wesentlicher Stelle werden Merkmale neu eingefügt oder andere ganz fallengelassen. Was einmal der Darstellung grausiger menschlicher Verlorenheit diente, wie zum Beispiel Théodore Géricaults »Floß der Medusa«, wird bei Caspar David Friedrichs »Gescheiterter Hoffnung« zum Sinnbild vereitelter Revolution oder gar im Falle des »Untergangs der Titanic« zur Anklage menschlicher Hybris. Aus dem Buch der Natur, in das Gott in Geheimschrift seine ewigen Zeichen eingetragen hat, wird für den neuzeitlichen Physiker eine lesbare mathematische Formelsammlung, die sich schließlich zu einer kompletten Bibliothek vervielfältigt, die auf ihre Weise wieder Verwirrung und Unverständlichkeit stiftet. Jede Wiederverwendung desselben Bildes verändert Details, betont, was einmal nebensächlich war, oder verkürzt, was vorher als wichtig galt, bis ein neues entsteht, das der menschlichen Situation eine ganz andere Interpretation verleiht. Zugrunde liegt ein »Stellensystem«, vergleichbar einem Modelltableau, in dem andauernd »Um-« und »Gegenbesetzungen« sowie Erweiterungen oder »Aspektverlagerungen« vorgenommen werden. Das Gesetz der Transformation als Prinzip von Geschichte hat darin seine Form: Anstatt eine ununterbrochene Reihe zu konstruieren oder umgekehrt in lauter Zäsuren und Brüchen zu denken, verbindet es auf eigentümliche Weise Kontinuität und Diskontinuität zu einer fortwährenden Metamorphose.

Diese wird vornehmlich rhetorisch vollzogen. Die Rhetorik avanciert damit zur Zentraldisziplin der Historie überhaupt, die eine Vielfalt divergierender Sinnmöglichkeiten aufdeckt. Leicht kann dadurch der fälschliche Eindruck entstehen, die Schriften Blumenbergs bestünden ausschließlich aus einer unverbindlichen Sammlung unterschiedlich erzählter Geschichten. Gewiß, man kann sein Verfahren »pluralistisch« nennen: Statt von »Welt« im Singular bevorzugt er die Rede von einer Pluralität von »Welten«. So erschien 1981, neben der großen Studie über die *Lesbarkeit der Welt*, eine kleinere Aufsatzsammlung mit dem sinnfälligen Titel *Wirklichkeiten, in denen wir leben.* Allerdings wird oft übersehen, daß es sich bei den Texten Blumenbergs eigentlich um streng durchkomponierte Metatexte handelt, die in Form von Metaphern und Fiktionen sowohl eine Geschichte der »Weltbilder« wie ihrer Geschichtsschreibung mit den ihr zugehörenden Auslegungen enthalten. Gleichsam befinden sie sich noch »unterwegs« zu einer Phänomenologie der Geschichte, deren Material eben diejenigen Selbst- und Weltbeschreibungen bilden, mit denen wir gleichermaßen unsere unabgeschlossenen geistigen Biographien hervorbringen wie verstehen. Zwischen der Geschichte und den Geschichten gibt es dann keinen strengen Gegensatz; diese zeigt sich erst durch jene.

Daraus ergibt sich der merkwürdige und einmalige Versuch, Geschichte durch den Wandel ihrer Selbsterzählung hindurch sichtbar zu machen. Dabei gleicht Blumenberg dem Reisenden durch eine sich verändernde Landschaft. Weder urteilt noch bewertet er: er schaut lediglich hin, hört zu, erzählt nach. Das verlangt eine Änderung unserer Einstellung zu Belehrung und Wissen. Blumenberg nennt Philosophie die »Disziplin der Aufmerksamkeit«. Ihre Aufgabe sei »Schärfung der Wahrnehmungsfähigkeit«. Man hat gelegentlich gerügt, daß eine solche Haltung konsequenzlos sei und den Leser ohne Antwort zurücklasse. Freilich verkennt der Vorwurf den entschieden meditativen Charakter des Blumenbergschen Werkes. Es fordert vom Leser die rückhaltlose Versenkung und Vertiefung in die Sache selber, weil erst diese sehen lasse, was anders nicht zur Geltung kommen könne. Behutsam wird die Konzentration auf die sich ständig neu und anders stellenden, unbeantwortbaren Fragen unseres Lebens und unserer Welt gelenkt. Man kann dies Aufklärung nennen – Aufklärung freilich eben nicht mit den Mitteln der Vernunft, sondern im Sinne einer »Nachdenklichkeit«, wie es Blumenberg anläßlich der Verleihung des Sigmund-Freud-Preises 1980 ausdrückte, die sich – vergleichbar dem Hören variationsreicher Barockmusik – der Vielfalt der Erscheinungen überläßt.

Daß indessen damit nicht auf eine Verständlichmachung des Geschichtsprozesses selber verzichtet werden muß, hat Blumenberg mit seinen beiden minutiösen Studien zum Epochenwandel, der *Genesis der kopernikanischen Welt* von 1975 und der *Legitimität der Neuzeit* von 1966, gezeigt. Danach vollzog sich der Übergang vom Mittelalter zur Renaissance aus den Systembrüchen der überlieferten Weltbilder, deren Selbsterhaltung ausgeschöpft war. Durch Umbau – wiederum den »Um-« und »Gegenbesetzungen« im »Stellensystem«, Kategorien, die bei deren Gelegenheit erst entwickelt und erprobt wurden – entstand daraus eine neue Welt. Man kann dieser nicht Illegitimität im Sinne bloßer Säkularisierung vorrechnen, als verleugne sie hartnäckig ihre Herkunft; vielmehr erzeugt sie gerade dadurch ihre Legitimität, daß sie die funktionslos gewordenen Elemente umgekehrt zur Begründung von Selbstbehauptung durch Wissenschaft und Technik verwendet. Rechtfertigung ist kein Prozeß, der auf »letzte« oder argumentativ erschlossene Gründe verweist, sondern gleichermaßen durch »Umbesetzung« zentraler »Weltbildmetaphern« erfolgt. Entscheidend ist, daß Blumenberg jeden Zugriff gewaltsamer Vereinheitlichung und Synthetisierung vermeidet. Für Geschichtsveränderungen gibt es weder eine Notwendigkeit noch eine übergreifende Rationalität. Nirgends unterliegen sie einem Fortschritt der Kultur oder einer irgend gearteten linearen, teleologisch interpretierbaren Entwicklung der Menschheit. Gegen Hegel und Marx, aber auch gegen den Historismus des späten 19. Jahrhunderts kann es von Geschichte kein allgemeingültiges System oder einen Überblick von ihrem Ursprung bis zur Gegenwart geben.

Vielmehr ereignet sie sich immer neu und anders, und es gilt, sie in jedem Einzelfall eigens und als etwas Einmaliges zu verstehen.

Anmerkungen

1 Immanuel Kant, Kritik der Urteilskraft, B 216f.

2 Hans Blumenberg, Ausblick auf eine Theorie der Unbegrifflichkeit, in: Schiffbruch mit Zuschauer, Frankfurt/M. 1979, S. 77.

3 Ebd.

4 Hans Blumenberg, Arbeit am Mythos, Frankfurt/M. 1976, S. 13.

5 Ders., Ausblick auf eine Theorie der Unbegrifflichkeit, in: Schiffbruch mit Zuschauer, a.a.O., S. 80.

6 Odo Marquard, Lebenszeit und Lesezeit, Bemerkungen zum Œuvre von Hans Blumenberg, in: Akzente 3, 37. Jg. (1990), S. 268.

7 Hans Blumenberg, Paradigmen zu einer Metaphorologie, Bonn 1960, S. 19.

8 Ders., Arbeit am Mythos, a.a.O., S. 11.

9 Ebd., S. 40f.

10 Ders., Ausblick auf eine Theorie der Unbegrifflichkeit, in: Schiffbruch mit Zuschauer, a.a.O., S. 80.

11 Ders., Höhlenausgänge, Frankfurt/M. 1989, S. 88.

12 Ebd., S. 168.

13 Ders., Die Sorge geht über den Fluß, Frankfurt/M. 1987, S. 8f.

14 Ders., Höhlenausgänge, a.a.O., S. 18.

15 Ebd., S. 57.

16 Ders., Anthropologische Annäherung an die Aktualität der Rhetorik, in: Wirklichkeiten, in denen wir leben, Stuttgart 1981, S. 115.

17 Ebd., S. 124f.

18 Ebd., S, 132.

Utopie der telematischen Gesellschaft. Zur Medien- und Kulturphilosophie Vilém Flussers

»Unser Schreibzeug arbeitet
mit an unseren Gedanken.«
Friedrich Nietzsche

I.

Internet heißt das weltumspannende Computernetz, das wiederum viele kleinere autonome Netzwerke miteinander verbindet. Angekoppelt sind in Deutschland Universitäten und Unternehmen, aber auch Privatpersonen über eigens zu diesem Zweck gegründete Vereine. Internet funktioniert ohne zentrale Verwaltung, es hat sich seit den Anfängen spontan und wildwüchsig immer weiter ausgebreitet. Doch in den USA ist inzwischen ein Umbau im Gange: Das dezentrale Chaos von Telefon- und Satellitenverbindungen soll in geordnete Datenautobahnen umgewandelt werden. Vor allem die großen Medienkonzerne wünschen ein technisch aufgerüstetes Netz, um über spezielle Kabel ihre Filme, Videospiele und diversen Konsumangebote direkt in jedes Wohnzimmer zu liefern. Selber senden sollen die Angeschlossenen jedoch nicht mehr, denn ein Datentransfer in beide Richtungen belastet in den Augen der Konzernchefs lediglich die begrenzte Kapazität des Netzes, ohne Profit einzubringen.

Die Pläne stoßen auf heftige Kritik. Was wird aus der Freiheit der Information im sogenannten Informationszeitalter? Was wird aus der Öffentlichkeit, wenn die künftigen Datenautobahnen so teuer geraten, daß sich öffentliche Institutionen und erst recht Privatpersonen einen Anschluß gar nicht leisten können?

An dieser aktuellen Debatte hätte sich sicherlich auch der 1991 verstorbene jüdische Philosoph und Kommunikationstheoretiker Vilém Flusser beteiligt. Flusser erklärte die Aufarbeitung der alten und neuen Medien zu einem Schlüsselthema der philosophischen Gegenwartsanalyse und griff immer wieder selbst in die Diskussion über ihre gesellschaftliche Funktion ein. So kritisierte er die Kommunikationsstruktur des Fernsehens und schimpfte: »Das Zeug ist falsch gestaltet. Anstatt wie das Telefon ein Schnittpunkt in einem Netz zu sein, an dem Informationen zugleich gesandt und empfangen werden, ist das Zeug dort im Wohnzimmer ein Endpunkt eines Strahls in einem Strahlenbündel.« [1] An den Terminals, den TV-Endstationen hocken, voneinander isoliert, die Empfänger. Sie stellen bloße Konsumenten dar, eine Masse, die in Veranwortungslosigkeit versinkt, weil man sie von der Möglichkeit des Antwortens systematisch abgeschnitten hat.

Flusser unterscheidet zwei Schaltpläne der Medien, die er einander idealtypisch gegenüberstellt: das positive Modell des Netzes und das negative des Bündels. Das Netzmodell – wie es beispielsweise im Post- und Telefonsystem oder im Internet verwirklicht ist – birgt ihm zufolge emanzipatorisches Potential. Denn erst wenn alle Teilnehmer gleichermaßen Informationen senden wie empfangen können, ist eine Kommunikation im wahrhaften Sinne möglich, dann gibt es einen Dialog ohne hierarchisches Zentrum, Demokratie im Informationszeitalter. Dagegen bieten Fernsehen, Radio und Presse das Negativbeispiel: Ihre Bündelstruktur verweist auf ein Zentrum, von dem alle Botschaft ausgeschickt wird, aber eben nur über Einbahnstraßen, wenn man von den rudimentären Feedbacks wie Hörerpost oder Leserbriefen absieht.

Flussers Forderung, Fernsehen und Radio zu dialogisch strukturierten Medien umzufunktionieren, knüpft an Brechts Radiotheorie aus den frühen 30er Jahren und Enzensbergers Medienkritik aus den späten 60ern an. Flusser prägte für seinen emphatischen Entwurf den Begriff der »telematischen Gesellschaft«. [2]

Telematisch – ein Neologismus, der in seiner Zusammensetzung auf Telekommunikation, Kybernetik und Automation anspielt – nennt Flusser eine Gesellschaft, die sich über eine dezentrale und dialogische Vernetzung ihrer Medien austauscht und steuert; kurz: eine Art kybernetischer Demokratie. Flusser beschrieb diese Utopie aber als ein Vexierbild, immer vom Umschlagen in eine totalitäre Funktionsweise bedroht: »Für die kommende Gesellschaft sehe ich also zwei Alternativen: Entweder wird sie totalitär sein, und zwar in einem sehr viel stärkeren Maße, als es die deutsche Gesellschaft unter den Nazis war, oder sie wird vollkommen regierungslos sein, nicht im anarchischen Sinne, sondern in dem Sinne, daß alle Entscheidungen von selbst und spontan durch die durch sie hindurchlaufenden Gespräche getroffen werden. Beide Alternativen sind im Begriff der telematischen Gesellschaft enthalten.«[3]

Wegen seiner Utopie der Vernetzung ist Flusser als »digitaler Denker« verspottet worden. Man warf ihm vor, daß er auf die Frage einer Bewältigung der Technik selbst nur eine technische Antwort bereithielte, eben die Idee der Umschaltung. Doch verhielt sich diese Rezeption kurzsichtig. Sie verkannte, daß Flusser im Durchgang durch das Technische die Chancen eines sich wandelnden Welt- und Selbstverständnisses des Menschen sondierte. Dabei ging es ihm um eine neue Philosophie des Dialogs auf der Basis moderner Informationstechnologien, hinter die wir nicht zurückkönnen. Allein »wenn die Struktur des Apparates aufgedeckt ist, nur dann ist zu hoffen, diese Apparate in den Griff zu bekommen«.[4] Flusser war für die Irreversibilität der Veränderungen, den unaufhaltsamen kulturellen Umbruch womöglich auch deshalb empfänglicher als andere, weil seine Lebensgeschichte von Brüchen und Entwurzelung, von Heimat- und Traditionsverlust gezeichnet gewesen ist.

II.

Vilém Flusser wurde 1920 in Prag in einer jüdischen Gelehrtenfamilie geboren, der Vater war Mathematikprofessor an der Karlsuniversität. Er selbst hatte gerade ein Semester Philosophie studiert, als er 1940 zusammen mit seiner späteren Frau Edith Flusser die Flucht vor der nationalsozialistischen Verfolgung ergreifen mußte, zunächst nach London, dann weiter nach Brasilien, weil kein anderes Land ein Visum ausstellte. Der Vater wurde in Buchenwald von den Nazis zu

Tode geprügelt, Mutter und Schwester hat man in Auschwitz ermordet.

Die ganze Familie zu verlieren, aus der Heimat, der Sprache, der europäischen Kultur vertrieben und irgendwohin verschlagen zu werden – das Irrewerden an einer furchtbaren und abersinnigen Welt, schilderte Flusser in seiner philosophischen Autobiographie mit dem signifikanten Titel *Bodenlos*. »Jeder kennt die Bodenlosigkeit aus eigener Erfahrung. ... Aber es gibt Menschen, für die Bodenlosigkeit die Stimmung ist, in der sie sich sozusagen objektiv befinden. Menschen, die jeden Boden unter den Füßen verloren haben, entweder weil sie durch äußere Faktoren aus dem Schoß der sie bergenden Wirklichkeit verstoßen wurden, oder weil sie bewußt diese als Trug erkannte Wirklichkeit verließen. Solche Menschen können als Laboratorien für andere dienen. Sie existieren sozusagen intensiver.«[5]

Flusser gelang es, der Depression und der Verzweiflung zu entkommen, indem er seiner individuellen schmerzhaften Erfahrung einen allgemeinen existentiellen Sinn abtrotzte, indem er ein positives Moment der Bodenlosigkeit erkannte: Der Verlust des Ursprungs, der persönlichen Wurzeln und der sozialen Bindungen, bedeutet umgekehrt auch eine Freisetzung, er gewährt die Chance, etwas wirklich Neues zu beginnen. Denn die neue, ganz und gar ungewohnte Situation fördert innovatives Denken und Handeln. In dieser Weise hat Flusser Exil und Kreativität aufs engste zusammengedacht.

In den ersten Jahren seines Exils in Brasilien war Flusser jedoch vollständig davon in Anspruch genommen, sich und seine Familie mit drei Kindern durchzubringen. Er arbeitete in Import-Export-Unternehmen und half mit, eine kleine Radiofirma aufzubauen. Das abgebrochene Philosophiestudium konnte er zunächst nur autodidaktisch fortsetzen. »Das bedeutete, daß man am Tag Geschäfte trieb und in der Nacht philosophierte.«[6]

Erst nach zwanzig Jahren, dann allerdings mit raschem Erfolg, begann er als Kritiker und Kolumnist bei einer großen Tageszeitung von São Paulo zu veröffentlichen. Und auch der Eintritt in den universitären Bereich gelang: 1963 erhielt er eine ordentliche Professur für Kommunikationsphilosophie an einer Hochschule São Paulos. Für ihn, der die Mehrsprachigkeit schon aus Prag und einen Sinn für Verständigung über kulturelle Grenzen hinweg aus seiner Exilerfahrung mitbrachte, waren Sprache und Kommunikation existentielle Themen. Engagiert nahm Flusser an der Suche Brasiliens nach einer kulturellen Identität teil. Doch erlitt die junge Demokratie einen herben Rückschlag, als 1964 die Militärs putschten. Flusser arbeitete zu dieser Zeit als eine Art Kulturemissär im Ausland. Aber aus Furcht vor zunehmender Bespitzelung und einer drohenden Verhaftung kehrte er 1972 von einer seiner vielen Vortragsreisen nicht mehr nach Brasilien zurück.

In Europa konzentrierte er sich auf die Analyse der alten und der neuen Medien. Daß er früh schon und hellsichtiger als andere ihre Schlüsselrolle erkannte, war wohl auch ein Geschenk des Exils, eine brasilianische Erfahrung. Denn während auf der einen Seite Alphabetisierungskampagnen liefen und die Schriftkultur noch um ihre Durchsetzung und Verbreitung kämpfte, wurde Brasilien auf der anderen Seite schon von den technischen Bildern der damals neuen Medien, besonders des Fernsehens, überschwemmt. Und das Land sog in seinem kulturellen Nachholbedarf die Bilderflut begierig in sich auf.

So ist in Brasilien augenfällig geworden, was Flusser dann in eine universelle These faßte: weltweit ist ein Prozeß des »Umcodierens«[7] im Gange. Ein neues System von Symbolen, der auf Null-Eins-Reihen aufbauende »digitale Code«, hat begonnen, das alte System, den alphanumerischen Code der Schriftkultur zu verdrängen und abzulösen. »Inzwischen beginnen die Zahlen, sich von den Buchstaben zu befreien. Wir sind Zeugen einer Revolution, die auf die Vorherrschaft des Auges über das Ohr dringt. ... Wir denken nicht mehr buchstäblich, sondern numerisch, nicht mehr mit dem Ohr, sondern mit dem Auge.«[8] Die Folgen sind ambivalent: »Ziemlich klar ist, was wir beim Übergang aus der gutenbergschen in die elektromagnetische Kultur verlieren, nämlich all das, was uns als Erbe des Westens wertvoll ist. Hingegen sehen wir nicht, was wir dabei gewinnen. ... Die informatische Revolution macht den Buchdruck, das Alphabet und dieses Denken überflüssig. Sie führt zu einer neuen, noch nicht ersichtlichen, aber bereits erahnbaren Denkart.«[9] Flusser entschlug sich somit aller voreiligen Wertung, er verfiel weder in Euphorie noch in larmoyanten Kulturpessimismus, sondern begab sich – getreu der phänomenologischen Maxime Edmund Husserls »Zurück zu den Sachen« – an eine Analyse der verschiedenen symbolischen Codes, um deren Grenzen und Möglichkeiten auszuloten.

III.

Aus der Fülle seiner Texte ragt die ebenso brillante wie eigenwillige Analyse des Mediums der Schrift hervor: *Die Schrift. Hat Schreiben Zukunft?* Bezeichnenderweise erschien die Studie gleichzeitig in Buchform und als Diskette. An der Schwelle des Informationszeitalters und seiner Dominanz der Bilder, der mathematischen Graphen und Programm-Befehle, gleichsam den Untergang der Schrift vor Augen, versuchte Flusser, sich der Spezifik eines schriftsprachlich getragenen Denkens und Vorstellens zu vergewissern, seine Stärken, aber auch seine Beschränkungen aufzuzeigen. Schon dieses Ansinnen widersprach in ketzerischer Weise der philosophischen Tradition, die immer behauptete, das Denken vollziehe sich rein geistig und die Schrift stelle nur ein äußerliches Hilfsmittel der Aufzeichnung dar. Dagegen hatte jedoch schon Nietzsche eingewandt: »Unser Schreibzeug arbeitet mit an unseren Gedanken.«[10] Flusser konkretisierte Nietzsches These, indem er behauptete: »Beim Schreiben sollen Gedanken zu Zeilen ausgerichtet werden. Denn ungeschrieben und sich selbst überlassen laufen sie in Kreisen.«[11] Zeilen zu schreiben durchbricht das kreisende Grübeln und zwingt das Nachdenken buchstäblich in Linien fortzuschreiten, Fortschritte zu machen. Die Schrift, so Flussers kulturanthropologische These, transformierte das mythisch-kreisförmige in ein logisch-lineares Denken. Und indem die Schrift das Denken und Vorstellen linear ausrichtete, konstituierte sie das, was man Geschichte nennt. »Mit der Erfindung der

Schrift beginnt die Geschichte, nicht weil die Schrift Prozesse festhält, sondern weil sie Szenen in Prozesse verwandelt. Sie erzeugt das historische Bewußtsein.«[12] Es unterliegt mit der digitalen »Umcodierung« einer radikalen Wandlung.

Flussers These ist allerdings umstritten. Zweifelsohne gibt es einen Zusammenhang zwischen der Einführung der Schrift und der Ausbildung des geschichtlichen Bewußtseins – darauf hatten bereits der englische Altphilologe Eric A. Havelock in seiner Studie über Homer und der amerikanische Soziologe Walter J. Ong in seiner Untersuchung über die Technologisierung des Wortes *Oralität und Literalität* abgehoben. Doch ob es sich dabei um ein strikt kausales Geschehen handelt, wie Flusser es behauptet, oder eher um eine komplexe Wechselwirkung, bleibt fraglich.

Flusser unterteilt die Kulturgeschichte in drei große Perioden, die jeweils von einem bestimmten Symboltypus geprägt sind: »Die vorgeschichtliche Bewußtseinsebene artikulierte sich in Bildercodes, die geschichtliche alphabetisch, die neue digital.«[13] Die archaischen Bilder waren konkret, aber sie bannten das menschliche Bewußtsein in den geschlossenen Kreis eines magisch-mythischen Denkens. Die Schrift und ihr linear-logisches Denken durchbrachen diesen Bann und befreiten das menschliche Bewußtsein, aber sie schlugen es im Gegenzug mit der Abstraktheit von Begriffen und Zahlen. Die neuen synthetischen Bilder führen Flusser zufolge wieder zurück zur Konkretion, aber es ist eine zweite künstliche Anschaulichkeit, weil die Bilder eben nicht gemalt sind, sondern dem Computer entspringen und deshalb die Schrift in Form der Programmiersprachen voraussetzen. »Die neuen Bilder, ... diese tönenden Geschichten auf den Schirmen, das sind nicht Bilder wie die alten, das sind nicht eigentlich Flächen, sondern das sind Mosaike, die aus Punkten zusammengesetzt sind, wir denken also nicht mehr bildlich, aber auch nicht mehr linear, sondern wir denken punktuell ..., wir denken, wie man im sechzehnten und siebzehnten Jahrhundert gesagt hat, ›kalkulatorisch‹, wir zerlegen alles in Steinchen – *calculi* – und setzen diese Steinchen wieder zusammen. Zusammensetzen heißt ›Komputieren‹. Nur sind komputierte

Bilder keine vorgestellten Bilder, keine Vorstellungen, sondern Komputationen.«[14]

Flusser unterscheidet sich in dieser Sicht deutlich von dem kanadischen Medientheoretiker Marshall McLuhan, der ebenfalls die mediale Zukunft begrüßt und mit dem man Flusser bisweilen verglichen hat. Während jedoch McLuhan Schrift und Bild dualistisch gegeneinanderstellt und nach der auslaufenden Gutenberg-Epoche die Menschheit in ein Zeitalter magischen Bilderdenkens zurückkehren sieht, denkt Flusser den Zusammenhang hegelianisch: Das angebrochene Zeitalter des synthetischen Bildes verwirft nicht schlechterdings die Schrift, sondern hebt sie in sich auf und nimmt sie verwandelt mit hinein in eine höhere Gestalt.

Jedenfalls insistierte Flusser auf der Möglichkeit, die Strenge und Eindimensionalität des linear ausgerichteten, durch Schrift geprägten Denkens zu überschreiten und in eine andere, freiere Denkart zu gelangen. »Der künftige ›Leser‹ sitzt vor dem Schirm, um die gelagerten Informationen abzurufen. ... Es geht ... um ein aktives Knüpfen von Querverbindungen zwischen den verfügbaren Informationselementen. Es ist der ›Leser‹ selbst, der aus den gelagerten Informationselementen die von ihm beabsichtigte Information überhaupt erst herstellt. ... Er liest nicht eine Zeile entlang, sondern er spinnt seine eigenen Netze.«[15] Deren Logik ist das Spiel; darum sprach Flusser, allerdings recht vage, vom »Sprung aus dem historischen, wertenden, politischen Bewußtsein in ein kybernetisches, sinngebendes, spielerisches Bewußtsein«.[16] Dabei macht sich die mögliche Ausbildung eines neuen Bewußtseins für Flusser letztlich nicht an der Frage: Text oder Bild fest – denn beide, Texte wie Bilder und im übrigen auch Töne, können über den digitalen Code multimedial verbunden werden –; entscheidend ist vielmehr die Transformation der Struktur der Kommunikation und ihrer Geschichte. Und darauf zielen seine Idee der dialogischen Vernetzung und sein Modell der telematischen Gesellschaft ab.

IV.

Will man Flussers Konzeption nicht weiterhin als rein technische Utopie mißverstehen, gilt es zwei wichtige Korrekturen nachzuvollziehen, die er selbst vorgenommen hat: Erstens wandte er sich gegen einen Kommunikationsbegriff, der Verständigung mit einem bloßem Austausch vorgefertigter und in Worte gekleideter Bewußtseinsinhalte identifiziert. Ihm setzte er ein emphatisches Verständnis von Kommunikation als einem Dialog entgegen, der durch die Dimension des Kreativen und geistig Produktiven gekennzeichnet ist. »Der Dialog ist ein Prozeß, bei dem verschiedene Inhaber von zweifelhaften und bezweifelten Teilinformationen versuchen, durch Austausch dieser Teilinformationen eine *neue* Information zu erreichen.«[17] Mit anderen Worten: Da, wo Botschaften in Zusammenhang gebracht, wo Ideen buchstäblich miteinander gekreuzt werden, dort entsteht wirkliches Neues. Die eigentlich schöpferische Stätte ist die Vernetzung des Gesprächs, die *Agora* der Kabel, nicht das isolierte Einzelbewußtsein.

Flussers Ideen von Dialog und Vernetzung zielen damit zweitens auf ein anderes Verständnis der menschlichen Subjektivität, sie bedeuten eine anthropologische Revision: Das alte Konzept des Individuums ist tot. Damit konvergiert Flussers Philosophie mit den vielfältigen Destruktionen des neuzeitlichen Subjekts, wie sie seit Nietzsche und Heidegger, besonders aber in Frankreich durch den Poststrukturalismus vorgenommen wurden. Konkretisiert wird sie postmodern durch das Faktum der Informationsgesellschaft und ihrer Medien. Denn diese zwingt das von der Philosophie lange gehegte, aber falsche Selbstbild des Menschen zu verabschieden: »Irgendein ›harter‹ Kern des Ich (ein ›Selbst‹, eine ›Seele‹) erweist sich als logisches und existentielles Unding.«[18] Statt dessen ist das Ich ein »Knoten« im Kommunikationsgewebe, es bildet und nährt sich dort, wo die Fäden der Kommunikation zusammenlaufen und sich verknüpfen.

Die Idee, daß alles in der lebendigen Beziehung und nicht im Einzelbewußtsein anhebt, daß die Gestalten des Ich und des Du im Dialog ihren gemeinsamen Ursprung haben und sich dort allererst aneinander konturieren, ist ein Grundgedanke der jüdischen Dialogphilosophie, wie sie besonders von Martin Buber entwickelt wurde. Mit seiner Konzeption schließt Flusser direkt bei Buber an, sein Entwurf einer telematischen Gesellschaft ist gleichsam eine Neuformulierung der jüdischen Philosophie des Dialogs unter den Bedingungen des Informationszeitalters. Bubers Paradigma hieß allerdings Begegnung, Flussers dagegen lautet Vernetzung. Während Buber das Dialogische auf eine leibseelische Unmittelbarkeit bezog, entwirft Flusser eine neue weiterreichende Unmittelbarkeit qua Technik, die die Beziehungen vervielfältigt und zugleich virtualisiert. »›Tele-‹ bedeutet das Näherbringen von Entferntem, und nicht nur von entfernten Ereignissen, sondern auch von entfernten Menschen, wir sind dank Telematik mit einer großen Zahl anderer verbunden, in denen wir uns verwirklichen können und die sich in uns verwirklichen können. Es entsteht ein dialogisches Verhältnis zwischen einst Entfernten und jetzt Nähergebrachten.« [19]

Flussers Anknüpfung an die jüdische Dialogphilosophie bezeugt allerdings noch ein anderes wichtiges Merkmal: die ethische Ausrichtung seines Ansatzes. Das primäre Verhältnis zum anderen, ob Natur oder Mitmensch, ist nicht das Subjekt-Objekt-Verhältnis im Sinne der Neuzeit, wo das Subjekt das Objekt erkennen und beherrschen will, sondern die Haltung der wechselseitigen Anerkennung und Achtung, ohne die die Globalisierung der Kommunikation nicht möglich wäre. Im Blick auf die technischen Möglichkeiten entwarf Flusser so ein neues Verhältnis von Freiheit und Verantwortung; denn frei macht die Telematik, weil sie den Menschen aus der Enge der alten Bindungen herausführt, weil sie die auferlegten Beziehungen durch bewußt und frei gewählte ersetzt. Und Verantwortung ermöglicht die Telematik, weil der Mensch dank ihrer imstande ist, mit Fernlebenden Kontakt und Beziehung aufzunehmen, die früher unerreichbar waren. Diese Beziehung steht aber nicht mehr im Sinne des traditionellen Humanismus unter dem abstrakten Gebot einer Liebe zur Menschheit, sondern erlaubt »dank materieller und immaterieller Kabel« eine konkrete Wahl. »Der Humanismus stirbt, und statt dessen kommt eine verantwortliche Verbindung mit einst ferngestandenen anderen. Das ist eine seltsame Rückkehr aus dem Humanismus in die Nächstenliebe. Allerdings nicht in jene Nächstenliebe, die das Juden-Christentum meint, nämlich den mir gegebenen Nächsten, sondern jetzt die Liebe, die Verantwortung für den mir nahegebrachten Entfernten.«[20]

Flussers Utopie einer telematischen Gesellschaft und eines neuen Humanismus der Verantwortung genau wie das reaktionäre Gegenbild eines technischen Totalitarismus sind Denkmodelle, keine empirisch gestützten Prognosen. Seine Arbeiten, meist Essays und Vortragstexte, sind Gedankenwürfe, die andere aufnehmen sollen, sie rufen in der Praxis zu jenem Dialog auf, den er auf theoretischer Ebene zum Prinzip erhob. Vilém Flusser selbst aber verkörperte den brillanten Gelehrten alter Schule, den humanistischen Vertreter der Schriftkultur. Voller Melancholie sah er ihrem Ende entgegen, jedoch ohne jede Larmoyanz und in dem Wissen, daß es kein Zurück mehr hinter die weltweite Vernetzung gebe. »Paradigmenwechsel« hieß denn auch sein letzter Vortrag, den er im November 1991 in Prag hielt, bei seinem Wiedersehen mit der Heimatstadt. Auf der Rückfahrt verunglückte er mit dem Auto tödlich nahe der deutschen Grenze. Tragisch holte der Tod ihn dort ein, wo er 1940 dem Vernichtungsterror der Nazis hatte entrinnen können.

Seine Lebensgeschichte hat Flusser bodenlos gemacht, ihn aber auch mit Kosmopolitismus gegen all die fundamentalistischen Ideologien gewappnet, die eine Ersatzheimat versprechen. Flusser schaute nach vorn in der ebenso verzweifelten wie messianischen Hoffnung, daß die Netze der Informationsgesellschaft vielleicht neuartige Luftwurzeln des Austauschs und der Verständigung unter Menschen bedeuten könnten, wo die ursprünglichen durch Terror, Flucht und Vertreibung abgeschnitten sind.

Anmerkungen

1 Vilém Flusser, Schriften Bd. 1, Düsseldorf/Bensheim 1993, S. 219.
2 Ebd., S. 220 passim.
3 Jörg Albrecht, Vom Ende der bürgerlichen Kultur. Ein Gespräch mit V. Flusser, in: Über Flusser, hrsg. v. Volker Rapsch, Düsseldorf 1990, S. 43.
4 Vilém Flusser, Schriften Bd. 2, Düsseldorf/Bensheim 1993, S. 79.
5 Ders., Bodenlos, Eine philosophische Autobiographie, Düsseldorf/Bensheim 1992, S. 11.
6 Ebd., S. 41.
7 Ders., Schriften Bd. 1, a.a.O., S. 111ff.
8 Vilém Flusser, Die Schrift. Hat Schreiben Zukunft?, 2. Aufl., Göttingen 1989, S. 29f. passim.
9 Ebd., S. 56.
10 Friedrich Nietzsche, Briefwechsel, Kritische Gesamtausgabe, Bd. 3, Berlin 1975, S. 172.
11 Vilém Flusser, Die Schrift, a.a.O., S. 10.
12 Ders., Schriften Bd. 1, a.a.O., S. 68.
13 Ders., Die Schrift, a.a.O., S. 157.
14 Jörg Albrecht, Vom Ende der bürgerlichen Kultur. Ein Gespräch mit V. Flusser, a.a.O., S. 40.
15 Flusser, Die Schrift, a.a.O., S. 150f. passim.
16 Ebd., S. 85.
17 Ders., Bodenlos, a.a.O., S. 99.
18 Ders., Schriften Bd. 3, Düsseldorf/Bensheim 1994, S. 14.
19 Ders., Die Informationsgesellschaft als Regenwurm, in: Kultur und Technik im 21. Jahrhundert, hrsg. v. Gert Kaiser u.a., Frankfurt/M. u. New York 1993, S. 77.
20 Ebd., S. 78.

Den Anderen und das Andere achten lernen. Die philosophische Hermeneutik Hans-Georg Gadamers

»Kein Gott philosophiert oder begehrt weise zu werden, sondern er ist es.«
Platon

Vielleicht beginnt jedes philosophische Fragen und Denken mit etwas eigentlich Vorphilosophischem. Zur Philosophie gehört nicht nur eine denkerische Einsicht, sondern Neigung. Die Philosophie, die man wählt, so drückte Johann Gottlieb Fichte diesen Sachverhalt aus, ist abhängig davon, was für ein Mensch man ist.

Bei Hans-Georg Gadamer war der Ausgangspunkt seines Philosophierens sicher die Skepsis. Immer schon, so bemerkte er selbst zu seinem philosophischen Werdegang, habe ihn »eine tiefe Skepsis gegen alle philosophische Systematik, auch gegen das sogenannte System der Probleme« [1] erfüllt. Sie führte ihn auf den Weg der Hermeneutik, die durch ihn entscheidende Impulse empfing. Das Wort Hermeneutik, von dem Gadamer selbst sagte, daß es »die meisten Menschen nicht kennen werden und nicht zu kennen brauchen« [2], leitet sich ab von Hermes, dem Götterboten der griechischen Mythologie, der den Menschen den Willen der Götter übersetzen und verständlich machen sollte. Hermeneutik – der wissenschaftliche Begriff etablierte sich im 19. Jahrhundert – ist seither die Lehre vom richtigen Verstehen, etwa der Auslegung von historischen Dokumenten oder Texten, aber auch der verborgenen Absichten ihrer Autoren. Martin Heidegger hatte dann auf die existentielle Dimension des Verstehens hingewiesen und es als Selbstauslegung des Daseins bestimmt, denn verstehend erfahren wir Welt und verleihen ihr damit eine Deutung. Und für Gadamer werden im Verstehen Brücken gebaut zwischen Ich und dem Anderen, dem Eigenen und dem Fremden – allerdings nur dann, wenn wir bereit sind, unsere eigenen Einsichten durch andere befragen zu lassen.

Genau zur Jahrhundertwende, am 11. Februar 1900, wurde Hans-Georg Gadamer in Marburg, in einem naturwissenschaftlich orientierten Elternhaus geboren. Sein Vater war eine Kapazität im Bereich der pharmazeutischen Chemie und zeitweise auch Rektor der Marburger Universität. Seine Jugend verbrachte Gadamer in Breslau, wo er auch 1918 sein Studium bei Richard Hönigswald aufnahm. Im zweiten Semester wechselte er aber bereits zurück nach Marburg, der damaligen Hochburg des Neukantianismus, und obwohl sein Vater die Naturwissenschaften für »die einzig redlichen Wissenschaften« hielt und ihn eindringlich vor den »Schwätzprofessoren« warnte, studierte er dort von 1919 bis 1922 bei Paul Natorp und Nicolai Hartmann Philosophie.

1921 hatte Gadamer zum ersten Mal in einem Seminar den Namen Martin Heideggers gehört. Immer häufiger war von jenem jungen Freiburger Philosophen die Rede, der mehr und mehr Studenten in seinen Bann zog. »Von Heidegger ging das Raunen in studentischen Kreisen schon länger um. Marburger, die nach Freiburg gegangen waren, berichteten von der seltsamen Ausdrucksweise und suggestiven Macht des jungen Assistenten Husserls, und als Heidegger ein Manuskript an Natorp sandte ..., und ich dieses Manuskript kennenlernte, war ich sofort wie gebannt.«[3] Nach seiner Promotion 1923 verbrachte dann Gadamer ein Semester in Freiburg, um Heidegger zu hören. Im selben Jahr folgte dieser dem Ruf auf ein Extraordinat nach Marburg. Der damals noch »heimliche König der Philosophie«, wie Hannah Arendt Heidegger charakterisiert hatte, der eine »radikale Destruktion«[4] des traditionellen philosophischen Denkens betrieb, übte eine faszinierende Wirkung auf den jungen Gadamer aus. Er wurde sein Schüler.

Allerdings hatte Gadamers besondere Neigung der griechischen Philosophie gegolten. Teils auf Anraten Heideggers und zum Teil wohl auch, um dessen Einfluß zu entkommen, begann er ein Studium der klassischen Philologie, das er 1927 mit einem Staatsexamen abschloß. Zwei Jahre später habilitierte sich Gadamer bei Heidegger über *Platons dialektische Ethik* – ein Buch, das bereits vieles von dem vorwegnahm, was er später als seine eigene philosophische Signatur entwikkelte. Heidegger selbst war ebenfalls mit kühnen Neuinterpretationen des griechischen Denkens befaßt, doch Gadamers Blick auf die Antike grenzte sich von dem seines Lehrers stark ab. So emanzipierte sich der Schüler, der bei seiner Arbeit lange von dem »verdammten Gefühl« geplagt war, »Heidegger gucke (ihm) ... über die Schulter«.[5] Denn Heidegger sah im gesamten griechischen Denken nach den Vorsokratikern einen Logozentrismus und damit eine Vorgestalt des subjektivistischen neuzeitlichen Denkens am Werk. Gadamer war demgegenüber von den Griechen fasziniert, insbesondere von der sokratisch-platonischen Dialogkunst. In dieser Faszination werden die Grundlinien zum Verständnis seiner späteren Arbeiten deutlich: das Geltenlassen des Gesagten und das Erkennen der eigenen Grenzen durch das Gespräch mit anderen. »Ich erfuhr ... an keinem philosophischen Denken so sehr wie an dem, das der platonische Dialog von uns fordert, daß da nicht ein Anderer, sondern man selbst durch den Anderen in Frage gestellt ist. Ja, selbst an Aristoteles, dem Schöpfer der Logik, lernte ich ..., daß kein Denken zählt, das nicht seine eigene Grenze erkennt, und kein Logos und keine Logik gilt, wenn kein ›Ethos‹ sie trägt.«[6]

Nach der Habilitation folgten Jahre als Privatdozent, bis Gadamer schließlich 1937 einen Ruf an die Universität Leipzig erhielt. Anders als Heideggers blieb Gadamers Name im nationalsozialistischen Deutschland unbescholten. Nach eigenem Bekunden erlebte er die Zeit als bedrückend; Herkunft und Freundschaften mit Juden ließen ihn das System verabscheuen. Doch hielt er sich politisch zurück und flüchtete eher in politikferne geistige Bereiche, so daß er weitgehend von Repressalien verschont blieb. Durch das Regime unkompromittiert wurde Gadamer nach dem Krieg als Rektor der Universität Leipzig berufen. Nun mußte er sich allerdings mit der sowjetischen Besatzungsmacht arrangieren, was schnell zu Schwierigkeiten führte, so daß er 1947 nach Frankfurt übersiedelte. Schließlich erhielt er 1949 in Heidelberg den Lehrstuhl von Karl Jaspers. Dort begann die langjährige Arbeit an seinem Hauptwerk *Wahrheit und Methode*, das er – knapp sechzigjährig – 1959 abschloß und das ihn schlagartig weltberühmt machte.

Der Ausgangspunkt für Gadamers Werk war die Frage nach dem Selbstverständnis der Geisteswissenschaften. Sowohl der Positivismus, der diese dem Paradigma von Mathematik und Naturwissenschaften unterwerfen wollte, als auch der Historismus, der die historische Kontextualität eines jeden geisteswissenschaftlichen Phänomens herausstellte, suchten nach einer Methode, mit der die Geisteswissenschaften zu einer strengen Wissenschaft erhoben werden könnten. Es war vor allem Wilhelm Dilthey, an den Gadamer anknüpft, der die mit den Naturwissenschaften nicht zu vergleichende Andersartigkeit geisteswissenschaftlicher Forschung unterstrich. Seine Hermeneutik setzte dem naturwissenschaftlichen Ideal eines »Erklärens« von Welt ein Verständnis von Wahrheit entgegen, das »Verstehen« zum Kennzeichen eines angemessenen Erkenntnisprozesses machte. Verstehen aber folgt einer anderen Logik als das nach Kausalketten rechnende Erklären: Es bewegt sich in Form von Kreisen, indem, so die beiden Grundsätze Diltheys, nur das verstanden werden kann, was schon verstanden ist, und jedes angemessene Interpretieren die unendliche Anstrengung eines »*Besserverstehens*« einschließt. Das bedeutet im näheren, von Vorverständnissen auszugehen und in Auslegungen aufzuheben, indem die Texte wieder und wieder gelesen und schrittweise der komplette historische Kontext erschlossen wird, in dem sie stehen, sich gegen andere abgrenzen und ihren besonderen Platz behaupten.

Doch enthält die Rede vom Besserverstehen noch einen metaphysischen Glauben an möglichen Fortschritt – und gehört damit noch zum wissenschaftsoptimistischen Credo des 19. Jahrhunderts, der im Zwanzigsten durch die Erfahrung der Wissenschaften selber, aber auch durch den Einbruch der Barbarei in seine Geschichte ein für allemal erschüttert wurde. Gegen die Zeitstruktur einer beharrlich aufsteigenden Linie, an deren Ende sich schließlich der Gipfel der Wahrheit findet, rückte Heidegger darum ein existentialontologisches Verständnis von Hermeneutik, welche sich nicht länger am Maß von Steigerung und Fortschritt orientierte, sondern Zeitlichkeit in sich selbst barg. Verstehen wurde so zur Existenzweise des Daseins, das sich, ins Faktische geworfen und an Zeit gebunden auf Zukunft im Sinne seiner Möglichkeit hin entwirft. An die Stelle der Kontinuität eines Wachstums traten damit Kontingenz und Veränderung. Hermeneutik hatte sich fortan diskontinuierlich zu verstehen.

Entsprechend stellte Gadamer von Heidegger her jedes allgemeingültige Verfahren zur Erlangung geisteswissenschaftlicher Objektivität in Frage und kontrastierte – gemäß des Titels seines Hauptwerkes *Wahrheit und Methode* – Wahrheit *gegen* Methode. Der Begriff der Wahrheit gewinnt hier freilich einen anderen Sinn: Er bedeutet nicht Richtigkeit, die sich durch Gründe ausweisen läßt, sondern eine Weise der Erschließung und mithin Öffnung von Welt. Bedeutung kann nicht geprüft oder gar verifiziert werden, sondern sie impliziert Entdeckung derart, daß durch sie überhaupt etwas als etwas aufgeht und zugleich verborgen wird. Als solche geht sie jedem möglichen Zugang zur Wirklichkeit voraus, also auch dem naturwissenschaftlichen. Eine strikte Trennung zwischen Geisteswissenschaft und Naturwissenschaft kann es darum nicht geben; diese wie jene gehört in die ursprüngliche Domäne des Verstehens – und Erklärung ist diesem gegenüber bestenfalls ein defizienter Modus, wenn nicht gar eine Reduktion.

Entdeckung, Sinneröffnung, Welterschlossenheit geschehen jedoch in der Zeit. Gegen die neutralisierenden Objektivitätsideale des Positivismus und des Historismus erhob deshalb Gadamer die Geschichtlichkeit des Verstehens zum »hermeneutischen Prinzip«. Er stellte sich damit einmal mehr in jenen Raum, der durch die in *Sein und Zeit* entwickelte Philosophie Heideggers aufgeschlossen worden war: Zeitlichkeit, oder konkrete Geschichtlichkeit, bildet den transzendentalen Rahmen, aus dem Verstehen kommt; daher muß umgekehrt jeder konkrete Verstehensprozeß in sie zurückverortet werden. So gewinnt die Überlieferung mit ihrer spe-

1) Zufälligkeit

zifischen Vorurteilsstruktur einen positiven Rang; keineswegs wird sie als einschränkend empfunden, sondern gerade als das Charakteristische der Möglichkeit jeder Auslegung: »Die erste aller hermeneutischen Bedingungen bleibt ... das Vorverständnis, das im Zu-tun-haben mit der gleichen Sache entspringt. ... Das hermeneutisch geschulte Bewußtsein wird daher historisches Bewußtsein einschließen. Es wird die das Verstehen leitenden eigenen Vorurteile bewußt machen, damit die Überlieferung, als Andersmeinung, sich ihrerseits abhebt und zur Geltung bringt. Ein Vorurteil als solches zur Abhebung zu bringen, verlangt offenbar, es in seiner Geltung zu suspendieren. ... Alle Suspension von Urteilen aber, mithin und erst recht die von Vorurteilen, hat, logisch gesehen, die Struktur der *Frage*. Das Wesen der *Frage* ist das Offenlegen und Offenhalten von Möglichkeiten.«[7]

Doch während Heidegger das Vorurteil als ontologisches Merkmal des Verstehens herausgearbeitet hatte und den Menschen damit auf der Ebene der Endlichkeit ansiedelte, die ihn in der Folge den Umkreis des Humanismus *in toto* verlassen ließ, um sich ganz dem »Hören auf die Stimme des Seins« zu überantworten, gab Gadamer dem Heideggerschen Gedanken eine Wendung, die ihn wieder in den Bereich des Humanum zurückholte. Jürgen Habermas nannte dies die »Urbanisierung der Heideggerschen Provinz«[8], und Gadamer selbst deutete den entsprechenden Sachverhalt so, daß sein Lehrer zwar »ein Hörender wie seit Hegel keiner da gewesen war«, aber auch, ebenso wie Hegel, »ein von der Macht des eigenen Denkens ständig zum Überhören der eigenen Stimmen der Vergangenheit Versuchter« gewesen sei. Dagegen war Gadamers Intention, »noch mehr nur Hörender zu werden«.[9]

Denn mit den »Stimmen der Vergangenheit«, dem, was uns in Quellen, Dokumenten und Texten überliefert worden ist, wollte Gadamer ins Gespräch kommen. Das Gespräch nämlich liefert zugleich das Modell für die Strukturmomente des Verstehens. Zu ihm gehört, »daß man auf den anderen eingeht, seine Gesichtspunkte wirklich gelten läßt und sich insofern in ihn versetzt, als man ihn zwar nicht als diese Individualität verstehen will, wohl aber als das, was er sagt«.[10] Es ist seiner Eigenart nach daher stets Verständigung. Verständigung schließt ein »Zwischen« ein, das seine eigenen Wege und also auch Richtungen entfaltet. »Der belebende Eindruck solcher Wechselgespräche rührt zuletzt daher, daß es auch für den Führer solcher Gespräche nicht absehbar ist, wohin der Klärungsversuch führt und was am Ende an der Gesprächsmeinung ›daran‹ ist. Erst dann, wenn ein solches Gespräch ins Offene gestellt ist, ist es ja ein wirkliches Gespräch, mit wirklichen Fragen und echtem Antwortsuchen.«[11]

Dies gilt gleichermaßen für die Tradition. Sie gilt es ernst zu nehmen, so daß wir uns ihr in der bescheidenen Haltung eines Fragenden nähern, der sucht und nicht richtet. Dies schien Gadamer um so wichtiger angesichts des gegenwärtig drohenden Verlustes des historischen Bewußtseins. Die eigenen Wurzeln wieder in den Blick zu nehmen, »die Tradition anzueignen«[12], sah er als die vordringliche hermeneutische Aufgabe. »Die Stellung zwischen Fremdheit und Vertrautheit, die die Überlieferung für uns hat, ist das Zwischen zwischen der historisch gemeinten, abständigen Gegenständlichkeit und der Zugehörigkeit zu einer Tradition. *In diesem Zwischen ist der wahre Ort der Hermeneutik.*«[13]

Allerdings darf solche Lokalisierung nicht im Sinne einer aneignenden Besitzerweiterung mißverstanden werden, in der Fremdes im Eigenen einverleibt wird. Vielmehr geht es Gadamer darum, sich selbst aus seiner Geschichte heraus zu verstehen, einen Anschluß an die Tradition zu gewinnen. Die Beschäftigung mit der Geschichte dient deshalb immer auch einer Selbstaufklärung der Gegenwart über die in ihr wirksamen Traditionen und verleiht dieser deshalb erst ihre historische Tiefe. Im hermeneutischen Reflexionsprozeß wird der Mensch seiner selbst ansichtig, er erkennt nämlich die Geschichtlichkeit seines Daseins, so daß die Zeit sich nicht primär als ein »Abgrund« darstellt, »der überbrückt werden muß, weil er trennt und fernhält«, sondern als der »tragende Grund des Geschehens, in dem das Gegenwärtige wurzelt«.[14] Doch ist dieser Prozeß nie abschließbar. Nirgends wird der Punkt erreicht, wo der Mensch seine Geschichte gewissermaßen *weiß*. Denn indem er Geschichtliches verstehend sich aneignet, setzt er seine eigene Geschichtlichkeit zugleich modifizierend fort. Solche Fortsetzung erfüllt sich in Wirkung. Gadamer erklärt darum bündig: »Verstehen ist seinem Wesen nach ein wirkungsgeschichtlicher Vorgang.« [15]

Kernfigur dieser Aneignung von Geschichte ist der schon von der Hermeneutik des 19. Jahrhunderts aufgewiesene »hermeneutische Zirkel« – dort freilich verstanden als vollendbare Relation zwischen dem Einzelnen und dem Ganzen. Für Gadamer vollzieht sich der Zirkel hingegen als stets offene Integration des Fremden in schon Bekanntes, als eine Vermittlung von Interpret und Text, wodurch beides zu einem anderen verschmilzt, das selbst wieder zu neuen Interpretationen Anlaß gibt. »Der Zirkel beschreibt das Verstehen als ein Ineinanderspiel der Bewegung der Überlieferung und der Bewegung des Interpreten. Die Antizipation von Sinn, die unser Verständnis eines Textes leitet, ist nicht eine Handlung der Subjektivität, sondern bestimmt sich aus der Gemeinsamkeit, die uns mit der Überlieferung verbindet. Diese Gemeinsamkeit aber ist in unserem Verhältnis zur Überlieferung in beständiger Bildung begriffen. Sie ist nicht einfach eine Voraussetzung, unter der wir schon immer stehen, sondern wir erstellen sie selbst, sofern wir verstehen, am Überlieferungsgeschehen teilhaben und es dadurch weiterbestimmen.« [16] Es kommt derart zu einer »Horizontverschmelzung« zwischen dem im Vergangenen Begegnenden und der durch eben diese Vergangenheit mitgeprägten Gegenwart, so daß aus diesem neu gebildeten Horizont Geschichte wiederum anders verstanden werden kann. Wir verstehen nicht immer *besser*, wenn wir verstehen, sondern jeweils *anders* – mit dieser Einsicht verwahrt sich Gadamer gegen alle Versuche, Geschichte zu einem objektivierbaren Geschehen zu machen. »Verstehen ist in Wahrheit kein Besserverstehen, weder im Sinne des sachlichen Besserwissens durch deutlichere Begriffe, noch im Sinne der grundsätzlichen Überlegenheit, die das Bewußte über das Unbewußte der Produktion besitzt. Es genügt zu sagen, daß man *anders versteht, wenn man überhaupt versteht*.« [17]

Gadamers Votum für eine bewahrende Aneignung und Fortsetzung der Tradition, die verstehende Einfügung des Menschen in einen von der Geschichte gesetzten Rahmen und dessen beständige Erneuerung ist allerdings der Punkt, an dem sich nach dem Erscheinen von *Wahrheit und Methode* eine heftig geführte Diskussion entzündete. Allen voran war es Jürgen Habermas, der Gadamer vom Standpunkt einer kritischen Gesellschaftstheorie her widersprach. Er bemängelte angesichts der prekären deutschen Erfahrung in der Vergangenheit das Fehlen jeglicher kritischen Auseinandersetzung mit Tradition und Geschichte, die auch dazu führen könne, deren Anspruch abzuweisen. »Das Recht der Reflexion erfordert die Selbsteinschränkung des hermeneutischen Ansatzes. Es verlangt ein Bezugssystem, das den Zusammenhang von Tradition als solchen überschreitet; nur dann kann Überlieferung auch kritisiert werden.« [18] So wurde Gadamers Hermeneutik – insbesondere für die jungen, aufbegehrenden Studenten der 60er Jahre – zum Inbegriff einer konservativen Traditionsbejahung. Sie nehme nicht in den Blick, daß es auch Gewalt und Herrschaft sein könnten, die in Traditionen weiterlebten, kurz: ihr fehle die Unterscheidung von lebendiger Geschichte und Ideologie.

Habermas' Einwände waren, aus dem Geist der damaligen Zeit heraus, sicher nicht unberechtigt, denn in der Tat tritt in Gadamers Denken die Kritik hinter die Traditionsbewahrung zurück. Explizit ging es ihm in *Wahrheit und Methode* um das Thema einer Überlieferung, die als Bergung und Vermittlung gedacht wurde, um eine »Rehabilitierung von Autorität und Tradition«, in deren Bejahung er ein ebensolches »Verhalten aus Freiheit« sah wie in Umsturz und Neuerung.[19] Doch wenig gesehen wurde damals jene Dimension seines Denkens, die zu einem grundlegenden Umdenken innerhalb der Gegenwartsphilosophie führen sollte, so daß man heute sagen kann, daß die Gadamersche Hermeneutik zu einer der bedeutendsten Strömungen der aktuellen Theoriebildung gehört. Denn Gadamer beschränkte das hermeneutische Verstehen nicht auf ein Verfahren philologischer Textexegese, vielmehr ›universalisierte‹ er dieses zu einer philosophischen Grundfrage, die im Verhältnis von Sprache und Welt überhaupt ihren Ausdruck findet. Denn im Verstehen als Sprache vollzieht sich der Bezug des Menschen zum Seienden, dieses öffnet sich uns immer nur in einem durch die Geschichte gegebenen Horizont, durch den sie erst Konsistenz und Sinn für uns bekommt. Wir können aus dieser Geschichte nicht aussteigen, die »Macht der Tradition« [20] aufheben, um zu einem objektiven Urteil über die Welt zu kommen. Wir können über die Begrenztheit unseres eigenen Standortes nicht hinauskommen, die Suche nach dem richtigen Wort, das uns die Wahrheit aufschließt, bleibt unerfüllbar. Dies konfrontiert uns mit »der Tatsache, daß unsere eigene Existenz in der Zeit und vor dem Tode steht«. [21] Hermeneutische Philosophie gemahnt so an die Endlichkeit des Menschen und ermahnt damit zur Bescheidenheit.

Das hochmütige Bild des neuzeitlichen, die Welt herausfordernden Menschen kann deshalb nicht länger aufrechterhalten werden. Wir nötigen die Natur nicht, wie es bei Kant heißt, mit der »Vernunft ... in einer Hand, und mit dem Experiment ... in der anderen, ... auf die Fragen zu antworten, die (wir ihr) vorlegen« [22], sondern wir werden von dieser »angesprochen«. Verstehen meint derart kein Verfügen und Be-Greifen, sondern es ist eine Art von Teilhabe an einem Sinn, an einer Tradition, an der Welt. »Die Welt ist ... ein gemeinsamer, von keinem betretener und von allen anerkannter Boden, der alle verbindet, die miteinander sprechen.« [23] Dies führt Gadamer zugleich zu einer veränderten Auffassung von Sprache. Sprache ist kein sachliches Mittel zur Objektivität der Wissenschaft, sondern »wer Sprache hat, ›hat‹ die Welt«. [24] Und während wissenschaftliches Erkennen gemeinhin mit dem sprachlichen Akt des Aussagens verbunden wird, identifiziert Gadamer Sprache im Sinne hermeneutischen Verstehens mit dem Gespräch. Eine Aussage gibt vor, ein Urteil über objektivierbare, isolierbare Sachverhalte zu fällen und darin deren Wahrheit zu erfassen. Doch »jede Aussage hat Voraussetzungen, die sie nicht aussagt. Nur wer diese Voraussetzungen mitdenkt, kann die Wahrheit einer Aussage wirklich ermessen. Nun behaupte ich: die letzte logische

Form solcher Motivation jeder Aussage ist die Frage ... Der Primat der Frage gegenüber der Aussage bedeutet aber, daß die Aussage wesenhaft Antwort ist.«[25]

So kommt Gadamer zu der Auffassung, daß Sprache kein Instrument des Aussagens darstellt, sondern sich im lebendigen Gespräch *vollzieht*. Erst »in der Ausübung der Verständigung« gewinne Sprache »ihr eigentliches Sein«.[26] Doch sowenig sich Sprache instrumentalisieren läßt, sowenig besteht ihr Wesen, entgegen Heidegger, in der »Sage«, also in dem, was die Sprache von sich her spricht; sondern »Sprache ist ihrem Wesen nach die Sprache des Gesprächs«.[27] Sie entspringt mithin aus der »Mitte«[28] der geführten Dialoge, die jenes stete Fragen und Antworten entfaltet, das immer schon begonnen hat und nie abbricht. Damit sind aber der Fragende wie auch der Antwortende in eine Offenheit gehalten, die gegen die Festigkeit vermeintlich sicherer Meinungen das zur Frage Gestellte in der Schwebe hält. »Die Okkasionalität der menschlichen Rede ist nicht eine gelegentliche Unvollkommenheit ihrer Aussagekraft – sie ist vielmehr der logische Ausdruck der lebendigen Virtualität des Redens, das ein Ganzes von Sinn, ohne es ganz sagen zu können, ins Spiel bringt. Alles menschliche Sprechen ist in der Weise endlich, daß eine Unendlichkeit des auszufaltenden und auszulegenden Sinnes in ihm angelegt ist.«[29]

Die Gadamersche Hermeneutik weitet sich dergestalt zu einer Art Philosophie der dialogischen Existenz, in der Pluralismus und Toleranz zu den eigentlichen Werten werden. Nicht in Restaurationen verwirklicht sich deren Anliegen – sie galten ihm stets als »unfruchtbar« und »unmöglich«[30] –; vielmehr liegt das kritische Potential des Gadamerschen Denkens in einem Sich-stark-Machen für das Recht und die Andersheit des Anderen. Denn die Gesprächssituation, aus der Verstehen entspringt, ist ein Sinnbild für die Beziehung zu anderen Kulturen oder anderen Menschen. Verstehen ereignet sich auch dort als ein Miteinander-ins-Gespräch-Kommen von einander zunächst einmal Fremden. Denn in der Sprache des Anderen kommt mir Fremdes entgegen: seine Welterfahrung ist eine andere genau wie seine Geschichte oder seine

Kultur. Aus diesem Grunde gilt es bei jeder Begegnung und bei jeder Anstrengung des Verstehens eine grundsätzliche Verschiedenheit zu überwinden, eine Brücke zu schlagen zwischen zwei kulturellen Milieus, zwischen zwei Weltentwürfen. Dabei geht es aber nicht um das Durchsetzen oder die Bestätigung der eigenen Meinung, sondern zum Wesen eines wirklichen Gesprächs gehört gerade, die eigene Meinung in der Auseinandersetzung mit dem Anderen aufs Spiel setzen zu lassen. Selbstkritische Offenheit und eine grundlegende Bereitschaft zur Revision der eigenen Position sind die Voraussetzungen für gelingende Kommunikation. »Es ist wahrhaft eine Riesenaufgabe, die jedem Menschen in jedem Augenblick gestellt ist. Es gilt, seine Voreingenommenheit, seine Erfülltheit mit seinen Wünschen, Trieben, Hoffnungen, Interessen so weit unter Kontrolle zu halten, daß der Andere nicht unsichtbar wird oder unsichtbar bleibt. Daß man dem Anderen recht geben kann, daß man gegen sich und seine eigenen Interessen unrecht haben soll, ist nicht leicht einzusehen. ... Wir müssen den Anderen und das Andere achten lernen. Dazu gehört, wir müssen lernen, unrecht haben zu können. Wir müssen lernen, im Spiel zu verlieren ...«[31]

In der Begegnung mit dem Anderen wird die eigene Begrenztheit, die Endlichkeit des eigenen Horizontes erfahren. Denn der Andere zeigt mit seiner Meinung, daß die eigene Wahrheit möglicherweise irrig ist. Das heißt aber, daß Wahrheit immer nur in der Aufgabe, nie jedoch im Ankommen besteht. Und das ist nach Gadamer allein die Bestimmung der Philosophie: das Gespräch zu suchen, um der eigenen Endlichkeit und also auch des eigenen Verfehlens gewahr zu werden.

1 Hans-Georg Gadamer, Die Aufgabe der Philosophie, in: ders., Das Erbe Europas, Frankfurt/M. 1989, S. 166.
2 Ders., Die Vielfalt Europas – Erbe und Zukunft, in: ders., Das Erbe Europas, a. a. O., S. 28.
3 Ders., Philosophische Lehrjahre, Frankfurt/M. 1977, S. 23 f.
4 Ders., Die Aufgabe der Philosophie, a. a. O., S. 166.
5 Ders., Gesammelte Werke 2, Tübingen 1986, S. 491.
6 Ders., Die Aufgabe der Philosophie, a. a. O., S. 168.
7 Ders., Wahrheit und Methode, 3. Aufl., Tübingen 1972, S. 278, 282 f., passim.
8 Vgl. Jürgen Habermas, Urbanisierung der Heideggerschen Provinz, in: Philosophisch-politische Profile, erweiterte Ausgabe, Frankfurt/M. 1987, S. 392-401.
9 Zitiert nach: Jean Grondin, »Die Weisheit des Wortes«. Ein Portrait H.-G. Gadamers, in: Information Philosophie 5 (1994), S. 32.
10 Hans-Georg Gadamer, Wahrheit und Methode, a. a. O., S. 363.
11 Ders., Philosophische Lehrjahre, a. a. O., S. 173.
12 Ders., Wahrheit und Methode, a. a. O., Vorwort zur 2. Auflage, S. XXI.
13 Ebd., S. 279.
14 Ebd., S. 281.
15 Ebd., S. 283.
16 Ebd., S. 277.
17 Ebd., S. 280.
18 Jürgen Habermas, Zu Gadamers »Wahrheit und Methode«, in: Hermeneutik und Ideologiekritik. Mit Beiträgen von Apel, Bormann, Bubner, Gadamer, Giegel, Habermas, Frankfurt/M. 1973, S. 50.
19 Vgl. Hans-Georg Gadamer, Wahrheit und Methode, a. a. O., S. 261 ff. passim.
20 Vgl. ders., Rhetorik, Hermeneutik und Ideologiekritik, in: Hermeneutik und Ideologiekritik, a. a. O., S. 69.
21 Zitiert nach Jean Grondin, Einführung in die philosophische Hermeneutik, Darmstadt 1991, S. 159.
22 Immanuel Kant, Kritik der reinen Vernunft, Vorrede B XIII.
23 Hans-Georg Gadamer, Wahrheit und Methode, a. a. O., S. 422.
24 Ebd., S. 429.
25 Ders., Gesammelte Werke 2, a. a. O., S. 52.

26 Ders., Wahrheit und Methode, a. a. O., S. 422.
27 Ebd.
28 Ebd., S. 432 ff.
29 Ebd., S. 434.
30 Ders., Philosophische Lehrjahre, a. a. O., S. 124.
31 Ders., Die Vielfalt Europas – Erbe und Zukunft, a. a. O., S. 30.

Die Kunst, unrecht haben zu können. Ein Gespräch mit Hans-Georg Gadamer

Ihr Geburtsjahr ist 1900, und damit sind Sie, wie Sie selbst sagten »ein ältestes Kind des Jahrhunderts«. Was ist und was war für Sie das Wesentliche am 20. Jahrhundert?

Man soll sich bei solchen Fragen wohl an dem orientieren, was einem die Sprache sagt. Und die Sprache sagt uns in diesem Falle, daß man im 20. Jahrhundert anfing, von vielen Dingen zu sagen: »Ach, das ist 19. Jahrhundert!« Und das ist ein kritisches Wort gewesen. Das hieß stillose Baukunst, das hieß etwas überholte Form von photographiehafter Malerei, das hieß einseitige nationalistische Emphase. So hat also jedenfalls unser Jahrhundert in der Sprache sein eigenes Selbstbewußtsein bewiesen. Warum? Nun, man weiß es ja, da war der große Aufbruch der atonalen Musik, der expressionistischen Malerei, der Formzertrümmerung und Formfreisetzung, wie das etwa durch den Blauen Reiter in meiner Jugend passierte. Also es hat sich in diesem 20. Jahrhundert ein neuer Aufbruch in vielen Dingen vollzogen. Wir sehen das heute sehr viel deutlicher, wie das schon vor dem Ersten Weltkrieg sich anzeigte. Und dann ist nun der Erste Weltkrieg gekommen und mit ihm überall in der Welt ein Ende des liberalen Zeitalters. Insofern hat das 20. Jahrhundert sich in der Absetzung zum Neunzehnten definiert. Aber es gibt auch die Kontinuität zwischen den beiden Jahrhunderten. Es sind ja doch die Früchte der Wissenschaft des 19. Jahrhunderts, die im Zwanzigsten weltumspannend gewirkt haben. Das Wort »Technokratie« zum Beispiel ist ein Wort, daß ich erst nach 1950 gehört habe.

Sie haben einmal geschrieben, daß im 19. Jahrhundert das historische Denken zentral wurde. Nun könnte man ja sagen, daß es insbesondere nach dem Zweiten Weltkrieg einen Bruch gibt, den Versuch eines Neuansatzes, auch ein Vergessenwollen der geschichtlichen Katastrophe, und damit auch ein Vergessenwollen von Geschichtlichkeit überhaupt. Ist Geschichte heute im besonderen Maße ein Problem geworden?

Das kann man schon sagen – allerdings haben Sie es mit einer jungen Stimme gesagt, während eine alte Stimme immer sehr viel mehr in die Vergangenheit rückgewandt denkt. Leben besteht darin, daß Zukunft zunächst ein riesiger offener Horizont ist, der langsam dahinschmilzt. Und entsprechend vergrößert oder erweitert sich immer mehr der Rückblick in das Gewesene. So ist menschliches Leben. Aber man soll vor allem die Kontinuitäten sehen. Im Falle der Psychoanalyse kommt etwa der Begriff des Unbewußten von Schopenhauer her, und Freud war eine typische Gestalt des 19. Jahrhunderts. So war es denn wieder nur die Umsetzung dieser Entdeckungen, die das 20. Jahrhundert neu geprägt haben. Wenn Sie daher nach dem Neuen fragen, dann müssen Sie das Alte sehen, und dann sieht man, daß das Alte nie so alt gewesen und das Neue nie so neu ist, wie es scheint. Das ist, glaube ich, die größte Erfahrung, die der Mensch in bezug auf das Geschehen machen kann.

Wie haben Sie das denn selbst zu Beginn des Jahrhunderts erlebt? Sie haben 1918 zuerst in Breslau bei Hönigswald studiert, dann sind Sie ja nach Marburg gegangen und wesentlich unter den Einfluß des Neukantianismus geraten – bei Paul Natorp und Nicolai Hartmann haben Sie Ihre Dissertation geschrieben. Dennoch befriedigte Sie der Neukantianismus nicht.

Ein Studium damals war der Beginn einer Odyssee. Es gab noch keine Studienpläne, noch keine Vorschriften. Ich sah mich um nach meinen Begabungen und Neigungen, die teils künstlerische, teils in einem weiteren Sinne philosophische gewesen sein mögen. Erst hatte ich Sprachwissenschaften studiert – und dann fand ich, das war gar nichts für mich. Dann habe ich Literaturwissenschaft studiert – das war zu schlecht für mich; schließlich fand ich Hönigswald in Breslau den Interessantesten. Und dann ging ich nach Marburg – Neukantianismus – das war klar, aber Natorp selber war damals schon im Umbruch. Er war ein Freund von Rabindranath Tagore, er war ein Liebhaber von Dostojewski und Beethoven. Somit war es schon diese Enge des Neukantianismus, die Vorstellung, daß die Wissenschaft den einzigen Ort der Wahrheit bildete, die mich von Anfang meiner Jugend begleitet hatte.

Das heißt, das Erlebnis, das Heidegger Ihnen bot, als er 1923 nach Marburg kam, bestand darin, daß er genau das, was in Ihnen damals schon reifte, angesprochen hat.

Ich habe damals im Jahre 1923 nach meinem Doktorexamen ein Semester in Freiburg verbracht und habe dann in einer Festschrift für Natorp einen Aufsatz schreiben dürfen. Ich war noch ein Niemand. Und dieser Aufsatz ist oft behandelt worden als eine Vorwegnahme Heideggers. Das war natürlich fehlgedeutet. Es war die Wirkung von wenigen Wochen Freiburg bei Heidegger. Mit Heidegger erschollen völlig ungewohnte, unakademische Töne vom Katheder. Da war vom Leben die Rede, und daß das Leben »diesig« ist: Es nebelt sich selbst immer wieder ein. So etwas ist nur nach Nietzsche möglich.

Könnte man sagen, daß die Heideggersche Philosophie die Entsprechung war zu dem, was der Expressionismus in der Kunst, was die Dichtung der Zeit schon leistete, was in der Musik im Umbruch war?

Sicher, und bei Heidegger unterm Tintenfaß auf dem Schreibtisch in Freiburg lag der Briefwechsel von van Gogh. In seiner Vorlesung hat er Bilder von Franz Marc behandelt. In ihm war das alles, aber in uns allen natürlich auch. Es waren dann George, Rilke und Hofmannsthal, also die große Lyrik, in der die deutsche Literatur des beginnenden Jahrhunderts wirklich sehr bedeutend war.

Was war denn die Wirkung Heideggers in Ihrem Umfeld an der Universität?

Alles andere war langweilig. Punkt.

Neben dem Einfluß Heideggers ist für Sie vor allem die griechische Philosophie wichtig geworden. Sie haben über Platon promoviert, und Sie haben sich bei Heidegger mit einer Arbeit über »Platons dialektische Ethik« habilitiert. Auch Heidegger ist in seiner Philosophie zu den griechischen Ursprüngen zurückgegangen, allerdings weit hinter Platon. Inwieweit ist Ihre Arbeit davon unterschieden? Haben Sie manches, was bei Heidegger einseitig war, zu korrigieren versucht?

Also zunächst einmal waren die Griechen – im Unterschied zu der Weltlage des 20. Jahrhunderts – nicht durch eine derartige zukunftsgerichtete progressive Wissenschaftlichkeit geprägt, sondern sie hatten ihre Denkweise in ganz anderen, übersubjektiven und nicht so individualisierten Lebensformen entwickelt. Das war für uns, die wir sahen, daß das Zeitalter des Individualismus und des Liberalismus zu Ende war, von enormer Anziehungskraft. Das war also das Gemeinsame, was ich aus Heideggers Aristoteles-Interpretationen entnahm. Herausgefordert hat mich vor allem, daß er Platon nicht so gesehen hat, wie er für mich bedeutend war. Und das hängt wohl mit einem ganz zentralen Unterschied zwischen uns beiden zusammen. Heidegger war ein sehr großer Denker, der seine eigenen denkerischen Visionen unglaublich faszinierend machen konnte. Aber er war eigentlich kein dialogischer Mensch. Plato hatte für mich den Reiz, diese meine eigene Neigung, vom anderen her meine eigenen Denkziele zu gewinnen, durch seine Dialogkunst zu unterstützen. Wenn man platonische Dialoge liest, dann ist da einer, der sagt: »ja«, »nein«, manchmal sagt er: »vielleicht«, aber mehr sagt er nicht. Und ich habe, glaube ich, recht, wenn ich sage, es war die ganz große Kunst Platos, Gespräche so zu gestalten, daß man gar nicht merkt, daß man selber in die Rolle des Antwortenden gerät. Darin lag für mich die Bedeutung Platos. Später, als Heidegger dann zu den Vorsokratikern zurückgegangen ist, kam ein anderer Gegensatz zwischen uns durch. Heidegger war darin ein Genie, Worte und Begriffe zu ganzen Welten aufzuschließen. Ich habe es immer mehr mit dem Verständnis von Sätzen, von Texten und Personen, von Äußerungen über etwas gehabt. Das sind zwei verschiedene Dinge. Ich nenne Heidegger einen »Wünschelrutengänger« – er hatte die visionäre Kraft, Dinge, die in der Sprache verborgen waren, plötzlich zum Begriff zu erheben. Was uns in den Meinungen der Menschen und der Überlieferung unserer Texte begegnet – das habe ich zum Partner meiner Gespräche gemacht.

Liegt der Hauptunterschied zwischen Ihnen und Heidegger darin, daß Sie einen anderen Bezug zum Menschen, zum Menschlichen überhaupt haben?

Wir sind ganz verschiedene Naturen gewesen. Ich kam aus einem naturwissenschaftlichen Hause und habe von da aus gar nichts mitgebracht. Ich habe mich langsam überhaupt erst in diese durch Kunst und Geschichte geprägte Überlieferung unserer Kultur hineingearbeitet. Heidegger ist ganz dem religiösen Problem seiner katholischen Jugend und dem Problem der Aufklärung ausgesetzt gewesen. Freilich, es gibt Konvergenzen, weil wir alle Zeitgenossen waren. Heidegger war elf Jahre älter als ich – und elf Jahre sind für einen jungen Menschen eine Riesendistanz. Aber später war dieser Unterschied kaum noch da.

Ihre Philosophie stand immer in einer Nähe zu dem, was man »Weltläufigkeit« nennen könnte, zum Weltbürgerlichen, während Heidegger ja ein furchtbar einsamer Denker gewesen ist.

Das hat ja Habermas so hübsch formuliert, daß ich die Urbanisierung des Heideggerschen Denkens zuwege gebracht habe – einer solch bodenständigen Figur wie Heidegger. Das Wort kannte er nicht, aber er war's.

Aber eine Bodenständigkeit, die Einsamkeit verströmt.

Je größer ein Geist ist, desto einsamer ist er.

Konnten Sie sich mit Heidegger denn über Ihr eigenes Denken verständigen?

Mit Heidegger? – Es gab Leute, die mit Heidegger gut reden konnten, ich gehörte nicht zu ihnen, ich konnte nur von ihm lernen. Ich habe natürlich auch eine gewisse Zeit gebraucht, ehe ich diese politische Verirrung von Heidegger überhaupt überwinden konnte. Aber dann war es so, daß ich diesen späten, diesen raunenden Heidegger doch etwas in die Klarheit zu bringen suchte. Ich habe ein Buch geschrieben »Heideggers Wege« mit dem Ziel, diese so sibyllinischen Arbeiten der Spätzeit etwas zugänglicher zu machen. Und ich glaube, es ist mir auch gelungen. Daß jetzt eine junge Generation die allergrößten Schwierigkeiten mit Heidegger hat, verstehe ich gut – ich habe sie nämlich inzwischen auch. Ein Zeitstil hat sich gewandelt. Da ist eine Wucht im Sprechen, das wird mir auch schwer heute, dieses Raunen wieder zu entziffern. Heidegger hat auch die Dichtung mit Gewalt behandelt. Wenn er Verse las, hat er sie mit Gewalt auf seine Deutung hin gelesen. Rhythmus, Metrum und Betonung wurden alle auf diesem Altar geopfert. Es mußte das herauskommen, was er als denkerische Version hatte. Und das hat dazu geführt, daß er einen unserer größten Dichter, Hölderlin, auf eine Weise gelesen hat, wie das kein anderer getan hat. Das traf sich so im Falle Heideggers, daß Hölderlin fast sein eigenes geistiges Universum war.

Kann man denn zwischen einem politischen Menschen Heidegger mit seiner nationalsozialistischen Abirrung und dem Philosophen unterscheiden?

Ich glaube, wir haben uns immer darüber klar zu sein, daß diese Situation der deutschen Gesellschaft in den späten 20er und frühen 30er Jahren eine überaus gespannte war. Wir hatten eine Arbeitslosenzahl, von der man sich überhaupt keinen Begriff machen kann, und entsprechend natürlich sich radikalisierende Tendenzen von rechts und von links, wie immer in einer Gesellschaft, die sich in einem Krisenzustand befindet. Die allermeisten haben nicht eigentlich Hitler gewählt – sie haben den Kommunismus nicht wählen wollen. Für mich war nur allzu klar, daß Hitler eine verheerende Persönlichkeit war, vor allem durch das jüdische Problem. Ich hatte viele jüdische Freunde; so war es furchtbar einfach für mich, mich zurückzuhalten. Auch Heidegger hat die rassistischen Wahnideen Hitlers übrigens nie geteilt. Aber Heidegger war von der Vision erfüllt, wir können in dieser technisch-industriellen Revolution nur durch eine Umkehr überhaupt wieder zu stabilen Verhältnissen kommen. Und er hat diese Vision seiner Zukunft vorausgenommen, die er dann später formuliert hat mit Ausdrücken wie »Seinsvergessenheit« usw. Heidegger war natürlich bestürzt über seinen Irrtum; aber er hat diesen Irrtum immer so interpretiert, als seien die Falschen in diese Richtung gegangen, die er im Grunde für die richtige hielt. Nun ja, Irrtümer bezahlt man schwer; und seine politische Begabung war wirklich minimal.

Nun gibt es ja den Vorwurf von George Steiner, das alles sei insgesamt nicht so gravierend – die eigentliche Schuld Heideggers liege in seinem Schweigen danach.

Das halte ich nicht für richtig. Heidegger meinte: was soll ich jetzt mit Hunderttausenden sagen, ich bin immer dagegen gewesen?

Sie haben an einer Stelle gesagt, daß es kaum ein angemessenes Wort geben könne, um diese Schuld auf sich zu nehmen. Aber gibt es nicht wenigstens das Wort über die Unsagbarkeit dessen?

Ich gebe zu, daß Heidegger in manchen Dingen auch etwas von der Eigensinnigkeit eines Bauern hatte. Gut, das sind natürlich Schwächen, menschliche Schwächen, die er ja nicht geleugnet hat. Er war eben auch nur ein Mensch. Ich habe einmal in einem Interview gesagt: Man vergißt immer die Erbsünde, wenn man über Heidegger spricht.

Um zu Ihrer Philosophie zurückzukommen – Sie haben einmal gesagt: »Hermeneutik ist ein Wort, das die meisten Menschen nicht kennen werden und nicht zu kennen brauchen. Aber sie sind gleichwohl von der hermeneutischen Erfahrung betroffen.« Was also ist Hermeneutik?

Hermeneutik ist die Kunst, die Meinung eines anderen zu verstehen. Ich zitiere immer gerne Kierkegaard über das Tröstliche in dem Gedanken, gegen Gott allezeit unrecht zu haben. Aber es ist auch etwas Tröstliches in dem Gedanken, überhaupt unrecht haben zu können.

Damit setzt sich die Hermeneutik natürlich ab einerseits gegen den traditionellen Wissenschaftsbegriff, andererseits aber auch gegen den strengen philosophischen Anspruch einer Wahrheit im Sinne letzter Verbindlichkeit.

Als ob wir Götter wären, ja! Sie kennen doch das berühmte Lessingsche Wort: Wenn man mir hier gäbe auf der einen Seite die Wahrheit und auf der anderen Seite die Suche nach der Wahrheit, dann würde ich sagen, behaltet ihr jene, und gebt mir diese. Was sollen wir denn sonst tun als Philosophen, wenn wir nicht die Wahrheit suchen. Nur sich einbilden, daß ich die Wahrheit habe oder gegen einen Anderen unrecht haben zu können und mit der Möglichkeit rechnen, daß andere näher an der Wahrheit sind? Nein, der Relativismus ist eine Erfindung von Habermas. Plato hat dem Begriff der Philosophie den Sinn gegeben: Kein Gott philosophiert, denn die Götter wissen – wir suchen das Wahre. Ich finde, das ist eine menschlich angemessene Beschreibung dessen, was Philosophie ist. Und im Zeitalter der Wissenschaft ist das gar nicht so negativ. Ich sehe ja, daß das für eine bestimmte Richtung in der Wissenschaft auch gilt. Deswegen bin ich mit Popper – abgesehen von seinen Seltsamkeiten und Dogmatismen – gar nicht so uneins, daß ich sage: Neue Fragen werden kommen.

Ihre Philosophie kreist um das Problem des Anderen. Nun gibt es verschiedene Möglichkeiten, den Anderen wahrzunehmen oder auch nicht zu sehen. Ihre Philosophie sucht den Anderen zu verstehen; sie sucht das Gespräch. Was heißt das im näheren?

Der Andere ist der Weg, wie man sich selbst erkennt. Alle Illusionen, daß man sich selbst erkennen könnte, indem man sich gegen die Anderen abschließt, sind irrig. Ich finde, das berühmte »Erkenne dich selbst« heißt ja eigentlich: erkenne, daß du ein Mensch bist, nicht sozusagen dich als Gott denkst. Darin wiederum liegt doch die Gefahr des Absoluten. Es hat für mich etwas Unheimliches, wenn Leute sich immer noch mit Emphase auf diesen Begriff berufen.

Die Idee des Absoluten ist eine Vorstellung, die durch die christlich-neuzeitliche Welt geprägt worden ist. Das heißt, die Antwort auf alle diese Fragen würde wiederum zurückführen zu den ursprünglichen griechischen Einsichten, zu dem, was Begrenztheit und Menschsein heißt.

Die könnte uns jedenfalls in unserer Denk- und Sprachwelt helfen. Ich glaube aber, die Probleme werden global. Im 21. Jahrhundert wird vermutlich die Situation des Zusammenlebens sehr verschiedener Kulturtraditionen, auch der Philosophie, neue Fragen und Möglichkeiten öffnen. Es ist auch ein Sich-Öffnen für ganz andere Erfahrungen, die wir in der abendländischen Kulturtradition noch nicht gemacht, wirklich gemacht haben. Wir haben uns China angeeignet, wir haben uns Indien angeeignet, wir haben alles Mögliche, auch intellektuell, uns angeeignet. Aber doch vielleicht nicht die Dinge, die in Ostasien oder Indien noch auf uns zukommen. Diese Begegnung wird auch die Gewalt der technisch-industriellen Welt zeigen. Und das ist dann auch eine weltgeschichtliche Mitgift für die Zukunft. Ich glaube nicht, daß es richtig war, wenn man sagte, die abendländische Wissenschaft müsse zu dem Ende der Menschheit auf diesem Planeten führen. Es sieht jetzt so aus. Ich sehe das noch nicht ganz ein.

Warum nicht?

Ich halte es für möglich, daß man mit Gelassenheit die großen Möglichkeiten und Kräfte der Naturbeherrschung ausüben kann. Das könnte man vielleicht doch lernen. Insofern kann ich mich nie ganz zu diesem Pessimismus bekennen, der sagt: Ja, jetzt ist die letzte Stufe in der Evolution des Universums erreicht, jetzt wird der Mensch den Arm der Technik so hinausverlängern, daß er nicht mehr auf die Erde herunterkommt. Wie die Giraffen mit dem langen Hals. Ich vergleiche immer die Technik mit den Giraffen. Die Technik langt mit einem riesigen Arm auf alles, und am Ende kommt sie nicht mehr an das Futter auf der Erde. So pessimistisch bin ich eben nicht, daß wir mit unserer Evolutionstheorie nur noch das Ende der Menschheit auf diesem Planeten diagnostizieren können.

Wie würden Sie denn Ihr eigenes Leben beschreiben? Auch als eines aus der Hoffnung, als etwas im wesentlichen Kontinuierliches? Oder gab es da Brüche oder so etwas wie: »Das hätte ich wirklich nicht gedacht«?

Nachträglich hört sich das immer kontinuierlich an. Ich hätte zum Beispiel nie gedacht, als ich mein Buch schließlich mit sechzig Jahren fertig hatte, daß das so ein Welterfolg werden würde. Ich habe auch nicht geahnt, was es bedeutet, daß ich so viel durch die Welt gereist bin. Denn ich bin überzeugt, da hab' ich es den Leuten erspart, von mir Übersetzungen zu lesen; die Leute haben mich selbst hören können, wie ich in ihrer Sprache denke. Und das hat sie überzeugt. So blieb die Ich-Du-Beziehung noch bis in meine Biographie verwoben.

Und was halten Sie für das Mitteilenswerteste in Ihrem Leben oder vielleicht auch für Leben überhaupt?

Ich glaube, das Mitteilenswerteste ist immer das, was man nicht mitteilen kann. Das ist doch auch ein Beispiel für das, wovon wir eben sprachen, von der Endlichkeit.

Das Mitteilenswerteste wäre also die Bescheidung?

Heidegger hat gesagt: »Gelassenheit«, ich würde sagen: »Bescheidung«. Aber es ist ja auch etwas Wunderschönes zu sehen, daß Menschen ihre Gedanken so mitteilen können, in den Grenzen, in denen man es eben kann. Also vereinsamte Menschen, Menschen, die sich wirklich gar nicht mitteilen können, die sind doch wirklich sehr zu bemitleiden. Ich habe jedenfalls immer am Gespräch Gewinn. Und Sie können sicher sein, auch nach diesem Gespräch werde ich nachher allerhand denken, zum Beispiel, was ich eigentlich hätte sagen sollen.

Das Gespräch führten Ingeborg Breuer und Dieter Mersch.

Kritik der Verständigungsverhältnisse. Zur Philosophie von Jürgen Habermas

»Die vornehmste Aufgabe der Philosophie sehe ich darin, gegen jede Gestalt des Objektivismus, gegen die ideologische, d. h. scheinhafte Verselbständigung von Gedanken und Institutionen gegenüber ihren lebenspraktischen Entstehungs- und Verwendungszusammenhängen, die Kraft der radikalen Selbstreflexion aufzubieten.«
Jürgen Habermas

I.

»Der König sprach: ›Ehrwürdiger Nagaseno, möchtest du noch weiter mit mir diskutieren?‹ ›Wenn du nach der Art eines Weisen diskutieren willst, o König, dann wohl; willst du aber nach der Art eines Königs diskutieren, dann nicht!‹ ›Wie diskutieren denn Weise, ehrwürdiger Nagaseno?‹ ›Bei den Diskussionen der Weisen, o König, zeigt sich ein Auf- und Abwickeln, ein Überzeugen und Zugestehen .... Und doch geraten die Weisen dabei nicht außer sich.‹ ... ›Wie diskutieren nun aber Könige, ehrwürdiger Nagaseno?‹ ›Wenn Königen während einer Diskussion irgendeiner widerspricht, so geben sie den Befehl, diesen Menschen mit Strafe zu belegen. So, o König, diskutieren Könige!‹« [1]

Der Dialog des griechischen Diadochen Meandros mit dem indischen Weisen Nagaseno setzt Macht und Diskurs gegeneinander. Vernunft und Herrschaft schließen sich aus, denn die Herrschaft will besitzen; sie argumentiert nicht, sondern verfügt, und statt Meinung mit Gegenmeinung ringen zu lassen, sucht sie die Gedanken zu kontrollieren. Dagegen akzeptiert die Vernunft ausschließlich Gründe. Sie besteht auf der freien und vorurteilslosen Auseinandersetzung, bereit, die jeweils besten Argumente gelten zu lassen. Wo also die Macht mit den Mitteln des Zwanges ausgeübt wird und sich gewaltsam durchsetzt, will die Vernunft überzeugen: So pocht der weise Mönch Nagaseno gegenüber dem Potentaten auf das vernünftige und auf Gegenseitigkeit beruhende Gespräch.

Jürgen Habermas versucht, dieser Rationalität des Gespräches einen universalen Rahmen zu verleihen. Seine philosophischen Bemühungen gelten der Aufklärung, die durch Heideggers »Destruktion der Metaphysik« und durch die poststrukturalistische »Kritik des Logozentrismus« in Mißkredit geraten ist. Ihr sucht er einen neuen, nunmehr kollektiven Sinn zu geben. Seine Philosophie der kommunikativen Vernunft entdeckt und rekonstruiert dazu in den Strukturen der Verständigung grundlegende Regeln und Prinzipien, die als Modell einer Rationalität des Dialogs fungieren können. Vernunft bildet dabei kein allgemeinmenschliches »Vermögen«, wie es noch Immanuel Kant und die Philosophie des deutschen Idealismus unterstellten, sondern ein Geschehen, das intersubjektiv durch die Form von Interaktionen und Diskursen vollzogen wird. Nicht länger muß man sich auf die abstrakte Annahme eines »Faktums der Vernunft« berufen, auch nicht auf einen Appell zu gegenseitiger Vernünftigkeit; vielmehr tragen wir unsere mögliche Rationalität direkt im Medium von Sprache aus, indem wir miteinander reden, Überzeugungsarbeit leisten und Argumente zirkulieren lassen. Der Ort der Vernunft ist die gemeinschaftliche Kommunikation: Solange wir diskutieren, bewegen wir uns in deren Bezirk; sobald wir aber das Gespräch abbrechen, werden Gewalt und Willkür Tür und Tor geöffnet.

Habermas spricht an dieser Stelle – in der für ihn charakteristischen Gabe zu griffiger Formulierung – vom »eigentümlich zwanglosen Zwang des besseren Argumentes«.[2] Er ist dem Vollzug von Diskursen immanent. »Diskurs« bezeichnet für ihn nicht, im Gegensatz zum französischen Poststrukturalismus, die Ordnung einer Textur, sondern den argumentativen Vollzug, der sich auf der Basis von Begründungen ausdrückt. Er repräsentiert darum auch kein feststehendes System von theoretischen Setzungen, sondern ein selbstreflexives Verfahren, das Theorien prüfen und Geltungsfragen miteinander diskutieren lassen kann. Der gemeinschaftliche Diskurs bildet mithin Zentrum und eigentliches Instrument von Aufklärung. Entsprechend gibt es, wie Habermas bereits in einem frühen Text von *Theorie und Praxis* schreibt, im Aufklärungsgeschehen »nur Beteiligte«: »Die ... Überlegenheit der Aufklärer über die noch Aufzuklärenden ist ... fiktiv und der Selbstkorrektur bedürftig.« Statt dessen müsse Aufklärung als ein permanent »noch unabgeschlossener Bildungsprozeß« verstanden werden.[3]

II.

Jürgen Habermas wurde am 18. Juni 1926 in Düsseldorf geboren. Er studierte Philosophie, Geschichte, Literatur und Ökonomie an den Universitäten Göttingen, Zürich und Bonn und promovierte bei Erich Rothacker mit einer Arbeit über Schelling. Zwischen 1955 und 1959 arbeitete er als Forschungsassistent am Frankfurter Institut für Sozialforschung, das damals von Max Horkheimer und Theodor W. Adorno geleitet wurde. Seine Habilitation über *Strukturwandel der Öffentlichkeit* scheiterte jedoch zunächst am Widerstand Adornos und wurde schließlich an der Universität Marburg bei Wolfgang Abendroth nachgeholt. Von 1961 bis 1971 lehrte Habermas dann als Professor für Philosophie und Soziologie an den Universitäten Heidelberg und Frankfurt, bis er sich, gleichermaßen verdrossen vom akademischen Betrieb wie von den Studentenunruhen, an das von ihm zusammen mit Carl Friedrich von Weizsäcker gegründete Starnberger *Max-Planck-Institut zur Erforschung der Lebensbedingungen der wissenschaftlich-technischen Welt* zurückzog. Erst 1983 nahm Habermas wieder einen Ruf nach Frankfurt an und besetzte – Ironie der Geschichte – bis zu seiner Emeritierung den einstigen Lehrstuhl Theodor W. Adornos.

Ausdrücklich knüpft Habermas schon seit *Strukturwandel der Öffentlichkeit* und *Theorie und Praxis* an die marxistische Tradition der »Kritischen Theorie« der Frankfurter Schule an, allerdings in einer Rückwendung von Hegel zu Kant, von der Dialektik der Geschichte zur transzendentalphilosophischen Rechtfertigungsproblematik. Dabei rüstet er die »Kritik der politischen Ökonomie« von Marx mit Elementen der

Psychoanalyse, der modernen Sozialwissenschaft und der Linguistik um, verbindet die Theorie des Kapitalismus mit Gesellschaftstheorien und Modellen sozialer Interaktion von George Herbert Mead und Talcott Parsons sowie mit der Pragmatik John R. Searles. Aus der Mischung entsteht ein genuines Forschungsprogramm, das von den frühen Studien von *Erkenntnis und Interesse* über die *Vorbereitenden Bemerkungen zu einer Theorie der kommunikativen Kompetenz* von 1971 bis zum zweibändigen Hauptwerk, der *Theorie des kommunikativen Handelns* von 1981, führt. Hier legt Habermas vor allem in Auseinandersetzung mit Max Weber und Edmund Husserls Theorie der Lebenswelt eine vorläufige Summe seiner als »Universalpragmatik« bezeichneten gesellschaftstheoretischen Untersuchungen vor, die er in der Folge immer weiter verfeinern und präzisieren wird.

Ausgangspunkt bildet die »fundamentale Unterscheidung zwischen Arbeit und Interaktion«.[4] Hatte Marx die Ökonomie als »gesellschaftliche Basis« und Kultur und Ideologie als deren »Überbau« bezeichnet, so determiniert für Habermas die soziale Interaktion die Lebenswelt, auf deren Grundlage allererst die von Kooperationen geleitete Arbeit möglich wird. Habermas kehrt damit das Begründungsverhältnis um und schleift die strikte Trennung zwischen Basis und Überbau: Nicht die Produktionsverhältnisse bestimmen den Menschen, sondern seine Kommunikationsverhältnisse. Der »Kritik der politischen Ökonomie« wäre darum eine »Kritik der Verständigung« voranzustellen. Denn stets sind die Menschen mehr als bloße Marionetten ihrer ökonomischen Strukturen; schon die Möglichkeit der Kritik demonstriert, daß sie ihnen nicht ausgeliefert sind, sondern protestierend und verändernd aus ihnen herauszutreten vermögen. »Nun ist aber auch ... (die) gesellschaftliche Arbeit ... in ein Netz von Interaktionen eingebettet und deshalb (ihrerseits) abhängig von den kommunikativen Randbedingungen ... Eine Zurückführung der Interaktion auf die Arbeit oder eine Ableitung der Arbeit aus Interaktion ist nicht möglich.«[5]

Zudem bilden Arbeit und Produktion Formen zweckrationalen Handelns. Die Marxsche Philosophie bezeugt darin noch ihre konstitutionelle Beschränktheit, insofern das unbedingte Primat der Arbeit lediglich die für die gesamte Neuzeit prägende Figur des *homo faber* und die damit verbundene Herrschaft instrumenteller Vernunft hypostasiert. Deren auf Strategien der Verfügung und Unterwerfung von Mensch und Natur abzielenden Gestus haben Horkheimer und Adorno in ihrer *Dialektik der Aufklärung* aufgedeckt: Wo diese sich absolut setzt, schlägt sie in Mythos, mithin in Gewalt um. Aufklärung bleibt damit stets ein Stück jener Barbarei immanent, der sie zu entkommen trachtet. Doch wirkt die diagnostizierte Dialektik für Habermas nicht unentrinnbar: Im Postulat technischer Zweckrationalität erkennt er nurmehr eine »halbierte Vernunft«[6], indem sich mit ihr bestenfalls ein »defizienter Modus« totalisiere, der ohne die Voraussetzung einer anderen nicht einmal konsistent gedacht, geschweige denn kritisiert werden könne. Der Umstand ist für die Einordnung des Habermasschen Werkes in den Kontext der heute gängigen Rationalitätskritik wichtig. Denn durchweg gilt diese der instrumentellen Verkürzung von Vernunft, nicht ihrem entfalteten Begriff. So bekannte auch Michel Foucault in einem Interview, daß der Ausdruck »Vernunft« im Deutschen stets von einer »ethischen Dimension« begleitet sei, während »*Raison*« im Französischen »eine instrumentelle ..., eine technologische Vernunft« meine.[7] Darum bedeute »Kritik der Vernunft«, wie Habermas in seinen Vorlesungen *Der philosophische Diskurs der Moderne* ausführt, eigentlich »Kritik der *Raison*«, und ihre Möglichkeit verdanke sich noch jenem weiten Vernunftsverständnis, das es im Sinne der Aufklärung erst noch zu rekonstruieren gelte.

Diese angemahnte Rekonstruktion unternimmt Habermas aus dem »Überschuß« zwischenmenschlicher Verständigung, soweit sie Sozialität konstituiert. Als »symbolisch vermitteltes« und »auf Gegenseitigkeit« beruhendes Handeln tritt die Interaktion aus dem »Funktionskreis« bloßer Instrumentalität heraus und öffnet sich einem anderen Horizont. Zwar ist deren Authentizität nach Habermas zum Preis des Erfolgs der technisch-wissenschaftlichen Lebenswelt und der rücksichtslosen Durchsetzung ökonomischer Kalküle selber weitgehend verbogen und damit pathologisiert; doch könne sie aus der Logik gesellschaftlicher Kommunikation, sofern sie auf konsensuelle Einigung gerichtet sei, noch herausgelesen werden.

Die Kritik wechselt auf diese Weise die Position: Nicht länger probt sie den revolutionären Umsturz der peinigenden, knechtenden und unterdrückenden gesellschaftlichen Zustände; vielmehr geht sie auf Wiederherstellung des genuinen Sinns von Kommunikation. Habermas setzt auf die »Realisation des herrschaftsfreien Dialogs«. Von dort aus erfolgt dann die Entdeckung eines Aufklärungsbegriffs, der nicht mehr sein eigenes Gegenteil hervorruft, sondern, erweitert um diskursive Rationalität, seine potentielle Entfremdung zu thematisieren und damit aufzuheben vermag. Gleichzeitig versucht Habermas noch einmal die volle Bedeutung dessen zu retten, was einst mit dem Ausdruck »Mündigkeit« gemeint war und die Emphase rationaler Lebensform einschloß. Erneut gilt sie ihm als Schlüssel gesellschaftlicher Emanzipation: diesmal nicht als Befreiung vom Joch entfremdeter Arbeit, sondern als Befreiung von den Verzerrungen einer durch das Diktat der Zweckrationalitat entfremdeten Verständigung. Und erst durch diese werde wahrhaft eingelöst, was »Selbstbefreiung des Menschen« heißen könnte.

III.

Die Kritik verzerrter Kommunikation setzt freilich den Begriff der unverzerrten voraus. Ihre Rekonstruktion vollzieht Habermas im Medium einer als »Universalpragmatik« bezeichneten »Theorie der kommunikativen Kompetenz«, die er seit Beginn der 70er Jahre systematisch ausgearbeitet hat. »Aufgabe dieser Theorie ist die Nachkonstruktion des Regelsystems, nach dem wir Situationen möglicher Rede überhaupt hervorbringen oder generieren.«[8] Dieses Regelsystem bietet zugleich das Paradigma für eine »ideale Sprechsituation«, insofern es die Bedingungen gelingender Verständigung beinhaltet. »Ideal nennen wir ... eine Sprechsituation, in der die Kommunikation nicht nur nicht durch äußere, kontingente Einwirkungen, sondern auch nicht durch Zwänge behindert wird, die aus der Struktur der Kommunikation selbst sich ergeben. Die ideale Sprechsituation schließt systematische Verzerrung der Kommunikation aus.«[9]

Im Diskurs wird dieses Ideal im Sinne eines »Vorgriffs« »wechselseitig ... unterstellt«.[10] Jede Kommunikation steht damit für Habermas »kontrafaktisch« unter deren Ägide – und das gilt auch noch da, wo diese scheitert, wo kein Gespräch zustandekommt oder in den Strategien gesellschaftlicher Repression untergeht. Natürlich weiß Habermas, daß die meisten Dialoge sich dieser Bedingung nicht fügen; dauernd wird vielmehr, wo Menschen sich begegnen, beschönigt, gelogen, mißachtet und vernebelt, wird mit falscher Münze gespielt oder werden Versprechungen gebrochen und gutmeinende Absichten zu taktischen Manövern verkehrt – und gerade die alltäglichen Gepflogenheiten politischer Polemik demonstrieren, daß hier Verzerrungen eher an der Tagesordnung sind als geglückte Auseinandersetzungen. Doch appelliert noch jede dieser Formen von Heuchelei oder Täuschung an die Möglichkeit eines Ideals, von dessen Hintergrund sie sich negativ abheben. Die »ideale Sprechsituation« formuliert also keine Fiktion, kein imaginäres utopisches Konstrukt, sondern sie bildet als »konstitutive Bedingung möglicher Rede«[11] die Folie der Rekonstruktion überhaupt. Sie scheint als erfülltes Ideal des Gesprächs gleichsam in die kommunikative Kompetenz jedes Sprechers selbst eingelassen – denn unabhängig davon, welcher Finten und Schliche wir uns jeweils bedienen, wissen wir doch »immer schon«, wann eine Unterredung gelingt und was vernünftige Kommunikation eigentlich heißen soll.

Die Annahme arbeitet freilich mit einer wesentlichen Unterstellung, die keineswegs selbstverständlich ist: Sprache schließt für Habermas den »Zweck der Verständigung« ein, und dieser wiederum impliziert die »Herbeiführung eines Einverständnisses«.[12] Kommunikation gelingt, wenn solche Einverständlichkeit gelingt. Kommunikatives Handeln wird so von vornherein auf die Herstellung konsensueller Einigkeit zugeschnitten. Die ideale Sprechsituation enthält damit trotz allem »transzendentalen Schein«[13] eine teleologische Voraussetzung. Doch betont diese vor allem die sozialintegrative Funktion von Kommunikationen. Der konsensbildenden Leistung der Sprache kommt der Status einer sozialen Synthesis zu, weil anders die Einheit des Sozialen nicht vorstellbar wäre. Darum kann Habermas die »Bedingungen der idealen Sprechsituation« mit den »Bedingungen einer idealen Lebensform« schlechthin identifizieren.[14]

Ihre Struktur sucht Habermas anhand von elementaren Dialoghandlungen zu entschlüsseln. Deren Analyse führt auf einzelne Sprechakte als »Grundeinheit des Gegenstandsbereichs der *Universalpragmatik*«[15] zurück. An zentraler Stelle geht darin wiederum John R. Searles Theorie der »Illokution« ein, insofern diese die Sprechhandlungen zugleich als Bedeutungs- und Beziehungsakte auffaßt und damit Sprache unmittelbar in den Kontext des Sozialen setzt. Jede Behauptung ruft, einmal in die Welt gesetzt, nach Akzeptanz oder Verwerfung. Sich entschuldigen schließt ebenso den *Gehalt* der Entschuldigung ein wie eine *Handlung*, die entweder angenommen oder zurückgewiesen werden kann. Desgleichen gilt für Bitten oder Versprechungen, die gleichermaßen etwas beinhalten wie einen Akt vollziehen: »In der elementaren Verknüpfung von Sprechakt und Satz propositionalen Gehalts zeigt sich die *Doppelstruktur umgangssprachlicher Kommunikation*. Eine Verständigung kommt nicht zustande, wenn nicht mindestens zwei Subjekte gleichzeitig *beide* Ebenen betreten: a) die Ebene der Intersubjektivität, auf der die Sprecher/Hörer *miteinander* sprechen, und b) die Ebene der Gegenstände, *über* die sie sich verständigen.«[16]

Konstitutiv für Dialogsituationen ist aber für Habermas vor allem die »illokutionäre Rolle« eines Sprechaktes, weil sich in ihr die eigentliche »soziale Kraft« der Sprache verwirklicht. Mit dieser entdeckt sich dann das ganze Pathos der universellen Geltungsbasis der Rede: Indem wir miteinander kommunizieren, erheben wir gegenseitig den Anspruch auf Gültigkeit des Gesagten und gehen die Verpflichtung ein, auch dafür einzustehen. Gleichzeitig erheben wir den Anspruch auf Wahrhaftigkeit, weil wir uns in unserer Rede selbst zum Ausdruck bringen, sowie auf Verständlichkeit, weil dies der Funktion von Kommunikation selbst entspringt, und auf normative Richtigkeit, insofern wir nicht leichtfertig Beliebiges kundtun, sondern im Rahmen einer Situation sprechen, an der unsere Äußerungen ihr Maß finden.

Die von Habermas behauptete Vierdimensionalität der Geltungsbedingungen ergibt sich dann unmittelbar aus der praktischen Grammatik der Verständigungsakte selber: Ihre einfachste Gestalt – *Ich spreche mit einem anderen über etwas* – enthält mit den vier Elementen *Ich*, *über etwas*, *anderer* und *sprechen* die Koordinaten der Subjektivität, Objektivität, Intersubjektivität und des Kommunikativen selber, aus denen sich jeweils die Geltungsansprüche der Wahrhaftigkeit, Wahrheit, Verständlichkeit und normativen Richtigkeit ableiten. Entsprechend kann ein Satz in bezug auf seine Authentizität, seine Verständlichkeit, seinen Wahrheitsgehalt sowie seine situative Angemessenheit überprüft werden: »Es liegt in der kommunikativen Absicht des Sprechers, (a) eine im Hinblick auf den gegebenen normativen Kontext *richtige* Sprechsituation zu vollziehen, damit eine als legitim anerkannte interpersonale Beziehung zwischen ihm und dem Hörer zustande kommt; (b) eine *wahre* Aussage (bzw. *zutreffende* Existenzvoraussetzungen) zu machen, damit der Hörer das Wissen des Sprechers übernimmt und teilt; und (c) Meinungen, Absichten, Gefühle, Wünsche usw. wahrhaftig zu äußern, damit der Hörer dem Gesagten Glauben schenkt.«[17]

Habermas gewinnt auf diese Weise ein Modell kommunikativer Rationalität. Es ist der Struktur konsensueller Handlungen inhärent. Mit ihr »kann die Kommunikationstheorie einen leisen, aber hartnäckigen, einen nie verstummenden, obgleich selten eingelösten Vernunftsanspruch aufsuchen«.[18] Er muß nicht *de facto* erfüllt werden, wohl aber *de jure* anerkannt, wollten wir nicht unsere eigenen Redemöglichkeiten und mithin unsere sozialen Beziehungen demontieren. Entsprechend bezeichnet die Rationalität der Verständigung keine empirische Tatsache, sondern eine »regulative Idee«. Die *Theorie des kommunikativen Handelns* spricht nicht von

Faktizitäten; sie spricht über Geltung. Und erst entlang dieser Geltungsfrage lassen sich die systematischen Pathologien, Fehlläufe und Zerstörungen der Verständigungsverhältnisse aufdecken und korrigieren. Von ihr, als einer Kritik der kommunikativen Vernunft, »nimmt die kritische Theorie der Gesellschaft ihren Ausgang«.[19]

IV.

Bedenklich ist freilich das einseitige Kaprizieren auf die Sprechakttheorie Searles als Basis der Rekonstruktionsarbeit. Habermas identifiziert das Verstehen einer Verständigungshandlung mit dem Verstehen eines illokutionären Aktes. Die kommunikative Funktion der Rede wird so auf ihre illokutionäre Rolle und deren notwendige und allgemeine Voraussetzungen beschränkt. Die Topologie der Geltungsansprüche orientiert sich damit ausschließlich an der Struktur von Illokutionen, und die Universalpragmatik erweist sich als Theorie von deren Bedingungen.

Dabei reduziert sich die Analyse, wie Habermas schreibt, »auf Sprechhandlungen, die unter Standardbedingungen ausgeführt werden«.[20] Auf diese Weise wird eine sprachliche Norm ausgezeichnet, die dem Begriff von Kommunikation zugrunde liegt. Habermas normiert die Sprache und mißt die Logik der Verständigungsprozesse an deren Normativität, statt sie von ihr zu unterscheiden. So gehen in ihre Rekonstruktionen eine Reihe von Verkürzungen und Fixierungen ein. Insbesondere kommen kommunikative Frakturen, Widersprüche oder Unvereinbarkeiten nur unzureichend oder gar nicht in den Blick oder werden, ebenso wie in der »Transzendentalpragmatik« Karl-Otto Apels, rigoros ausgeschlossen. Ausdrücklich hat demgegenüber Jean-François Lyotard den Dissens privilegiert und der versöhnlichen Harmonie des Konsensus entgegengehalten. Die Kreativität von Verständigungen genauso wie die Produktivität der Kunst entspringt viel eher dem »*Polemos*«, dem nicht auflösbaren »Widerstreit«, als der Einheit des Einverständnisses. Auch wenn damit Lyotard selber eine einseitige Vorentscheidung trifft, enthüllt er dennoch ein tiefergehendes Problem: Kommunikative Vernunft kann weder auf Identität noch auf Nichtidentität verpflichtet werden; vielmehr scheinen beide gegeneinander unentscheidbar zu sein.

Das heißt aber auch, daß beide Ansätze unvereinbar sind. Denn sowenig Lyotard eine Theorie der Konstitution des Sozialen gelingt, sowenig vermag Habermas umgekehrt eine Analyse sprachlicher Brüche, Paradoxa oder Widersprüche zu leisten. Systematisch verschließen diese sich der universalpragmatischen Terminologie, weil sie auf der Ebene von Geltungsansprüchen gar nicht zu thematisieren sind. Was etwa Gregory Bateson unter dem Titel des »*double bind*« aufzuweisen suchte, schuldete sich Widersprüchen, deren Bedeutungen und Handlungen sich so miteinander kreuzen, daß zuletzt nur Verwirrung übrigbleibt. Solche Verwirrung kann als kalkuliertes Mittel inszeniert sein oder auch als unwillkürlicher Effekt entstehen; doch läßt sie sich weder im Begriffsrahmen von Illokutionen noch von Geltungsansprüchen zureichend beschreiben, weil der Widerspruch nicht zwischen Proposition und Performation besteht, sondern gleichsam quer durch sie hindurchgeht und somit die Geltungsbasis der Rede nicht einmal berührt. Mit anderen Worten: Habermas' Theorie kommunikativer Rationalität taugt nicht als probates Mittel zur Rekonstruktion des gesamten Spiels der Verwicklung von Sprache, Kontext und Handlung.

Mehr noch: Das Bestehen auf der uneingeschränkten Gültigkeit des Rationalitätsmodells kann selbst zum Element der Verwirrung werden und diese forcieren. Als anläßlich einer öffentlichen Preisverleihung eine Gruppe radikaler Studenten vor dem Preisträger einen Sack Kleingeld mit den Worten »Sie sind bezahlt!« ausleerten, provozierten sie einen Skandal. Die Äußerung: »Sie sind bezahlt!« war ein Sprechakt; ihn auf seine implizit erhobenen Geltungsansprüche, etwa auf seine normative Angemessenheit, hin zu überprüfen, wäre indessen selber ein Skandalon. Vielmehr bildete er einen Teil der politisch-ästhetischen Aktion, die ein Zeichen setzen wollte. Die beharrliche Berufung auf kommunikative Vernünftigkeit würde hier ihren Zweck verfehlen; vielmehr schlüge sie auf sich selbst zurück und müßte ihren eigenen Anspruch konterkarieren, weil sie die Brisanz der Aktion entwerten würde. Denn die Aufnahme des Dialogs wäre eine Verkehrung der ursprünglichen Intention, die sich nicht anders zu artikulieren wußte, als durch das provokante Mittel subversiver Gesten. Heißt nicht ihre Verwicklung in ein Gespräch, ihr Irritierendes auszulöschen und die gestörte Ordnung wiederherzustellen, um auf diese Weise die Krise einzuebnen? Und zeigt sich nicht gerade darin die subtile Gewalt einer Verständigung, die alle Seiten zu Wort kommen lassen und alles verstehen will – und dadurch um des vernünftigen Ausgleichs der Interessen willen das Eigenrecht des Widerstandes tilgt?

Die Fragen betreffen die Grenzen der Rationalität des Diskurses. Wir bewegen uns, hat Habermas gesagt, »in einer Lebensform ..., die eigentlich nur zwei Mechanismen der Lösung von Handlungskonflikten zuläßt: Gewalt oder Verständigung«.[21] Die Alternative wirft das Problem ihrer Entscheidbarkeit auf. Denn die kommunikative Vernunft wird da zum Terror, wo der Konflikt wiederum die Kommunikation als alleinige Instanz der Auseinandersetzung betrifft. Dann geraten die Diskussionen zwangsläufig in einen Kreis und beginnen sich zu verselbständigen. Es gibt einen Grad an Zirkularität, an Undurchdringlichkeit, wobei die Gespräche selbst eine repressive Struktur entfalten und Gewalt werden. Sie ist weder Gewalt *in* der Sprache noch *mit* Sprache, sondern Gewalt *durch* die Fortsetzung des Dialogs, der Unterwerfung unter sein Prinzip, seine Form, seine Praxis verlangt. Denn es gibt einen Zwang zum Diskurs, der ebenso »faschistisch« ist, wie es Roland Barthes von der Sprache behauptet hat[22]: eine Nötigung zum Sprechen, zur diskursiven Auseinandersetzung. Habermas' Denken ist dagegen derart von der Allergie gegen jede Gestalt der Macht geprägt, daß er umgekehrt die mögliche Gewaltsamkeit dieser Allergie selber verkennt, die gerade dadurch, daß sie jenen strikten Gegensatz postuliert, ausschließend und sanktionierend verfährt.

Verständigung wird dann absurd, wenn sie leerläuft und zur bloßen Form gerinnt. Sie als einziges Mittel rationaler Auseinandersetzung festzuschreiben, heißt das Problem verschärfen, indem man versucht, den Konflikt mit dem Konflikt selber zu lösen. So entsteht ein Moment von Unvernunft gleichsam im Inneren der diskursiven Strategien, und keine Aufklärung vermag diese zu tilgen, weil sie andernfalls sich selbst auflösen müßte. So stürzt die strenge Opposition zwischen Rationalität und Gewalt um: Nicht nur kann die Vernunft selbst gewaltsam werden, sondern ebenso die Gewalt vernünftig. Das Wortgefecht dreht sich im Kreis, die Aggressivität steigert sich, der Streit wird hitziger, die Stimmen werden lauter, schließlich fliegt ein Farbbeutel. Der Farbbeutel beendet die Debatte und zerstreut die Kommunikationsgemeinschaft. Er bildet einen gewaltsamen Akt, der zugleich symbolisch für eine sinnlos gewordene Diskussion wird und folglich den Stellenwert eines Kommentars hat. Keine weitere Verständigung vermag seine Berechtigung einzuholen, weil es gerade ihre Unmöglichkeit ist, die auf diese Weise thematisch wird; so avanciert der fliegende Farbbeutel zum rationalen Mittel des Abbruchs einer aussichtslosen Diskussion, weil anders Vernunft sich nicht mehr durchzusetzen vermag.

Die Verweigerung des Dialogs kann mithin – ebenso wie Schweigen – selbst zum Zeichen oder Argument werden: Sie hingegen als pure Gewalt zu denunzieren heißt, von vornherein ihren aufrüttelnden Effekt zu diskreditieren. Habermas' strikte Entgegensetzung von Rationalität und Gewalt ignoriert darum nicht nur die potentielle Gewaltsamkeit der Vernunft, sondern ebenso ihre andere Seite: nämlich daß ein Rückgriff auf Gewalt rationaler sein kann als die zwanghafte Beharrung auf Verständigung.

Nicht notwendig bilden deshalb Vernunft und Gewalt einen strikten Antagonismus. Indirekt hat Habermas dies in jüngster Zeit bestätigt, als er gegen seinen eigenen philosophischen Anspruch eine begrenzte Intervention im Bosnienkonflikt befürwortete: Es gibt einen Punkt, da diplomatische Bemühungen nichts mehr fruchten, da ihre Fortsetzung die Leiden der Menschen nur vergrößern, wohingegen ein gewaltsamer Eingriff eher eine Erscheinungsform von Rationalität sein kann als ein Ausdruck ihrer Bankrotterklärung. Es gibt hier nirgends ein Kriterium, ein Prinzip, das sich nicht selbst dementierte; vielmehr haben beide, das Gespräch und seine Aussetzung, ihr eigenes kritisches Maß.

Das Problem entsteht mithin dort, wo Habermas gelingende Sozialität einseitig an das Universum der Kommunikation bindet und Rationalität allein an diese koppelt. So zählen für ihn ausschließlich die Bedingungen möglicher Konsense, nicht die Brüche, die diesen selbst innewohnen können. Das Paradox, das sie aufweisen, sobald sie einzig legitimiertes Kriterium sozialer Identität und vernünftiger Auseinandersetzung sind, kommt so nicht in den Blick: Die konsensuelle Praxis stellt eben lediglich *eine* Möglichkeit unter anderen dar, und das Soziale wie dessen Vernünftigkeit werden keineswegs durch sie erfüllt.

V.

In seinem jüngsten Hauptwerk *Faktizität und Geltung* versucht Habermas in Auseinandersetzung mit John Rawls, Richard Dworkin und dem amerikanischen Kommunitarismus die Rationalität der Kommunikation im engeren Sinne für die politische Philosophie und die Theorie der Gerechtigkeit fruchtbar zu machen. Ziel ist die Neubestimmung der Grundlagen des demokratischen Rechtsstaates innerhalb des Spannungsfeldes von Recht, Moral und Vernunft. Bewußt knüpft Habermas dabei ebenso an die klassische Terminologie wie an den politischen Traum der Aufklärung an, die staatliche Verfassung allein nach den Maßstäben von Rationalität einzurichten. Schon im Titel formuliert sich das Programm: Auf *Geltung* im Sinne allgemeiner »Legitimität« hebt die Vernunft ab; ihr steht die *Faktizität* des Wirklichen mit ihren gegensätzlichen Interessen und Unzulänglichkeiten entgegen. Wie sich die Vernunft dennoch Dauer verschaffen kann, wie sie sich gegen die Ansprüche der Herrschaft durchsetzen und gesellschaftlich wie politisch vor den Angriffen der Macht geschützt werden kann, ist das eigentliche Problem von Habermas.

Seine besondere Aktualität bekundet *Faktizität und Geltung* dabei in der eindringlichen Verteidigung eines radikaldemokratischen Verfassungsverständnisses gegen dessen innere wie äußere Aushöhlung. Die Notwendigkeit zu solcher Verteidigung sieht Habermas besonders darin, daß unser Jahrhundert »wie kaum ein anderes die Schrecken existierender Unvernunft« erlebt habe. Nationalsozialismus wie Kommunismus hätten gleichermaßen die »letzten Reste eines essentialistischen Vernunftvertrauens zerstört«: »Um so mehr bleibt aber die Moderne, die sich ihrer Kontingenzen bewußt geworden ist, auf eine prozedurale, und das heißt auch: auf eine gegen sich selbst prozessierende Vernunft angewiesen.«[23] Das bedeutet aber, wechselseitig die Vernunft durch die Prozeduren und die Prozeduren durch die Vernunft zu sichern. Allein die Vernünftigkeit von Verfassungen durch ihren formalen Rahmen zu garantieren genügt nicht; vielmehr muß diese durch diskursive Reflexion ständig revidierbar bleiben: »Im Zeichen einer vollständig säkularisierten Politik (ist) der Rechtsstaat ohne radikale Demokratie nicht zu haben und nicht zu erhalten ... Aus dieser Ahnung eine Einsicht zu machen, ist das Ziel der ... Untersuchung.«[24]

Dazu nimmt Habermas wichtige Korrekturen zu seinen bisherigen Theorien vor. Impliziert die kommunikative Vernunft, wie es vor allem Karl-Otto Apel ausgeführt und Habermas in *Moralbewußtsein und kommunikatives Handeln* und *Erläuterungen zur Diskursethik* ausdrücklich übernommen hat, einen »kategorischen Imperativ« der Argumentation, wird dieser nunmehr durch ein »Demokratieprinzip« ergänzt, um politisch wirksam werden zu können. Als ethisches Prinzip rechtfertigt das Diskursverfahren diejenigen »Handlungsnormen, denen alle möglichen Betroffenen als Teilnehmer an rationalen Diskursen zustimmen könnten«[25]; doch gilt solche Allgemeingültigkeit für politisches Recht nicht. Denn im Gegensatz zu Handlungsnormen beziehen sich Rechtsgrundsätze auf die jeweilige Lebensform einer Rechtsgemeinschaft; sie beanspruchen keinerlei universale oder zeitlose Gültigkeit, sondern höchstens eine relative. An die Stelle des moralischen Diskursprinzips rückt deshalb ein praktisches Verfahren, in das ebenso pragmatische wie politisch-ethische Gesichtspunkte eingehen, ohne jedoch von ihnen regiert zu werden. In bezug auf Gerechtigkeit spielen also kulturrelative und historische Gesichtspunkte durchaus eine Rolle, so daß Recht zu verschiedenen Zeiten und in verschiedenen Ländern unterschiedlich ausdifferenziert werden kann. Habermas leugnet aus diesem Grund ein für alle Völker gleichermaßen gültiges rationales Recht – denn das hieße, von einer universalen Weltgemeinschaft zu träumen, die einem abstrakten und in seiner Konsequenz letztlich totalitären Humanismus folgte. Vielmehr gibt es stets nur Ausformungen besonderer Rechte, die der gelebten Geschichte und ihren überlieferten Traditionen entsprechen.

Wesentlich ist jedoch, daß, wie immer auch diese Rechtsformen aussehen mögen, sie »demokratisch« legitimiert sein müssen. Das bedeutet in einer ersten wichtigen Folgerung, daß Recht sich nicht unmittelbar moralisch begründet, sondern – gemäß der Forderung Max Webers – vom Zugriff übergreifender Moralen zu entkoppeln wäre. Nicht die inhaltlich-moralische Dimension des Rechtes zählt daher für Habermas, sondern allein ihre diskursive Verankerung in rechtssetzenden Verfahren. Deren Prozeduren müssen freilich selbst noch »rechtsförmig« sein, da andernfalls aus purer Legalität jedes beliebige Gesetz abgeleitet werden kann. Sich einzig auf ein formales Verfahren zu stützen reicht deswegen nicht hin, weil dieses nicht schon *in sich* vernünftig ist; vielmehr müssen sich die Bürger erst auf jene Rechtsverfahren, denen sie sich unterstellen, frei verständigt haben. »Der entscheidende Gedanke ist, daß sich das Demokratieprinzip der Verschränkung von Diskursprinzip und Rechtsform verdankt. Diese Verschränkung verstehe ich als eine *logische Genese von Rechten*, die sich schrittweise rekonstruieren läßt. Sie beginnt mit der Anwendung des Diskursprinzips auf das – für die Rechtsform als solche konstitutive – Recht auf subjektive Handlungsfreiheiten überhaupt und endet mit der rechtlichen Institutionalisierung von Bedingungen für eine diskursive Ausübung der politischen Autonomie ... Daher kann das Demokratieprinzip nur als Kern eines *Systems* von Rechten in Erscheinung treten.«[26]

Das führt, neben der Entkopplung von Recht und Moral,

zur zweiten wichtigen Folgerung: Das »Demokratieprinzip« der freien Verfahrenswahl muß dem Recht überall und jederzeit vorausgehen. Eine Gesetzgebung, die unter Umgehung demokratischer Prozeduren – etwa aus rein administrativer Notwendigkeit – vollzogen wird, ist nach Habermas illegitim. Kritisiert wird damit der Fetisch formaler Rechtsstaatlichkeit und der mit ihr verbundene Prozeß allgemeiner Verrechtlichung, welche den faktisch existierenden Demokratien einen undemokratischen Zug verleihen. Demgegenüber betont Habermas, daß im Prinzip jedes Recht sich auf die Selbstverständigung der Bürger, die sich mit ihm ihre praktische Gemeinschaftsform geben, zurückführen lassen muß.

Habermas bürstet auf diese Weise das Verhältnis von Demokratie und Rechtsstaatlichkeit gegen den Strich. Beide, die Lebensform der Demokratie und ihre rechtsstaatliche Verfassung, lassen sich nicht miteinander identifizieren, als genüge bereits eine servile Verbeugung vor der vielbeschworenen »freiheitlich-demokratischen Grundordnung«, um demokratische Solidarität zu schaffen. Aus purer Verfassungsgläubigkeit verfällt ein demokratisches Gemeinwesen, das sich durch diskursive Willensbildungen erst erzeugt. Das alte Problem der Beziehung zwischen Vernunft und Herrschaft gewinnt dadurch einen anderen Sinn und löst sich in den Gegensatz von kommunikativer Macht und administrativer Herrschaft auf. Habermas' diskurstheoretisches Verfassungskonzept impliziert so den Entwurf einer Radikaldemokratie, die die eigentliche politische Idee von Aufklärung im Gewand kommunikativer Rationalität wieder umzusetzen und zu verwirklichen trachtet.

Anmerkungen

1 Nyanatiloka, Die Fragen des Milendo, München 1919, S. 49.

2 Jürgen Habermas, Vorbereitende Bemerkungen zu einer Theorie der kommunikativen Kompetenz, in: Jürgen Habermas/Niklas Luhmann, Theorie der Gesellschaft oder Sozialtechnologie, Frankfurt/M. 1971, S. 137.

3 Ders., Theorie und Praxis, 4. Aufl., Frankfurt/M. 1971, S. 45 passim.
4 Ders., Technik und Wissenschaft als »Ideologie«, Frankfurt/M. 1968, S. 62.
5 Ebd., S. 32f.
6 Vgl. Jürgen Habermas, Gegen einen positivistisch halbierten Rationalismus, in: Th. W. Adorno u. a., Der Positivismusstreit in der deutschen Soziologie, Darmstadt und Neuwied 1969, S. 235-266.
7 Vgl. Michel Foucault, »Die Folter, das ist die Vernunft«. Ein Gespräch Knut Boers mit Michel Foucault, in: Literaturmagazin 8, Reinbek bei Hamburg 1977, S. 65.
8 Jürgen Habermas, Vorbereitende Bemerkungen zu einer Theorie der kommunikativen Kompetenz, a. a. O., S. 102.
9 Ebd., S. 137.
10 Ebd., S. 136.
11 Ebd., S. 141.
12 Ders., Was heißt Universalpragmatik?, in: K.-O. Apel (Hg.), Sprachpragmatik und Philosophie, Frankfurt/M. 1976, S. 176.
13 Ders., Vorbereitende Bemerkungen zu einer Theorie der kommunikativen Kompetenz, a. a. O., S. 141.
14 Ebd., S. 139.
15 Ebd., S. 107.
16 Ebd., S. 105.
17 Ders., Theorie des kommunikativen Handelns, Bd. 1, Frankfurt/M. 1981, S. 413.
18 Ders., Zur Rekonstruktion des historischen Materialismus, Frankfurt/M. 1976, S. 11.
19 Ders., Vorbereitende Bemerkungen zu einer Theorie der kommunikativen Kompetenz, a. a. O., S. 141.
20 Ders., Theorie des kommunikativen Handelns, Bd. 1, a. a. O., S. 400.
21 Ders., Diskussionsbeitrag, in: W. Oelmüller (Hg.), Transzendentalphilosophische Normenbegründung, Paderborn 1978, S. 114.
22 Vgl. R. Barthes, Leçon/Lektion, Frankfurt/M. 1980, S. 19.
23 Jürgen Habermas, Faktizität und Geltung, 2. Aufl., Frankfurt/M. 1992, S. 11 passim.
24 Ebd., S. 13.
25 Ebd., S. 138.
26 Ebd., S. 154f.

Die Zukunft verantworten. Hans Jonas' Denkweg zu einer ontologischen Ethik für die wissenschaftlich-technische Welt

»In der Tat gilt, daß unser jeweiliger
Seelenzustand immer nur das technische
Stadium von gestern zurückspiegelt.«
Günther Anders

I.

Wir gelangen an die Grenzen des Fortschritts in eben dem Maße, wie die Technik die Grenzen unserer Erde und ihrer Belastbarkeit erreicht und schon überschritten hat, ohne jedoch innezuhalten oder ihre Dynamik zu drosseln. Den Errungenschaften und Leistungen der Technik stehen dabei immer unübersehbarer ihre negativen lebensbedrohenden Wirkungen gegenüber: Technik hat buchstäblich Berge versetzt und Flüsse umgeleitet, aber auch ganze Landstriche verwüstet und Wälder vernichtet. Sie hat künstliche Welten geschaffen und todbringende Strahlungsruinen zurückgelassen. Die Atomkraft bietet eine unerschöpfliche Energiequelle, aber die sogenannte Entsorgung belastet unser Erdreich über Jahrtausende. Moderne Verkehrsmittel überwinden Zeit und Raum, doch dabei vergiften sie unsere Lebenselemente Luft und Wasser. Und die gentechnologischen Möglichkeiten versprechen erhöhte Therapiechancen für bislang unheilbare Leiden – man denke an die Krankheitsbilder Aids und Alzheimer –, doch Eingriffe ins Erbmaterial bergen unübersehbare Risiken. Überall zeigt die Technik eine tiefe Ambivalenz, sie trägt einen Januskopf, weil in ihr Positives und Negatives, Lösung und Krise, Fortschritt und Katastrophe unaufhebbar ineinander verschränkt sind.

Die Frage der inneren Ambivalenz der Technik bildet einen Kernpunkt der Philosophie von Hans Jonas. »Die Schwierigkeit ist die: Nicht nur wenn die Technik böswillig, d.h. für böse Zwecke, mißbraucht wird, sondern selbst wenn sie gutwillig für ihre eigentlichen und höchst legitimen Zwecke eingesetzt wird, hat sie eine bedrohliche Seite an sich, die langfristig das letzte Wort haben könnte. ... Die Gefahr liegt mehr im Erfolg als im Versagen – und doch ist der Erfolg nötig unter dem Druck der menschlichen Bedürfnisse.«[1] »Daß die Verheißung der modernen Technik in Drohung umgeschlagen ist, oder diese sich mit jener unlösbar verbunden hat«[2], bildet denn auch die Ausgangsthese von *Das Prinzip Verantwortung*, jenes Buches, mit dem Hans Jonas 1979 die Philosophie zu einer ethischen Auseinandersetzung mit der Technik aufrief. Thesen und Reflexionen des Hauptwerkes bestimmen die Diskussion bis heute.

Jonas versagte sich das bloße moralisierende Räsonnieren und kurzschlüssige Appelle; er begründete vielmehr, sorgfältig und profund vorgehend, warum die Technik – als Form menschlichen Handelns – überhaupt einer gesonderten philosophischen Untersuchung, zumal einer neuen ethischen Bewertung bedarf. Denn *erstens* bildet die auf Naturwissenschaft gestützte Technik in der modernen Welt kein von ihrer Anwendung trennbares Können, über dessen Einsatz von Mal zu Mal entschieden würde. Die klassische philosophische Unterscheidung zwischen Können und Tun, zwischen einem Wissen und seiner Anwendung, ist durch die Dynamik der wissenschaftlich-technischen Welt obsolet geworden. Forciert durch ökonomischen Konkurrenzdruck und hohe Konsumbedürfnisse wird jede neue technische Möglichkeit unverzüglich in Wirklichkeit umgesetzt. *Zweitens* haben die technischen Prozesse eine Größenordnung erreicht, die den vormals beschränkten Rahmen menschlichen Handelns gesprengt hat. »Die moderne Technik ist zuinnerst auf Großverbrauch angelegt und wird darin vielleicht zu groß für die Größe der Bühne, auf der sie sich abspielt – die Erde – und für das Wohl der Akteure selbst – die Menschen.«[3] Und *drittens* schließlich impliziert die Janusgesichtigkeit technischer Neuerungen, daß jede Lösung stets mit der Produktion neuer Probleme verquickt ist. Zwar erhebt die Technik den Anspruch, negative Wirkungen und unerwünschte Nebeneffekte langfristig wiederum technisch zu bewältigen; doch wie das Beispiel der sogenannten »Entsorgung« von Kernkraftwerken zeigt, wird damit die Problematik im wahrsten Sinne des Wortes nur verlagert, keineswegs aber gelöst.

Zusammenfassend gilt: Der rastlose Selbstlauf der technischen Entwicklung, ihre globalen Ausmaße in Raum und Zeit, die Kumulation ihrer Wirkungen mitsamt den unüberschaubaren Spätfolgen hat zu einer – heute augenfälligen – Bedrohung der Biosphäre, zu einer Gefährdung des Lebens auf der Erde insgesamt geführt. Diese Situation stellt ein Novum für die philosophische Reflexion dar. Jonas erfaßte sie ohne Dämonisierung. Denn er problematisierte die Technik nicht im kategorialen Horizont eines Dinges oder äußerlichen Mittels – als diese oder jene Maschine, als dieses oder jenes technische Verfahren –, sondern befragte – wie Heidegger – die Technik auf das ihr zugrundeliegende Weltverhältnis.

Die Untersuchung führte zu einer Kritik des neuzeitlichen Denkens in dessen Ursprüngen bei Francis Bacon und Descartes. »Was wir das Baconsche Projekt nennen können, nämlich das Wissen auf Herrschaft über die Natur abzustellen«[4], führte zur Ausbildung einer instrumentellen Vernunft, deren Logik ausschließlich Zweckrationalität betrifft. Zweckrationalität beurteilt die Dinge einzig nach den Gesichtspunkten von Machbarkeit und Effizienz. Ihre Leitfrage lautet: Wie ist ein Ziel erreichbar, wobei das Ziel selbst weder in Frage gestellt noch bewertet wird. Probleme der Begründung oder der moralischen Rechtfertigung werden darum aus der Erkenntnisperspektive von vornherein ausgeblendet. »Erst wurde durch dieses Wissen die *Natur* in Hinsicht auf Wert ›neutralisiert‹, dann auch der Mensch. Nun zittern wir in der Nacktheit des Nihilismus, in der größte Macht sich mit größter Leere paart, größtes Können mit geringstem Wissen, wozu.«[5]

Jonas entdeckte so hinter dem kalten Glanz des technologischen Denkens das Elend des Nihilismus. Ein technologisches Denken ist wertignorant, es schert sich nicht um moralische Normen und ethische Imperative, weil es ausschließlich seiner eigenen Maxime gehorcht. Der Atomphysiker Edward Teller, einer der »Väter« der amerikanischen Wasserstoffbombe, formulierte diese Maxime durch das Diktum: »Der technische Mensch soll das, was er verstanden hat, anwenden« und »sich dabei keine Grenze setzen«.[6] Der Satz nennt den technologischen Imperativ: Geboten ist, was technisch machbar ist. Auf diese Weise aber wird technisches Können zur Maßgabe menschlichen Sollens.

Eine zweckrational verengte Rationalität ist damit von sich her unfähig, dem technischen Handeln eine moralische Grenze zu setzen und ihm normative Maßstäbe vorzuordnen. Deshalb ist in den vergangenen beiden Jahrzehnten die Forderung immer lauter geworden, der Technik durch ethische Reflexion normative Grenzen zu ziehen und den Umgang mit ihr neu zu bestimmen. »Der endgültig entfesselte Prometheus, dem die Wissenschaft nie gekannte Kräfte und die Wirtschaft den rastlosen Antrieb gibt, ruft nach einer Ethik, die durch freiwillige Zügel seine Macht davor zurückhält, dem Menschen zum Unheil zu werden.«[7] Der Aufgabe, eine solche Ethik für die technologische Zivilisation zu entwikkeln, widmete sich Jonas in seinem Spätwerk. Er war bereits 76 Jahre alt, als *Das Prinzip Verantwortung* erschien, das Werk, mit dem er weltweite Beachtung auch über den akademischen Rahmen hinaus errang und das ihm 1987 den Friedenspreis des Deutschen Buchhandels eintrug. Scheinbar völlig disparat stand diese Hinwendung zur Ethik jedoch neben den religionsphilosophischen Studien zur Gnosis, um die sein Frühwerk kreiste. Und doch weist Jonas' Denkweg trotz der (auch lebensgeschichtlichen) Brüche Kontinuität auf, insofern die früheren Arbeiten die Ethik des Spätwerks vorbereiteten und in deren Fundierung eingingen.

II.

Hans Jonas wurde 1903 in Mönchengladbach geboren. Er studierte Philosophie, Theologie und Kunstgeschichte, zunächst in Freiburg bei Edmund Husserl, dann in Berlin und Heidelberg, schließlich in Marburg bei Martin Heidegger und Rudolf Bultmannn, wo er 1928 mit einer Arbeit über den Begriff der Gnosis promovierte. 1933 mußte er wegen seiner jüdischen Herkunft aus Deutschland emigrieren. Er ging nach England und 1935 weiter nach Palästina, wo er zeitweise an der Hebräischen Universität in Jerusalem lehrte. Im Zweiten Weltkrieg diente Jonas dann als Angehöriger einer Jüdischen Brigade in der Britischen Armee und kehrte mit den siegreichen alliierten Truppen für kurze Zeit nach Deutschland zurück. Nach dem Krieg lebte er wieder in Israel, dem Land seiner Wahl; akademische Lehrmöglichkeiten und Berufungen ließen ihn schließlich 1949 nach Kanada und sechs Jahre später nach New York übersiedeln, wo er bis zu seiner Emeritierung 1976 an der New School for Social Research Philosophie lehrte. 1993 starb Jonas kurz vor seinem neunzigsten Geburtstag in New York.

1934, also erst nach Jonas' Emigration, erschien in Deutschland der erste Teil seiner großen Forschungsstudie *Gnosis und spätantiker Geist.* Den zweiten Teil konnte Jonas erst zwanzig Jahre später abschließen und veröffentlichen, aber auch darin fehlten geplante Kapitel, insbesondere zum Neuplatonismus, die erst im Todesjahr postum herausgebracht wurden. Doch schon mit dem ersten Teil machte sich Jonas einen Namen als Religionsphilosoph, sowohl wegen der inhaltlichen Deutung der Gnosis, als auch wegen der neuen existentialhermeneutischen Interpretationsmethode.

Jonas griff – motiviert durch seinen Lehrer, den evangelischen Theologen Bultmann, der in seinen Exegesen des Neuen Testaments ähnlich ansetzte – auf die Daseinsanalyse Martin Heideggers zurück. Heidegger zeigte das Prekäre der menschlichen Existenz und bestimmte deren Seinsmodus als »Sorge«. Das menschliche Dasein erfährt sich kontingent in eine Welt »geworfen«, die sich ihm vor aller Reflexion schon in Grundstimmungen erschließt. Existieren bedeutet aber ebenso, sich in dieser Faktizität zu »entwerfen«, unter Möglichkeiten zu wählen und auf diese Weise sein Leben eigenverantwortlich zu übernehmen. Heidegger hob dabei das Verstehen als grundlegendes anthropologisches Tun hervor: Existieren bedeutet, immer schon – wenn auch implizit und nicht reflektiert – ein bestimmtes Welt- und Selbstverständnis zu leben. Jonas wandte diese existentialontologische Terminologie auf die Auslegung der spätantiken Geistesströmung der Gnosis an. Seine Fragestellung lautete: »Wie ist hier die Welt gesehen, wie das Selbst, und welches Sein des Selbst realisiert sich in dieser Sicht?«[8] Er entschlüsselte in den gnostischen Dogmen und Mythen die existentiellen Erfahrungen des Menschseins, das Lebensgefühl und die Weltsicht, die in sie eingegangen waren, und entdeckte so ein von der griechischen Antike grundverschiedenes Weltverständnis. Während die Griechen bis in die Stoa hinein die Welt als Kosmos, als wohlgestaltete Ordnung, erlebten, versinnbildlicht in der als vollkommen gedachten Gestalt der Kugel, in der der Mensch geborgen ist, empfanden die Gnostiker die Welt als ungastlichen Ort und ängstigende Fremde. Sie entwickelten ein manichäisches Weltverständnis: Die Erde, das Diesseits, bildet ein von Dämonen beherrschtes Reich der Finsternis, welchem sie ein jenseitiges Reich des Lichts gegenüberstellten. Dort sei die eigentliche Heimstatt des Menschen, aus der er in das irdische Jammertal verbannt worden sei. Der gnostische Dualismus durchzieht auch den Menschen selber und scheidet eine edle Seite, den Lichtfunken des Geistes, von der niederen Hälfte, dem Leib und der Psyche, die dem Reich der Finsternis angehören.

Gnosis bedeutet im Wortsinn Erkenntnis, im besonderen aber ein »geheimes, offenbartes, erlösungsbringendes Wissen«.[9] Die Geistesströmung der Gnosis rief zur Abwendung von der falschen Welt und zu innerer Einkehr auf. Sie kultivierte eine Geisteshaltung der Innerlichkeit, wie Jonas zunächst noch affirmativ feststellte. Doch daß sie Grundbefindlichkeiten artikulierte, wie sie auch der Moderne entsprachen – Angst, Ungeborgenheit, Fremdsein in der Welt –, weckte zugleich sein Mißtrauen gegen diese und die Existenzphilosophie im besonderen, so daß er auf sie die Frage der eigenen Geschichtlichkeit und der Kritikbedürftigkeit der von ihr aufgedeckten, vermeintlich anthropologischen Konstanten zurückwandte: »Der Erfolg der existentialistischen Lesung der Gnosis lud zu einer quasi gnostischen Lesung des Existentialismus und mit ihm des modernen Geistes ein.«[10]

Diese Kehrtwendung des Blicks vollzog Jonas vor allem in seinem Buch *Zwischen Nichts und Ewigkeit.* Das Gefühl des

Fremdseins in der Welt entspricht der Erfahrung einer Verlorenheit des Menschen in den Weiten eines unendlichen Universums. Die Moderne wertete er so als »kosmischen Nihilismus«, durch den das mögliche Weltvertrauen des Menschen in Weltangst umgeschlagen sei. Dieser Nihilismus entsprang einem Bruch zwischen Mensch und Natur, den die Naturwissenschaft schon in ihrem Ansatz enthielt, und den die Existenzphilosophie in ihrer Naturvergessenheit theoretisch noch vertiefte. Denn Natur »war in meinem Studium nicht vorgekommen. ... Bei Heidegger hörte man vom Dasein als Sorge – in geistiger Hinsicht, aber nichts vom ersten physischen Grund des Sorgenmüssens: unserer Leiblichkeit, durch die wir, selber ein Stück Natur, bedürftig-verletzlich in die Umweltnatur verwoben sind.« [11]

Allerdings setzte Jonas Moderne und Gnosis nicht einfach in eins, sondern insistierte im Vergleich auf ihrem Unterschied: »Das Universum der modernen Naturwissenschaft und das, welches die Gnostiker sich vorstellten, haben etwas gemein: es ist den menschlichen Belangen gegenüber fremd. Im Falle der Gnosis ist es feindlich, im Falle der Moderne völlig indifferent, so daß menschliche Werte ihren Sitz nur im Willen haben und nirgendwo sonst.« [12] Zudem versteht sich »der moderne Mensch weniger aus einem Jenseits ins Diesseits hineingeworfen als vielmehr aus der Natur herausgeworfen«. [13] Darum erscheint die Feindseligkeit, mit der die Gnosis das Verhältnis Mensch – Natur charakterisiert, in den Augen von Jonas weniger fatal als die Haltung der modernen Gleichgültigkeit, in der der Nihilismus die Beziehung zur Natur gleichsam abgebrochen hat. Denn in Antike und Mittelalter galt die Natur durchweg noch als Organismus, als ein lebendiges Anderes: Natur – das war einerseits schreckliche Übermacht, die man fürchten und gegen die man sich behaupten mußte, aber andererseits auch die große Mutter, die nährte und neues Leben schenkte. In der Neuzeit aber sank sie zum bloßen Objekt herab, das beherrscht und ausgebeutet werden konnte: aus der Mutter, lateinisch *Mater*, wurde Materie, schließlich Material. So ward die Natur gleichsam schon begrifflich getötet, nämlich zum bloßen Verwertungsmaterial herabgesetzt, ehe sie in diesem Jahrhundert durch ihre Zerstörung auch faktisch zugrunde gerichtet wurde.

Darüber hinaus bezeichnete für Jonas die Kälte der modernen Welt, ihre Teilnahmslosigkeit und Indifferenz gegenüber dem Schicksal des Menschen, vor der er erschaudert, nur den Reflex seiner eigenen Gleichgültigkeit und Kälte gegenüber der Natur, die er kausalmechanisch erklärt und auf ihre Ausbeutbarkeit hin reduziert hat. Entsprechend ist »Indifferenz der Natur«[14] eine komplexe Kategorie, die mehrsinnig verwendet wird: Erstens als eine an sich selber gleichgültige Materie, zweitens als Gleichgültigkeit jeden Naturwesens gegenüber sich selbst und drittens als Ignoranz des Bezugs, des rohen und rücksichtslosen Umgangs der Naturwesen untereinander.

Jede der drei Bedeutungen ist jedoch untragbar. Ein Weg aus dem Nihilismus der Moderne konnte deshalb nur gefunden werden, wenn der zugrundeliegende Bruch zwischen Mensch und Natur überwunden würde. Unabdingbar ist damit die Überwindung der naturwissenschaftlichen Sicht der Natur verbunden. Das bedeutete für Jonas aber nicht einfach das Verwerfen und Abschaffen der Naturwissenschaften; vielmehr erkannte er ihre Leistungen und Erkenntnisse ausdrücklich an – freilich nur als Ausgangsbasis des Wissens, hinter die eine philosophische Sicht der Natur zwar nicht zurückfallen, über die sie gleichwohl hinausgehen muß.

III.

Die fällige Revision des Naturverständnisses unternahm Jonas in dem Schriftenband *Organismus und Freiheit, Ansätze zu einer philosophischen Biologie.* Die im Band versammelten Arbeiten entwarfen eine Philosophie des Lebendigen. Sie sollte den Begriff einer indifferenten, an sich selbst neutralen, zu bloßer Dinghaftigkeit depravierten Natur korrigieren und den Menschen in sie wieder eingliedern, ohne seine Besonderheit zu opfern. Dieses Anliegen teilte Jonas mit der neueren Anthropologie, vor allem mit dem Werk Helmuth Plessners, das ebenfalls dem Umkreis der Phänomenologie entstammte. Und ebenso wie Plessner vollzog auch Jonas die Überbrückung der Kluft zwischen Mensch und Natur nicht durch dessen Herabsetzung, sondern umgekehrt durch eine Erhöhung der Tiere und Pflanzen. »In der lauten Entrüstung über den Schimpf, den die Lehre von der tierischen Abstammung der Würde des Menschen angetan habe, wurde übersehen, daß nach dem gleichen Prinzip dem Gesamtreich des Lebens etwas von seiner Würde zurückgegeben wurde. Ist der Mensch mit den Tieren verwandt, dann sind auch die Tiere mit dem Menschen verwandt und dann in Graden Träger jener Innerlichkeit, deren sich der Mensch, der vorgeschrittenste ihrer Gattung, in sich selbst bewußt ist.«[15]

Innerlichkeit bedeutet für Jonas, daß er auch Tieren und Pflanzen ein Moment von Subjektivität zuerkennt. In bezug auf höherentwickelte Tiere mag dies angesichts der Freiheit und Willkürlichkeit ihrer Bewegungen, der Sensibilität ihrer Sinne, ihrer Gefühle von Lust und Schmerz und ihrer spezifischen Art von Bewußtheit plausibel erscheinen; Jonas weitete seine Behauptung allerdings auch auf pflanzliche Organismen aus. Denn jedem Organismus eigne schon auf elementarem Niveau ein Moment an Innerlichkeit, insofern er im Stoffwechsel mit seiner Umgebung seine Gestalt in ihr und zugleich gegen sie verteidige. Daraus spreche nicht nur biologische Notwendigkeit, vielmehr werde darüber hinaus ein Selbstzweck sichtbar, weil Existieren als dasjenige zu bestimmen sei, »worum es allem Leben geht«[16], nämlich Weiterleben und Entfaltung. Jonas bestimmte auf diese Weise die Selbsterhaltung und Selbstentfaltung als immanenten Zweck der belebten Natur.

Freilich bedeutet dies die Wiedereinführung der Teleologie in den Naturbegriff. Seit der Aufklärung stand sie unter dem Verdikt des Anthropomorphismus, das heißt der unwissenschaftlichen Manier, spezifisch menschliche Eigenschaften in die Sphäre der Natur hineinzuprojizieren. So verlieh ihr Kant, der die Möglichkeit einer teleologischen Naturbetrachtung in seiner *Kritik der Urteilskraft* noch einmal geprüft hatte, lediglich einen heuristischen Status. Konsequent verbannte die moderne Naturwissenschaft die Teleologie aus ihrer Arbeit und beurteilte die Natur ausschließlich nach methodischen Kriterien nachvollziehbarer Empirie und Kausalität. Jonas akzeptierte zwar deren Verfahren und forderte explizit die Aneignung ihrer Resultate durch die Philosophie, wies aber gleichzeitig den Anspruch zurück, die Grenzen des naturwissenschaftlichen Geltungsrahmens mit jenen vernünftiger Reflexion schlechthin zu identifizieren. Wenn Zweckhaftigkeit oder Zielgerichtetheit auch nicht empirisch zu verifizieren seien, so sei damit keineswegs ihr mögliches Vorkommen widerlegt. Vielmehr stelle das Verbannen des Teleologischen aus der philosophischen Reflexion der Natur nichts weiter dar als einen »Glaubensartikel der wissenschaftlichen Einstellung«.[17]

Entscheidend dabei ist, daß Jonas die Teleologie der Natur keineswegs theologisch verstand. Er restituierte ihren Begriff nicht in einem religiösen Sinne – etwa indem die Entwicklung des Lebens im Ganzen einem göttlichen Plan folge –, sondern in einem immanenten gemäß der aristotelischen *Entelechia.* Mit Entelechie – wörtlich: »was sein Ziel in sich selbst hat« – bezeichnete Aristoteles ein aktives Formprinzip, das sich im Stofflichen verwirklicht, so wie im Samen die Gestalt der Pflanze bereits angelegt ist. Jonas verlieh ihr allerdings eine eigenwillige Deutung. Denn die der Natur attribuierte Zweckhaftigkeit der Selbstbewahrung und -entfaltung entsprach im Grundzug dem existenzphilosophischen Begriff der »Sorge«, jenem ausgezeichneten Seinsmodus, den Heidegger für das menschliche Dasein – also demjenigen Seienden, dem es »in seinem Sein *um* dieses Sein selbst geht«[18] – reserviert hatte. Jonas erweiterte es zu einer Bestimmung alles Lebendigen, insofern es selbst sein prekäres, von Verwundbarkeit, im letzten von Sterblichkeit gezeichnetes Dasein in Obhut nehme. Das Leben ist »ein Schweben zwischen Sein und Nichtsein. Das ›nicht‹ liegt stets auf der Lauer und muß immer von neuem abgewehrt werden. Mit anderen Worten: Leben trägt den Tod, seine Negation, in sich selbst.«[19]

Es ist allerdings problematisch, jedem Selbsterhaltungsstreben in der Natur, jeder organismischen Reproduktion, selbst schon auf elementarem pflanzlichen Niveau, begrifflich die Nobilität einer Selbstsorge zuzusprechen, wie Jonas dies tat. Doch folgt man gedanklich dieser Philosophie des Lebendigen, so zeigt sich im Ansatz schon das Motiv der späteren Ethik: Denn die der Natur zugesprochene Innigkeit und Sorge in Gestalt von Existenzerhaltung und -entfaltung adelt gleichsam ihr Sein. So manifestiert sich in ihr ein existentieller Selbstzweck, der – ethisch reflektiert – auf ihren Eigenwert und Würde hindeutet.

Dem widerspricht die herrschende Praxis des Menschen, die wenig Achtung vor der Natur kennt und ihren Wert auf Verwertbarkeit reduziert. »Der Natur der Dinge ist keine Würde für sich selbst geblieben. Alle Würde gehört dem Menschen: was keine Ehrfurcht gebietet, darüber kann geboten werden, und alle Dinge sind zum Gebrauch.«[20] Jonas' Philosophie des Lebendigen markierte mithin schon in der mittleren Phase seines Schaffens das ethische Defizit des Anthropozentrismus, der der Natur nicht gerecht wird, und die Frage einer Revision der Ethik aufwarf.

IV.

Das Prinzip Verantwortung aus dem Jahr 1979 bildete Jonas' Antwort auf die nihilistische Mißachtung der Natur im neuzeitlichen Denken, die unter den Bedingungen der naturwissenschaftlich-technischen Dynamik zu einer realen Gefährdung der gesamten Biosphäre geführt hat. Seine Antwort entwarf eine Ethik für die technologische Zivilisation, die mit der kritischen Durchsicht und Rekapitulation dessen einsetzte, was die traditionelle Ethik zur Bewältigung der heutigen Krise bereithielt.

Traditionelle Ethik, so stellte Jonas fest, war eine »Nächsten-Ethik«.[21] Sie lehrte rechtes Verhalten gegenüber dem Mitmenschen im Hier und Jetzt. Ihr Blick richtete sich auf die typischen Lebenssituationen im privaten wie im öffentlichen Bereich, wo sich im Kontakt mit dem Anderen unmittelbar erwies, ob ein Handeln als gut anzusehen war oder nicht. Die alte Ethik forderte, sich gegenüber dem Anderen recht zu verhalten, wie religiöse Gebote und ethische Imperative es vorschrieben: »Liebe Deinen Nächsten wie Dich selbst«; »Tue Anderen, wie Du wünschtest, daß sie Dir tun«; oder, wie bei Kant: »Behandle Deinen Mitmenschen niemals bloß als Mittel, sondern immer auch als einen Zweck in sich selbst« und so weiter.[22]

Alles sittliche Handeln war demnach auf zwischenmenschliche Gegenwart bezogen. Die Zukunft, vor allem jenseits der eigenen möglichen Lebensspanne, kam dabei nicht in Betracht. Das war kein Manko der traditionellen Ethiken, sondern entsprach der begrenzten Macht menschlichen Handelns. Dessen Reichweite war viel zu kurz, als daß man über zukünftige Folgen zu spekulieren brauchte: Solches wäre müßig oder gar vermessen gewesen. Ebensowenig befaßte sich die überkommene Ethik mit einer besonderen Rücksichtnahme auf die Natur; »alle traditionelle Ethik ist *anthropozentrisch*«[23], schreibt Jonas, denn die Natur »sorgte für sich selbst«.[24] Sie besaß somit viel größere Macht als der Mensch, und es war im Gegenteil bitter nötig, alle Klugheit und die begrenzten technischen Mittel zusammenzunehmen, um den Gewalten der Natur Lebensmöglichkeiten für den Menschen abzutrotzen.

Die traditionelle Ethik, so Jonas' Fazit, erweist sich als völlig unzureichend und defizitär angesichts der neuen Problemlage. Sie hält für die weitreichenden Dimensionen technischen Handelns und seiner Folgen keine Kategorien bereit. Jonas versuchte diese Mängel zu revidieren und einen dem Problem angemessenen Horizont zu gewinnen. Dabei ging es ihm nicht um eine veränderte Ethik im Sinne neuer Werte, sondern um neue Dimensionen. Gegenüber der traditionellen Nächsten-Orientierung entwarf Jonas eine Ethik der globalen Zukunftsverantwortung. Ethisch-verantwortliches Verhalten müsse Fernhorizonte gewinnen, es müsse das Zukünftige genauso bedenken wie das räumlich Entfernte. Die Beschränkungen überkommener Ethiken erweiterte Jonas so zu einer Verantwortlichkeit für die gesamte Menschheit und ihr Weiterleben; den traditionellen Anthropozentrismus überschritt er, indem er eine menschliche Fürsorgepflicht für die Natur postulierte.

Doch setzte er diese globale Ausweitung der Verantwortung nicht willkürlich, sondern leitete sie aus der gestiegenen technologischen Macht ab: Wenn das technologische Handeln in seinen Folgen Mensch und Natur mehr und mehr gefährdet, so ist dem Menschen in eben dem Maße auch eine veränderte Verantwortlichkeit erwachsen. Diese erfordere schließlich eine Neufassung des kategorischen Imperativs: »›Handle so, daß die Wirkungen Deiner Handlung verträglich sind mit der Permanenz echten menschlichen Lebens auf Erden‹ ... oder einfach: ›Gefährde nicht die Bedingungen für den indefiniten Fortbestand der Menschheit auf Erden.‹«[25] Im Vergleich mit dem Kantischen Imperativ wird Jonas' Akzentsetzung deutlich: 1) Der alte Imperativ wird von Jonas nicht zurückgewiesen oder verworfen, sondern – vor allem durch den Zukunftsaspekt – erweitert. 2) Während der Kantische Imperativ sich ausschließlich an das Individuum als Träger von Vernunft wandte, richtet der Jonassche sich darüber hinaus an die handelnden Kollektive, vor allem an die Politik. 3) Der Ansatz Kants plädierte für eine Gesinnungs-, der von Jonas für eine Verantwortungsethik.

Gesinnungsethik bedeutet, daß es beim moralisch guten Handeln auf die Integrität einer untadeligen Einstellung und die Qualität der Handlungsmotive ankommt. Die Gesinnungsethik hat sich jedoch gerade in der Geschichte von Wissenschaft und Technik als hilflos und sogar gefährlich naiv herausgestellt. Man denke an das Beispiel des Nobelpreisträgers Otto Hahn, dem die Kernspaltung gelang, und der dann am Tag von Hiroshima sagte, diese Konsequenz habe er nicht gewollt. Für eine Ethik der Technik kann deshalb heute nur ein Ansatz in Frage kommen, der ausdrücklich das Problem der Konsequenzen des Handelns einbezieht und in die Grundlegung der Theorie aufnimmt, das heißt den Aspekt der Gesinnung durch den der Verantwortung ergänzt. Deshalb plädiert Jonas – wie die meisten Ethiker heute – für das Modell einer Verantwortungsethik. Doch der Begriff der Verantwortung ist keineswegs eindeutig; er gibt – gerade auch was die Idee der Zukunftsverantwortung von Jonas anbelangt – Anlaß zu erheblichen Mißverständnissen.

Zum einen wird der Verantwortungsbegriff kausalistisch ausgelegt: In diesem Sinne ist zum Beispiel der Statiker für die Stabilität einer Brücke vor der Allgemeinheit verantwortlich oder ein Pharmakonzern für das Medikament, das er auf den Markt gebracht hat. Jeder kann für die Folgen seines Tuns verantwortlich gemacht werden und muß gegebenenfalls auch im juristischen Sinne dafür haften. Der kausalistische Verantwortungsbegriff bezieht sich so primär auf Taten, für die man moralisch – unter Umständen auch juristisch – einzustehen habe.

Eine andere Auffassung von Verantwortung besteht jedoch im Sinne einer Fürsorgepflicht. Diesen zweiten Begriff hat Jonas seiner Zukunftsverantwortung unterlegt und am Paradigma der Eltern-Kind-Beziehung und des Staatsmannes entfaltet. Die Verantwortung der Eltern für das Kind ist das »zeitlose Urbild aller Verantwortung«[26], denn die Eltern tragen für das Kind nicht nur deshalb Verantwortung, weil sie es in die Welt gesetzt haben – das wäre noch einmal Verantwortung nach dem rückwärtsgewandten Verursacherprinzip gedacht. Eltern sind vielmehr für das Kind verantwortlich, einfach weil das Kind sie braucht. Das Recht des hilflosen Kindes geht unbedingt voran und nimmt die Handlungsmacht der Eltern in die Pflicht. Nicht allein aus Liebe, sondern auch weil das Kind von ihnen abhängig ist, müssen sie ihre Macht zum Besten des Kindes einsetzen. Elterliche Fürsorge richtet ihren Blick nach vorn, sie setzt dem Handeln selber Ziele und weiß sich verantwortlich nicht nur für das, *was getan*, sondern noch mehr für das, *was zu tun* ist.

Jonas begreift – gegen den Mainstream der neuzeitlichen Philosophie, jedoch in Übereinstimmung mit Emmanuel Lévinas – Verantwortung als »ein nicht-reziprokes Verhältnis«.[27] Sie ist Verpflichtung, das Sein des Anderen zu wahren und zu schützen. Sie besitzt darin unbedingte Gültigkeit. Zugleich geht ihr Freiheit voraus, indem sie diese gleichsam in die Pflicht nimmt. Übertragen auf die Ethik der Zukunftsverantwortung bedeutet dies: Das ungeheure technische Handlungsvermögen des modernen Menschen legt ihm eine moralische Fürsorgepflicht auf. Alles, was wir technisch ermöglichen und dadurch gefährden, müssen wir moralisch schützen: menschliche wie außermenschliche Natur, gegenwärtiges wie zukünftiges Leben.

Jonas' hochgespannter Verantwortungsentwurf provozierte freilich eine Reihe von Einwänden. Kann denn die postulierte Moral in dem Maße nachwachsen, wie das technische Können ins Überdimensionierte entwachsen ist? Günther Anders etwa, der Freund und Altersgenosse von Hans Jonas, für den Philosophieren gleichfalls bedeutete, gegen die apokalyptischen Gefahren anzudenken, hat dieses Dilemma ins Zentrum seiner Reflexion gestellt und hervorgehoben, daß zwischen Herstellen und Vorstellen, zwischen Wissen und Gewissen ein schier unüberwindlicher Graben klafft. Im Gegensatz zu Jonas gab es für ihn keine Begründung von Ethik, die diese Kluft zu überbrücken vermag, sondern einzig den entschlossenen Sprung von der Erkenntnis hinüber ins öffentlich-politische Engagement.

Beide jedoch, Anders ebenso wie Jonas – und hier wird das gemeinsame Erbe jüdischer Unheilsprophetie deutlich – bauten auf die hellsichtig machende Kraft der Angst und auf die warnende Funktion düsterer Zukunftsbilder. An die Stelle der Liebe als höchstem Gut – das zentrale Motiv der meisten christlich orientierten Ethiken – soll heute die Furcht vor dem größten Übel treten, also eine negative Motivierung der Moral. Bilder und Visionen des drohenden Untergangs sollen den Menschen wachrütteln, um die tatsächliche Katastrophe erfolgreich abwenden zu helfen.

Allerdings scheint es sehr fraglich, ob Menschen sich von möglichen Gefahren in Furcht versetzen lassen, die in weiter Ferne liegen. Das Los späterer Generationen oder das künftige Geschick des Planeten Erde löst in der Gegenwart weniger Angstgefühle aus, als es umgekehrt zur Verdrängung einlädt. Doch meinte Jonas kein Fürchten, das den Menschen spontan und ohne sein Zutun befalle, sondern jene geistige Furcht, in die besondere kognitive Anstrengungen bereits eingegangen ist. Diese Art der Furcht braucht zwei Begleiter: den Verstand, der sich über mögliche gefährliche Fernwirkungen bestimmter Technologien systematisch kundig macht; und die Einbildungskraft, die diese Gefahren in anschauliche, Betroffenheit weckende Bilder übersetzen soll. Jonas nannte diese Vergegenwärtigung eine »Heuristik der Furcht«.[28] Sie bildet ein ethisches Suchprinzip; sie hilft Gefahren aufzuspüren und gefährdete Werte allererst ins Bewußtsein zu rücken. Und genau wie man um den Wert der Gesundheit erst weiß, wenn sie nicht mehr selbstverständlich gegeben ist, so soll die Sondierung etwa der kerntechnischen Gefahren über die Unverletzlichkeit der Natur und der gentechnischen über die Würde des menschlichen Subjekts belehren: »Wir wissen erst, *was* auf dem Spiele steht, wenn wir wissen, *daß* es auf dem Spiele steht.«[29]

V.

Jonas' Philosophie der Zukunftsverantwortung wirft wie jede Ethik das Problem der »Letztbegründung« ihrer Wertsetzung auf: Auf welche Weise sind die Werte legitimiert, auf die sie das menschliche Handeln zu verpflichten trachtet? Die meisten modernen Ethiken seit Kant situieren die Wertkonstitution entweder utilitaristisch oder vernunftphilosophisch im Subjekt. Die utilitaristische Antwort leitet die Forderung nach Erhaltung und Schonung der Natur aus dem egoistischen Überlebensinteresse des Menschen selber ab. Ein ethischer Ansatz in der Tradition der Vernunftphilosophie wiederum bindet die Geltung von Normen an die Rationalität des Subjekts, im Falle der gegenwärtig sehr einflußreichen Diskursethik von Apel und Habermas jedoch nicht mehr an das Einzelbewußtsein, sondern an die intersubjektive Gemeinschaft, die in argumentativer Klärung die Geltungsansprüche bestimmter Normen überprüft.

Im Gegensatz zu diesem Wertsubjektivismus vertrat Jonas zeitlebens einen Wertobjektivismus. Er sprach dem Leben, auch dem außermenschlichen, einen Eigenwert und eine Dignität zu, die an sich, jenseits aller menschlichen Nützlichkeitserwägungen oder Vernunftgründe das handelnde Subjekt zur Achtung und Bewahrung verpflichtet. Gegenüber der anthropozentrischen Ausrichtung anderer ethischer Ansätze suchte Jonas auf diese Weise wieder Anschluß an die physiozentrische Tradition, denn er rückte die gesamte belebte Natur, von der der Mensch nur ein Teil ist, ins Zentrum der Ethik. So wird der Naturbegriff in den Verantwortungsbegriff selber mit einbezogen: als Verantwortung des Menschen nicht so sehr *für* die Natur, sondern vor allem *vor* ihr. Nicht länger erscheint sie als ein Verantwortungsobjekt, sondern selbst als Verpflichtungsgrund, weil ihrem faktischen Sein bereits ein unveräußerliches Existenzrecht innewohnt. Dieses Recht bezeichnet keinen transzendenten Wertgehalt – etwa im Sinne der Schöpfung Gottes –, sondern einen naturimmanenten. Jonas' Verantwortungsethik schließt sich damit nahtlos an jene naturphilosophische Konzeption an und führt sie weiter, wie sie in *Organismus und Freiheit* entwickelt wurde: Denn die Weise, in der alles Leben um sein Weiterleben und seine Entfaltung ringt, impliziert von sich her eine Zweckhaftigkeit, in der schon Momente von Innerlichkeit und Freiheit anzutreffen sind. Diese Selbstsorge der Natur wird in *Das Prinzip Verantwortung* als metaphysischer Beweis einer Selbstbejahung des Lebens angeführt: Im »Ja des Lebens: emphatisch als Nein zum Nichtsein«[30] offenbare sich ein Wert, der unmittelbare Achtung erheische.

Jonas brachte noch ein zweites spekulatives Argument, das sich jedoch nicht auf den Einzelorganismus, sondern die evolutionäre Entwicklung im Ganzen bezog: Daß in den Weiten eines unwirtlichen Universums Leben entstanden sei und sich zu immer größerer Komplexität emporgeschwungen habe, offenbare zwar kein direktes Ziel, wohl aber ein gerichtetes Streben in der Natur, eine Art von Wollen: »Es ist ein Über-sich-Hinauswollen, doch braucht es nicht mit ›Wissen‹ verbunden zu sein, gewiß nicht mit Vorauswissen und Zielvorstellung.«[31] Es wird als innere Steigerungstendenz verstanden, der sich die Gattung Mensch zu verdanken habe. Und beides: Selbstbejahung des Lebens im Einzelwesen und Steigerungstendenz im evolutionären Ganzen – das waren Jonas' metaphysische Belege für den ontologischen Wert der belebten Natur: Alles lebendige Sein bezeugt dadurch, daß es lebt, seinen Wert. Weil es lebt, soll es auch leben: Dem Menschen kommt daher in dem Maße, wie er Leben technisch gefährdet, moralisch die Pflicht zu, es zu hüten.

Jonas begründete so seine Ethik durch einen wertontologischen Lebensbegriff. Damit stellte er sich zugleich gegen die Hauptlinie der neuzeitlichen Philosophie, die die Natur neutralisierte und die Wertkonstitution ans Subjekt band. Philosophisch ist seine Begründung äußerst angreifbar, weil sie von einem Sein auf ein Sollen, von einem Faktum auf eine Norm schließt. Doch spricht aus ihr weniger logische Stringenz als philosophische Weisheit: eine »Ehrfurcht vor dem Leben«, wie Albert Schweitzer sie in seinem verwandten Ethikansatz forderte.

VI.

Jonas' Ethik hat auch bei jenen, die ihre wertontologische Begründung zurückweisen, große Beachtung und Anerkennung gefunden. Das nährt freilich den Verdacht, daß sie als hehre Rede von der Zukunftsveranwortung über die Köpfe ihrer Adressaten hinweg verhallt, als großer Appell, dem jeder Respekt zollt, den aber keiner für sich in Anspruch zu nehmen und zu verwirklichen trachtet. Jonas selbst wußte dies und hatte schon in *Das Prinzip Verantwortung* einen »angewandten Teil«[32] angekündigt, »worin die neue Art von ethischen Fragen und Pflichten, die uns die Pandorabüchse der Technik zugleich mit ihren Gaben beschert, an ausgewählten Beispielen sichtbar gemacht und womöglich die richtige Antwort des Handelns darauf ermittelt werden soll«.[33] *Technik, Medizin und Ethik*, eine Aufsatzsammlung *Zur Praxis des Prinzips Verantwortung*, versuchte diese Brücke hinüber zur Konkretion zu schlagen. Jonas ließ dabei sowohl die Thematik des atomaren Infernos wie auch die der schleichenden ökologischen Zerstörung außen vor, die erstere wegen der Einmütigkeit des ethischen Nein zur Atomwaffe, die zweite wegen der notwendigen Aufarbeitung der Sachfragen, für die er eine »integrale Umweltwissenschaft«[34] forderte. Statt dessen konzentrierte er sich auf die Bereiche der Humanbiologie und der Medizin, wo die philosophische Ethik aus eigener Kraft in eine Auseinandersetzung mit den neuen medizinisch-technischen Möglichkeiten treten könne. Die Diskussionen über Hirntod und Organbanken, Retortenbabys und Leihmütter, vor allem aber über die Ambitionen der Gentechnologie, den Menschen selber zum Objekt ihrer Konstruktionskunst zu machen, haben die alten philosophischen Fragen nach dem Sinn von Leben und Tod, nach dem Begriff der menschlichen Person, ihrer Integrität und Würde in brisanter Weise aktualisiert.

Jonas griff in diesem Band auch die Idee der Wertfreiheit der Wissenschaft und das Postulat von der Freiheit der Forschung, »eines der großen Losungsworte der westlichen Welt«[35], mit dem Argument an, sie basierten auf einer überholten Voraussetzung: auf der Trennbarkeit von Grundlagenforschung und Anwendung, von Wissenschaft und Technik. Ihnen setzte er die These entgegen, »daß in der modernen Naturforschung die ehemalige Unterscheidung zwischen ›reiner‹ und ›angewandter‹ Wissenschaft, also zwischen Theorie und Praxis zusehends schwindet, indem sich beide schon in der Forschungsprozedur selber verschmelzen«.[36] Das wird am deutlichsten bei der Gentechnologie – bereits die Bezeichnung signalisiert die Einheit von Wissenschaft und Technik –, insofern sie schon im Forschungslabor durch ihr Experiment in die Strukturen des Lebendigen eingreift und irreversible biologische Fakten schafft.

Jonas mahnte zu einer radikalen Selbstbeschränkung der Wissenschaft und stellte die »Idee einer freiwilligen Selbstzensur«[37] in heiklen Bereichen zur Diskussion, einen Verzicht auf das technisch Machbare und einen Respekt vor der Unverfügbarkeit jedes Menschenwesens. In eben dieser Weise empfahl er der Gesellschaft – gegen ihr wachsendes Anspruchsdenken – die neu zu verstehenden alten Tugenden der »Enthaltsamkeit« und der »Mäßigkeit«[38] und stellte sie dem Prinzip Verantwortung an die Seite.

Ihre Empfehlung wirkt jedoch, auch bei Jonas, hilflos. Dennoch bildet das Dilemma kein immanentes Problem philosophischer Ethik und ist ihr deshalb auch nicht anzulasten. Einer Gesellschaft, der ihr grundlegendes Ethos, die Achtung vor dem Anderen, vor der Natur und dem Mitmenschen weitgehend abhanden gekommen ist, kann man keine Ethik der Technik aufpfropfen. Vielmehr mahnt die Empfehlung ein notwendiges Umdenken in einem sehr grundlegenden Sinne an. Jonas' Begriff einer Zukunftsverantwortung weist in diese Richtung. Gleichwohl bleibt er problematisch: Jonas hat Verantwortung in einer Hinsicht vielleicht zu groß, in anderer aber immer noch nicht umfassend genug gedacht. Zu groß erscheint sie, weil sie immer noch von der übermächtigen Gestalt des souveränen Subjektes verschattet wird. Der Mensch soll der technischen Übermacht seine moralische Übergröße entgegensetzen. Heißt das nicht paradoxerweise, ein Stück Machbarkeitsdenken auf der Ebene der Ethik fortzusetzen, daß man glaubt, technologisches Vermögen mit moralischem kontern und kompensieren zu können? Offenbar bildet Jonas' Philosophie der Verantwortung eine – wenn auch verzweifelte – Selbstüberforderung des Menschen aus dem Geist des Humanismus.

Doch in anderer Hinsicht hat Jonas die angemahnte Zukunftsverantwortung noch zu eng gedacht. Denn in Ver-antworten steckt ein Antworten. Würde darum ein Umdenken nicht noch mehr erfordern, als Technik lediglich durch ethikbestimmte Auflagen zu kontrollieren? Würde Umdenken nicht vor allem bedeuten: Technik nicht nur zu *ver-antworten,* sondern auf ihre Herausforderung überhaupt anders *Antwort zu geben*? Anders zu antworten aber meint: Wissenschaft, Technik und Ökonomie anders zu verstehen und anders zu werten. Der Sinn einer solchen Antwort wäre allerdings unverfügbar, und er steht noch aus. Denn zwischen der Herausforderung durch die Zukunft und einer ethisch-praktischen Antwort klaffen die Zeit und der Abgrund der Freiheit. Antworten – so hat es Bernhard Waldenfels formuliert – heißt etwas geben, was man nicht hat.[39]

1 Hans Jonas, Technik, Medizin und Ethik. Zur Praxis des Prinzips Verantwortung, Frankfurt/M. 1987, S. 43.
2 Ders., Das Prinzip Verantwortung. Versuch einer Ethik für die technologische Zivilisation, Frankfurt/M. 1979, S. 7.
3 Ders., Technik, Medizin und Ethik. Zur Praxis des Prinzips Verantwortung, Frankfurt/M. 1987, S. 44.
4 Ders., Das Prinzip Verantwortung, a. a. O., S. 251.
5 Ebd., S. 57.
6 Zit. nach H. Lenk/Günter Ropohl, Technik zwischen Können und Sollen, in: dies. (Hg.), Technik und Ethik, Stuttgart 1987, S. 6f.
7 Hans Jonas, Das Prinzip Verantwortung, a. a. O., S. 7.
8 Ders., Gnosis und spätantiker Geist. Erster Teil, Göttingen 1988, S. 14.
9 Ders., Gnosis und spätantiker Geist. Zweiter Teil, Göttingen 1993, S. 329.
10 Ders., Wissenschaft als persönliches Erlebnis, Göttingen 1987, S. 19.
11 Ebd.
12 Ders., Dem bösen Ende näher. Gespräche über das Verhältnis des Menschen zur Natur, Frankfurt/M. 1993, S. 27.
13 Franz Josef Wetz, Hans Jonas zur Einführung, Hamburg 1994, S. 56.
14 Hans Jonas, Organismus und Freiheit. Ansätze zu einer philosophischen Biologie, Göttingen 1973, S. 315.
15 Ders., Philosophische Untersuchungen und metaphysische Vermutungen, Frankfurt/M. 1992, S. 17.
16 Ebd., S. 25.
17 Ders., Organismus und Freiheit, a. a. O., S. 53.
18 Martin Heidegger, Sein und Zeit, 12. Aufl., Tübingen 1972, S. 12.
19 Hans Jonas, Philosophische Untersuchungen und metaphysische Vermutungen, a. a. O., S. 85.
20 Ders., Organismus und Freiheit, a. a. O., S. 269.
21 Ders., Das Prinzip Verantwortung, a. a. O., S. 26.
22 Ebd., S. 23.
23 Ebd., S. 22.
24 Ebd., S. 21.
25 Ebd., S. 36.
26 Ebd., S. 234.

27 Ebd., S. 176.
28 Ebd., S. 63.
29 Ebd.
30 Ebd., S. 156.
31 Ebd., S. 143.
32 Ebd., S. 10.
33 Ders., Technik, Medizin und Ethik, a. a. O., S. 9.
34 Ebd., S. 11.
35 Ebd., S. 90.
36 Ebd., S. 106.
37 Ebd., S. 107.
38 Ebd., S. 67.
39 Vgl. B. Waldenfels, Antwort-Register, Frankfurt/M. 1994.

Wirklichkeit als Konstruktion. Die Systemtheorie des Soziologen Niklas Luhmann

»Wissenschaft kann sich nicht länger als Repräsentation der Welt, wie sie ist, begreifen und muß daher auch den Anspruch, andere über die Welt belehren zu können, zurücknehmen. Sie leistet eine Exploration möglicher Konstruktionen, die sich in die Welt einschreiben lassen und dabei ... eine Differenz erzeugen. ... In der modernen Welt sind daher Unterscheidungen nicht gleichsam vorletzte Instrumente, die sich im Blick auf Einheit ... transzendieren lassen. Vielmehr macht jeder Versuch, eine Einheit zu bezeichnen, neue Unterscheidungen nötig und das Letztziel wiederum unsichtbar. Erkenntnis dient ... der Invisibelisierung der Welt als des ›unmarked state‹, den Formen nur verletzen, aber nicht repräsentieren können.«

Niklas Luhmann

I.

1982 veröffentlichte Niklas Luhmann, dem stets der Ruf des kühlen Sozialtechnologen voranging, ein Buch, das man von ihm nicht erwartet hatte: *Liebe als Passion – Zur Codierung von Intimität.* Es ist ein Buch, das von der wechselvollen Geschichte der Intimbeziehungen handelt. Angefangen bei ihrer höfischen Idealisierung über die Vorstellung der Liebe als Passion, als maßlose Leidenschaft, erzählt Luhmann von deren vielfältigen Ausgestaltungen durch die Zeit hindurch. Die Romantik erst stellte einen Zusammenhang zwischen Liebe und Ehe her, später wiederum sollte diese eheliche Verbindung einer Problemorientierung im Alltag dienen. Und heute schließlich ist die Liebe selbst ein – freilich therapiefähiges – »Problem« geworden. Mit der Liebe verbindet sich bei einer stets »labilen Gesundheit« und »heilungsbedürftigen Verfassung des Einzelnen ... die Vorstellung einer wechselseitigen Dauertherapierung auf der Basis einer unaufrichtigen Verständigung über Aufrichtigkeit«.[1]

Doch wenn die Liebe im Laufe der Zeit ständig ihr Gesicht wechselte, dann stellt sich die Frage, wo man sie in ihrer Originalität antreffen kann. Was *ist* die Liebe? Die Antwort ist, im Gegensatz zum Thema, prosaisch. Denn nach Luhmann ist die Liebe möglicherweise weniger ein Gefühl denn ein »symbolischer Code«.[2] Ein anthropologisch gegebener Bedarf für Liebe ist nicht anzunehmen, und die Motive, aus denen heraus man sich verliebt, entstehen nicht unabhängig von der »soziokulturellen Evolution«.[3] Die Liebe also wäre in bestem Soziologendeutsch zu beschreiben als ein symbolisch generalisiertes Kommunikationsmedium, das die Existenzerhaltung des sozialen Systems »Intimbeziehungen«[4] organisiert. Zudem kann sie für andernorts erlittene Frustrationen, für entgangenen Lebenssinn, öffentliche Bedeutungslosigkeit oder ähnliches entschädigen. Sie dient damit also auch der Stabilisierung anderer gesellschaftlicher Systeme.

So weicht das anfangs geäußerte Erstaunen – Luhmann: ein Buch über die Liebe? – dem Wiedererkennen. Doch ebenso weicht das weitverbreitete Vorurteil der gläsernen Kälte Luhmannscher Konstruktionen; *Liebe als Passion* ist ein Buch voll anschaulicher Information und historischer Analyse, und übrigens geprägt von Luhmanns »persönlicher Verliebtheit in den Stoff«[5], wie er selbst bekennt. Und gleichzeitig ist seine Perspektive auch hier bestimmt von einer beobachtenden Distanz, die lediglich Beschreibung, nicht jedoch Einmischung oder Veränderung versucht.

Niklas Luhmann, 1927 in Lüneburg geboren, ist neben Jürgen Habermas der gegenwärtig renommierteste deutsche Sozialwissenschaftler. Doch Soziologie war gar nicht seine erste Wahl. Luhmann hatte vielmehr Jura studiert und arbeitete daraufhin mehrere Jahre in der Verwaltung, zuletzt als Ministerialreferent im niedersächsischen Kultusministerium. In diese Zeit fiel eine Beurlaubung zum Studium der Verwaltungswissenschaften und der Soziologie an der Harvard-Universität bei dem Soziologen Talcott Parsons. Zurückgekehrt suchte Luhmann den Absprung aus dem Ministerium, zwar noch nicht mit dem Konzept, Soziologe zu werden, aber nach eigenem Bekenntnis mit einem gewissen Abstand zur Juristerei. Schließlich knüpfte er eine Verbindung zu dem deutschen Soziologen Helmut Schelsky, wo er Dissertation und Habilitation nachholte. Die Aussicht auf eine soziologische Tätigkeit an der neugegründeten Universität Bielefeld – wo Luhmann 1992 emeritiert wurde – forcierte schließlich seine Entscheidung.

II.

Er sei der »Musil der gegenwärtigen Humanwissenschaft«, wurde Luhmann einmal in einer Laudatio charakterisiert. Sein Idealtypus sei weder der *homo religiosus* noch der *homo oeconomicus* oder der *homo faber*, sondern vielmehr der »Mann ohne Eigenschaften«. In der Tat blickt Luhmann aus der Distanz auf die Welt, ohne allerdings zu behaupten, daß er sie kennen würde. Es gibt keinen Blick auf die Welt, der beschreiben könnte, was sie »wirklich« ist: Denn kein Beobachter steht außerhalb der Welt, von wo er gleichsam einen Über-Blick hätte. Kurz: die Wirklichkeit ist unerkennbar. Dies mag noch nicht allzusehr befremden, denn Luhmann hat mit solchen Thesen durchaus teil an einer Entwicklung, die charakteristisch für das Denken der Moderne ist. Darin wird durchaus zugestanden, daß das Reale in der Gesellschaft nur »sinnhaft« auftaucht, und daß ihm so, wie es uns erscheint, keine tatsächlichen Sachverhalte, sondern vielmehr Ordnungsformen menschlichen Erlebens zugrunde liegen. Doch für gewöhnlich glaubt man einen solchen Sinn getragen von einem Subjekt, von einem intersubjektiven Konsens oder auch von einem Wechselspiel zwischen geschichtlichen Umständen und einer individuellen Verstehensleistung. Solche Vorstellungen sind jedoch nach einem von Luhmann oft benutzten Begriff schlichtweg »alteuropäisch«, ehrwürdig zwar, aber leider überholt. Sinnbildend hingegen sind die »*Sozialen Systeme*«, wie deshalb auch sein 1984 erschienenes Hauptwerk heißt. Darunter versteht Luhmann alles, was einen Handlungszusammenhang bildet, ob eine Familie, eine Institution, Wissenschaften oder die Gesellschaft als Ganze. »Jeder soziale Kontakt wird als System begriffen bis hin zur

Gesellschaft als Gesamtheit der Berücksichtigung aller möglichen Kontakte.«[6]

Soziale Systeme zeichnen sich dadurch aus, daß sie Beziehungen zu sich selbst herstellen können und diese gegen ihre Beziehungen zur Umwelt differenzieren, weshalb Luhmann auch von »selbstreferentiellen Systemen«[7] spricht. Für das traditionelle Denken befremdlich mutet Luhmanns Gedanke an, daß solche Einheiten gerade durch die Abgrenzung von ihrer Umwelt erst entstehen. Man kann sich dies wie das Verhältnis von Figur und Hintergrund vorstellen: die Figur ist nur gegen den Hintergrund erkennbar. Sie wird sichtbar nur durch ihre Grenzziehung gegenüber diesem und würde ohne ihn mit ihrem eigenen Hintergrund verschmelzen. Das jeweilige System braucht also eine Grenze, durch die es von allem Sonstigen getrennt und damit überhaupt erst konstituiert wird. Alle traditionell konzipierten Entitäten werden so aufgelöst, »weil Identität nur durch Differenz möglich ist. ... Der Ausgangspunkt aller daran anschließenden, systemtheoretischen Forschungen ist daher nicht eine Identität, sondern eine Differenz.«[8] Diese am Anfang stehenden Differenzen werden aber von uns gewissermaßen in die Welt hineingesehen, ohne daß sie dort so vorliegen müssen. Wir treffen Unterscheidungen, wie Luhmann sagt, zur »Reduktion von Komplexität«[9], wir sortieren etwa zwischen heute und gestern, zwischen Tieren und Pflanzen, zwischen recht und unrecht, um dem Datenwirrwarr der Welt zu entkommen. Die Welt wird durch Unterscheidungen konstruiert, und diese liegen jeder Beobachtung, die auf die Welt bezogen gemacht wird, zugrunde.

Ist allerdings einmal die Unterscheidung System – Umwelt getroffen, so werden die Grenzanlagen gewissermaßen unüberwindlich. Denn niemand kann zugleich auf der Seite des Systems und auf der Seite der Umwelt sein. Vielmehr kann man nur innerhalb des Systems versuchen, die Umwelt zu beobachten und zu beschreiben. Das bedeutet aber, daß die Beziehung zwischen System und Umwelt im System selbst produziert wird. Dieses kommuniziert also nicht wirklich mit seiner Umwelt, sondern nur mit sich. Deshalb haben Systeme »keine andere Form für Umweltkontakt als Selbstkontakt«.[10]

Sie nehmen also Umwelteinflüsse nur auf, indem sie diese sozusagen in ihre eigene Sprache transformieren. Ein Rechtssystem etwa kann zu seiner Umwelt lediglich in den Oppositionen »recht« oder »unrecht« in Kontakt treten – nicht aber zu moralischen Kategorien wie gut und böse, denn es hat innerhalb seines eigenen Systems keine Verwendung für diese Distinktion. Da es nur seine eigene Sprache versteht, müßte es andere Systeme erst einmal in diese übersetzen; alles andere hätte seine Selbstaufgabe zur Folge.

Zur Erklärung dieses Sachverhalts nahm Luhmann den Begriff der »Autopoiesis« in seine Theorie auf. Er stammt ursprünglich aus dem Umkreis des chilenischen Kognitionsbiologen Humberto Maturana und wäre zu übersetzen mit »Selbstschöpfung« oder »Selbsterzeugung«. Mit solchen Begriffen wird beschrieben, wie organische und neurophysiologische Systeme dazu in der Lage sind, sich selbst zu reproduzieren. Ein Gehirn etwa hat demzufolge qualitativ keinen Kontakt zu seiner Außenwelt. Denn das gesamte Nervensystem beobachtet nur die – freilich durch Reize aus der Umwelt angeregten – wechselnden Zustände des eigenen Organismus und nichts, was außerhalb von ihm stattfindet. In der Folge kann also nicht länger von einem Erkennen von Wirklichkeit gesprochen werden; vielmehr entspringt unsere Vorstellung von Realität der Beobachtung eigener interner Operationen und Zustände, ist also Resultat eines selbstreferentiellen Mechanismus. Das Gehirn ist derart ein »geschlossenes System«, das aufgrund seiner autopoietischen Struktur die Außenwelt als eigene Konstruktion entwirft, weshalb die Denkrichtung solcher selbstexplikativen Operationen auch unter dem Signet »Konstruktivismus« oder gar »radikaler Konstruktivismus« bekannt geworden ist.

Für Luhmann finden sich solche autopoietischen Arbeitsweisen jedoch nicht nur in der Biologie, sondern ebenso in kommunikativen und sozialen Systemen, wie er besonders in seinem 1990 erschienenen Buch *Die Wissenschaft der Gesellschaft* darstellt. Auch diese Systeme sind auf ihre Selbsterhaltung und ihre Fortsetzung ausgerichtet, indem sie sich einzig auf ihre eigenen Operationen beziehen. Sie können nur, was sie können, oder sie sehen nur, was sie sehen, wie Luhmann scheinbar tautologisch beschreibt. Das System registriert dabei durchaus Irritationen aus seiner Umwelt. Doch gelten ihm diese stets nur als Störungen, die dazu führen, daß das System die eigenen Strukturen »respezifiziert« und sich dabei selbst erhält und entwickelt. »Kein System (kann) außerhalb seiner eigenen Grenzen operieren ... Keine Operation diesen Typs kann daher ihr System mit seiner Umwelt verbinden. Aus systemtheoretischer Sicht sind lebende Systeme, Bewußtseinssysteme und Kommunikationssysteme deshalb verschiedenartige, getrennt operierende selbstreferentielle Systeme. Jedes dieser Systeme reproduziert sich selbst autopoietisch nach Maßgabe der eigenen Struktur. Die autopoietische Reproduktion erzeugt die Einheit des Systems und dessen Grenzen. Alles, was für ein solches System als Einheit fungiert, ist jeweils durch das System vereinheitlicht, und dasselbe gilt erst recht für die Differenz. Es gibt weder Importe noch Exporte von Einheit und von Differenz in das System oder aus dem System. Natürlich existiert das System in einer Umwelt, anders könnte es seine eigene Einheit durch die Sequenz der eigenen Operationen nicht produzieren. Das heißt nicht zuletzt, daß es Kausalbeziehungen zwischen System und Umwelt gibt, die ein Beobachter beschreiben kann. Ungeachtet dessen stehen die eigenen Operationen nur dem System selbst zur Disposition. Sie können nur im System benutzt werden; oder anders gesagt: das System kann nicht außerhalb seiner eigenen Grenzen operieren.«[11]

So verstanden ist Erkennen keine Bezugnahme auf eine externe Realität, sondern vielmehr die Erzeugung einer systeminternen Wirklichkeit vermittels Unterscheidungen. Es gibt keinen Weg nach draußen, niemand kann unabhängig von seinem Gesellschafts-, Moral- oder Denksystem einfach mal nachsehen gehen, wie es anderswo ist. Was allerdings versucht werden kann, ist, mehr Transparenz im Inneren des eigenen Systems zu schaffen. Man kann also beobachten, wie andere beobachten. Luhmann nennt das »Beobachtung zweiter Ordnung«[12] und setzt hier das Kriterium für die Rationalität des jeweiligen Systems an. Wissenschaft etwa wäre ein solches System, was – in aller Eingeschränktheit – Rationalität für sich in Anspruch nehmen könnte. Ein Soziologe etwa beobachtet die Selbstbeobachtungen der Gesellschaft, er beobachtet, wie politische Gruppen, Protest- oder Bürgerbewegungen sich aufgrund ihrer eigenen Beobachtungen zur Gesellschaft verhalten. Um es mit einem klassischen philosophischen Begriff zu sagen: der Soziologe *reflektiert.* Allerdings, und hier liegt die Abweichung vom traditionellen Begriff der Reflexion, ist der reflektierende Beobachter selbst Teil eines Systems, das beobachtet. Zwar mag er die blinden Flecken der Beobachteten offenlegen, jedoch nur um den Preis dessen, daß er selbst neue blinde Flecken hinzufügt. »Der Beobachter zweiter Ordnung muß an Beobachtungen erster Ordnung anschließen können. Insofern ist und bleibt er selbst, bei allen Unterscheidungen, die er verwendet, und bei allem Interesse an Widerlegung oder Korrektur, an Entlarvung, Aufklärung, Ideologiekritik, Moment desselben Systems rekursiven Beobachtens von Beobachtungen. Wer immer beobachtet, nimmt daran teil – oder er beobachtet nicht. ... Das Beobachten des Beobachters ist ein rekursiv geschlossenes System. ... Auf der Ebene der Beobachtung zweiter Ordnung, auf der man Beobachter beobachtet, bezieht man keine hierarchisch höhere Position. Auch im Beobachtungsschema wahr/unwahr liegt keine Geste der Überlegenheit und kein Anspruch auf Beherrschung und Kontrolle, sondern nur ein spezifisches Interesse an einer spezifischen Unterscheidung.« [13]

Jede Reflexion auf die Bedingungen der Beobachtungen schafft also auf einer Metaebene wiederum jenes Paradox, das bestimmend für alle Formen der Erkenntnis ist: daß jegliche Reflexion mit einem blinden Fleck anhebt, insofern mit Unterscheidungen gearbeitet wird, die Ausdruck des Systems und nicht etwa des zu Erkennenden sind. Doch einzig mittels dieser Unterscheidungen ist Erkenntnis möglich, eine Erkenntnis freilich, die keinerlei Licht in das Dunkel der Welt trägt. »Was sich als Erkenntnis beobachten läßt, ist und bleibt die Erzeugung einer Differenz im Ausgang von einer Differenz. Schon die Operation der Beobachtung ist, wenn man sie beobachtet, in einem Doppelsinn differentiell organisiert: sie vollzieht eine *Differenz*, indem sie eine *Unterscheidung* zugrunde legt, um etwas zu bezeichnen. Und keine Beobachtung der Beobachtung kann für sich selbst reklamieren, etwas anderes zu tun. Jeder Anfang verletzt daher die Welt durch die eine oder die andere Unterscheidung, um dies (und nicht sonst etwas) bezeichnen zu können.«[14] Auch im Fall der Wissenschaft etwa, als einem System methodischer Beobachtung, werden lediglich zunehmend komplexere Netzwerke von Unterscheidungen und Begriffen entwickelt, wobei sie dennoch stets nur an ihrem eigenen Faden weiterspinnt. Dabei entstehen immer kompliziertere Gewebe, »Eigenwelten«, in denen es durchaus Ordnung und Fortschritt gibt – allein: mit der Außenwelt hat das nichts zu tun. Es gibt keinen Weg aus dem Netz, denn jede Operation, wie skeptisch und distanziert auch immer, fügt ihm nur weitere Fäden hinzu. Über das Medium der Wissenschaft orientiert sich die Gesellschaft zwar an vermeintlichen Wahrheiten, was jedoch keineswegs bedeutet, daß die Gesellschaft über Wahrheit verfügt, vielmehr dient jene lediglich »dem Blindflug der Gesellschaft«.[15]

III.

Nahezu unüberschaubar ist die Fülle von Arbeiten, in denen Luhmann seine Thesen zur Systemtheorie expliziert und spezifiziert. Noch unüberschaubarer jedoch ist die Anzahl jener Schriften, in denen er sein Denken auf gesellschaftliche Organisationsprinzipien, Institutionen oder auf aktuelle Diskussionszusammenhänge anwendet. Ob zur Wirtschaft der Gesellschaft, zur Wissenschaft der Gesellschaft, zum Recht der Gesellschaft, ob zu Fragen der Ethik, zur Religion oder zur Universität: das Feld, das Luhmann im Kontext einer Theorie der Gesellschaft abschreitet, ist schier grenzenlos, denn »keine Esoterik, keine Seltsamkeit, die vorkommt, darf vorab aus dem Relevanzbereich der Soziologie ausgeschlossen werden«.[16] In den vergangenen Jahren hat Luhmann sich zudem immer wieder aktuellen Lebens- und Überlebensproblemen zugewandt. In seinem Buch *Ökologische Kommunikation* beschreibt er – mit dem unaufgeregt sachlichen Blick des »Systemanalytikers« – die Probleme hochtechnisierter Gesellschaften mit ihren ökologischen Risiken. Dabei ist eines für Luhmann klar: Die Vorstellung, daß es, wie insbesondere in der Debatte um die Ökologie immer wieder unterstellt wird, »Tatsachen gibt, auf die man reagieren muß, weil sonst Schäden entstehen« [17], ist für ihn allzu naiv. Vielmehr ist die ökologische Gefährdung ein gesellschaftsinternes Problem. Waldsterben, Meeresverschmutzung, Abnahme der Ressourcen sind zwar möglicherweise durchaus Fakten, jedoch werden sie erst zu einem Problem der Gesellschaft, wenn man darüber kommuniziert. »Es geht nicht um die vermeintlich objektiven Tatsachen: daß die Ölvorräte abnehmen, die Flüsse zu warm werden, die Wälder absterben, der Himmel sich verdunkelt und die Meere verschmutzen. Das alles mag der Fall sein oder nicht der Fall sein, erzeugt als nur physikalischer, chemischer oder biologischer Tatbestand jedoch keine gesellschaftliche Resonanz, solange nicht darüber kommuniziert wird.« [18]

Zunehmend weniger allerdings, so scheint es, bedenkt Luhmann die Warner vor der ökologischen Katastrophe mit der Ironie des distanzierten Beobachters. Jedoch versucht er, gemäß seiner Theorie ein Spezialist für »blinde Flecken«, darauf hinzuweisen, von welchen Paradoxien und ungesehenen Voraussetzungen die Diskussion auf beiden Seiten ihren Ausgang nimmt. Bei aller Konfrontation zwischen »Umweltschützern« und »Umweltzerstörern« mitsamt den darin liegenden Wertungen von »Im-Recht-« und »Im-Unrecht-Sein«, weist Luhmann auf ein stets verleugnetes Gemeinsames hin: daß man nämlich viel weniger weiß, als man zu wissen vorgibt. »Die Alarmrhetorik auf der einen Seite und dic Resistenz im Hinblick auf Notwendigkeiten gründen sich beide auf ein vermeintliches Wissen. Aber der forsche, oft verständnislose Stil der Kontroversen verrät, daß dies Wissen auf ungesicherten Annahmen beruht.« [19] Die Intensität der ökologischen Diskussion, so ist die Konklusion, verdankt sich deshalb dem Nichtwissen. Gerade daß man die Zukunft nicht kennen kann, kommt in der Gegenwart als Kommunikation zum Ausdruck. Dies allerdings gilt es bei allen politischen, wissenschaftlichen oder auch ökologischen Entscheidungen zu bedenken.

Moralische Wertungen, ethische Grundsatzdiskussionen helfen nach Luhmann in politisch-ökologischen Streitigkeiten kaum weiter. Vielmehr führt das wiederum nur zur Abqualifizierung des jeweiligen Gegners: Er ist moralisch im Unrecht. Das generelle Nicht-Wissen, das jede Entscheidung begleitet, wird dabei aber gerade wieder kaschiert. Luhmann versucht deshalb, das Nicht-Wissen sozusagen gesellschaftsfähig zu machen. Diesen Vorschlag richtet er sowohl an die Protestbewegungen, die weniger auf fundierte Kenntnisse zurückgreifen können, sondern ihre Energie aus dem »Umschlag von Nichtwissen in Ungeduld« speisen. »Sie ersetzen das Nichtwissen durch das Wissen, daß wir uns Abwarten jedenfalls nicht mehr leisten können, weil Wissen, wenn überhaupt, zu spät kommen würde.«[20] Er gilt aber erst recht für die Organisationen, an die die ökologischen Erwartungen adressiert werden. Luhmann dekonstruiert deren Rationalitätsansprüche und ihr »europäisches ›Könnens-Bewußtsein‹«[21] als bloße Charaktereigenschaft autopoietischer Systeme, die einzig als solche ihre Robustheit und Durchhaltefähigkeit in einer Welt bewahren, »die sie nicht kennen können«.[22] »Verständlicherweise legen Chefs und Berater und also auch Organisationswissenschaftler Wert darauf, ihr Können zu zeigen und zu verbessern. Aber deren Können ist nur die eine Seite einer Form, deren andere das Nicht-Können ist.«[23] Luhmann plädiert deshalb für so etwas wie eine »Ökologie des Nicht-Wissens«, so auch der Titel eines Aufsatzes in seinem Buch *Beobachtungen der Moderne* von 1992. Damit ist eine Kommunikation gemeint, die auf diese Weise auf Verständigung abzielt, daß sie zunächst die Unsicherheiten vermehrt. »Vielleicht ist es deshalb ratsam, die Kommunikation mit der Kommunikation von Nichtwissen beginnen zu lassen, statt sie innerhalb und außerhalb von Organisationen an die Aufrechterhaltung einer ›illusion of control‹ zu binden.«[24]

Luhmann besteht so darauf, die Unbeobachtbarkeit der Welt aushalten zu lernen und gerade diese Intransparenz produktiv werden zu lassen. Und genau an diesem Punkt wird seine ihm oft vorgeworfene Positionslosigkeit, sein Rückzug auf die Stellung des bloßen Beobachters von Gesellschaft selbst zu einer mahnenden Kraft. Sein neutralisierender Blick auf scheinbar gewisse Positionen erinnert an die sokratische Weisheit: Ich weiß, daß ich nichts weiß. Bescheidenheit im Urteil wäre so die Konsequenz. Eine freilich, die bei Luhmann nicht länger eine individuelle Qualität meint. Vielmehr meint sie die Selbstbeschränkung des Systems, das aus der Einsicht in seinen »Blindflug« keine Entscheidungen zu fällen versucht, die nicht mehr rückgängig zu machen sind.

Anmerkungen

1 Niklas Luhmann, Liebe als Passion. Zur Codierung von Intimität, 6. Aufl., Frankfurt/M. 1992, S. 211.
2 Ebd., S. 9.
3 Ebd., S. 47.
4 Ebd., S. 14.
5 Ebd., S. 12.
6 Ders., Soziale Systeme, 4. Aufl., Frankfurt/M. 1991, S. 33.
7 Ebd., S. 31.
8 Ebd., S. 243.
9 Ebd., S. 49.
10 Ebd., S. 59.
11 Ders., Die Wissenschaft der Gesellschaft, Frankfurt/M. 1990, S. 28f.
12 Vgl. ebd., Kapitel 2 »Beobachten«, S. 68-121.
13 Ebd., S. 86f.
14 Ebd., S. 547f.
15 Ebd., S. 252.
16 Ders., Das Recht der Gesellschaft, Frankfurt/M. 1995, S. 7.
17 Ders., Ökologische Kommunikation, Opladen 1986, S. 47.
18 Ebd., S. 62f.
19 Ders., Beobachtungen der Moderne, Opladen 1992, S. 154.
20 Ebd., S. 202.
21 Ebd., S. 211.
22 Ebd., S. 210.

23 Ebd.
24 Ebd., S. 211 f.

Die Selbstbeobachtung des Systems. Ein Gespräch mit Niklas Luhmann

Herr Luhmann, man hat Sie in verschiedenster Weise charakterisiert: zu Zeiten der klaren Rechts-Links-Oppositionen als kühlen Sozialtechnokraten, dann als einen »Avantgarde-Konservativen«, einen »Mann ohne Eigenschaften«, als einen »westlichen Taoisten«. Eine geradezu schneidende Sachlichkeit wurde Ihnen immer attestiert. Wie sehen Sie sich selbst?

Ein durchgehender Zug ist sicher mein Versuch, Distanz zu halten gegenüber solchen Phänomenen, bei denen andere sich aufregen oder wo gewöhnlich normatives oder emotionales Engagement gefragt ist. Mein Hauptziel als Wissenschaftler ist die Verbesserung der soziologischen Beschreibung der Gesellschaft und nicht die Verbesserung der Gesellschaft. Das schließt natürlich nicht aus – und das wird oft übersehen –, daß man als ein anderer auftritt, wenn man am politischen oder am kirchlichen Leben oder auch an künstlerischen Veranstaltungen teilnimmt. In einem anderen Rollenzusammenhang verhält man sich auch anders.

Gibt es da zwei Personen, einmal Niklas Luhmann als Wissenschaftler und einmal als Mensch?

Nein, ich finde, daß in der heutigen Gesellschaft alle großen Systeme, angefangen von der Wirtschaft über die Politik bis hin zu Erziehung und Wissenschaft nur Teile des Menschen in Anspruch nehmen. Das heißt, man braucht sich nicht zu halbieren, aber man muß die Fähigkeit haben, von einer Teilnahme zu einer anderen zu wechseln. Man muß eine Art innere Elastizität haben, um nicht zum Beispiel die politischen Engagements in die Wissenschaft oder die künstlerischen Engagements in die Politik mit herüberzunehmen.

In einem Interview haben Sie selbst einmal geäußert, daß Biographien oft aus einer Kette von Zufällen bestehen. Ihre eigene Biographie wirkt in der Tat nicht wie ein von Anfang an feststehender Lebensplan. Zunächst Jurastudium, dann Verwaltungstätigkeit, schließlich mit 33 Jahren Studium bei Talcott Parsons in Harvard, seit 1968 Professor für Soziologie in Bielefeld. Was war zufällig, was geplant?

Es ist zum Beispiel ein reiner Zufall, daß ich sehr früh, mit 28 Jahren, Ministerialreferent wurde, einfach weil das Ministerium nach einem politischen Wechsel in Hannover jemanden zur juristischen Überprüfung vergangener Prozesse brauchte. Aber im Ministerium gab es eine gewisse Monotonie der Tätigkeit, und andererseits war eine weitere Karriere nur in Verbindung mit einer politischen Partei möglich. Und da habe ich mir ernsthaft überlegt, ob ich nicht wissenschaftlich weiterarbeiten soll. Dann war es wieder ein Zufall, daß im Ministerium eine Ausschreibung über meinen Tisch lief, die ein Harvard-Stipendium betraf, und ich dachte, es wäre eine gute Idee, sich da selber zu bewerben. Ich bin nach Harvard gegangen, dann wieder ins Ministerium zurück und habe einen Absprung gesucht, damals noch gar nicht mit dem Konzept, Soziologe zu werden, wohl aber mit einer gewissen Distanz zur Juristerei.

Und was beeinflußte letztlich die Entscheidung, Soziologe zu werden?

Es war der Aufbau der Universität Bielefeld, die Planung, in die ich über Helmut Schelsky hineingekommen war, und dann einfach die Frage, was man mit den nächsten zwanzig oder dreißig Jahren anfangen sollte. Da schienen mir die Bereiche Recht, Verwaltung, Organisation etwas zu eng, während die Soziologie eigentlich viele Möglichkeiten offenließ. Man konnte Religionssoziologie machen oder Wirtschaftssoziologie oder Rechtssoziologie oder politische Soziologie. Das Fach bot größtmögliche thematische Bandbreite, und das hat mich eigentlich bewogen.

Im Zentrum Ihres Denkens stehen Systeme. Ihr Hauptwerk von 1984 heißt ja auch Soziale Systeme. *Wie verstehen Sie die Analyse von Systemen?*

Man darf sich unter Systemen eigentlich keine besonderen Objekte, keine besonderen Sachverhalte vorstellen, neben denen es dann noch Bäume und Pflanzen oder Menschen und Sterne gibt. Sondern Systeme entspringen eigentlich Differenzen, Unterscheidungen, denn man kann von Systemen eigentlich nur sprechen, wenn man zugleich eine Umwelt davon abgrenzt. Es geht dann darum, wie eine solche Grenze produziert wird, die alles ausschließt bis auf das wenige, was das System selber tut. Eigentlich ist eine Theorie sozialer Systeme damit eine Welttheorie, die System und Umwelt immer im Blick hat. Man muß also stets zwei Seiten bedenken: das System und seine Umwelt, was zum Beispiel für ökologische Fragen eine große Rolle spielt.

Ein System ist nicht inhaltlich organisiert, sondern aus einer Differenz zwischen Innen und Außen. Differenzen aber kommen in der Wirklichkeit nicht vor, sondern wir sehen sie in diese hinein. Wenn wir also über Wirklichkeit sprechen, sprechen wir immer schon aus dieser Unterscheidung heraus, die zugleich auch der blinde Fleck unseres Sprechens ist. Was aber läßt sich dann noch über die Wirklichkeit, über die Welt sagen?

Zunächst einmal ist ja jede Beobachtung, jede Beschreibung eine wirkliche Operation, es ist ja gar kein Zweifel, daß wir jetzt wirklich miteinander reden. Und das ist natürlich nur möglich, wenn bestimmte Voraussetzungen gegeben sind, also wenn wir leben, wenn die Atmosphäre ruhig bleibt, wenn nichts explodiert oder wenn es nicht zu heiß oder zu kalt wird. Also, die ganze Welt ist zunächst einmal Bedingung für die Möglichkeit evolutionär fortgeschrittener, hochgradig unwahrscheinlicher Operationen. Das ist die eine Seite. Aber jetzt muß man fragen, wie ich das beschreiben oder beobachten will. Denn es ist ja nicht so, daß man die Welt als Welt beobachten kann, sondern man muß, um etwas zu beobachten, immer irgendwelche Unterscheidungen anbringen, etwa: System und Umwelt oder das Zeichen – also die Sprache – und das, was sie bezeichnet, oder Universitäten und Städte und so weiter. Das heißt, wenn man von der Beobachtung ausgeht – und die Operationen im Bewußtsein, aber auch im sozialen System fußen immer auf Beobachtungen –, muß man unterscheiden, und auf dieser Unterscheidung basiert überhaupt erst die Beobachtung der Wirklichkeit.

Das heißt, ich kann die Wirklichkeit immer nur in den Grenzen eines bestimmten Beobachtungssystems wahrnehmen, das wiederum auf einer bestimmten – und wie Sie meinen, letztlich nicht zu begründenden – Unterscheidung basiert?

Ja, das würde dann auch auf die These von der »operativen Schließung« kommen und hängt mit dem Begriff der »Autopoiesis« zusammen. Anders gesagt, ein System kann sich nur über eigene Operationen fortsetzen. Es hat natürlich Umweltvoraussetzungen, aber die Umwelt greift nicht determinierend ein, sondern das System läßt sich von ihr höchstens irritieren und paßt sich dann an.

Paßt das System sich an oder vereinnahmt es nicht vielmehr seine Umwelt?

Es ist sicher keine passive Anpassung, weil es ja gar nicht vorstellbar ist, daß die Umwelt Teil des Systems wird. Aber andererseits muß das System immer angepaßt sein, wenn es überhaupt fortleben will – also wir müssen zum Beispiel leben, und das ist nicht unter beliebigen Bedingungen möglich. Wir können uns verschieden verhalten, aber wie wir uns verhalten können, das legt unser Organismus fest.

Der Begriff »Autopoiesis« fußt auf einer Konzeption, die im Kreis des chilenischen Kognitionsbiologen Humberto Maturana entwickelt worden ist. Er hat dort allerdings die Selbstreproduktion organischer und neurophysiologischer Systeme zum Thema. Diese gelten ihm als geschlossene Systeme, die Um-

welteinflüsse sozusagen auf ihre eigene Frequenz übertragen müssen. Systeme also kommunizieren nur durch Selbstbezug mit anderen Systemen und bringen sich zugleich selbst hervor. Wie wenden Sie diesen Begriff auf die Soziologie an?

Das ist eine Streitfrage, und es gibt viel Kritik daran, vor allem mit dem Argument, das sei eine bloße Metapher, wenn man es in die Soziologie übernimmt, oder es sei eine Analogie zu biologischen Prozessen. Aber ich meine, man muß den Begriff der »Autopoiesis« nur abstrakt genug definieren, dann kommt man zu der Möglichkeit, sich vorzustellen, daß er auf verschiedene Weise realisiert werden kann. Ich denke, wenn man Kommunikation als diejenige Operation auffaßt, die soziale Systeme produziert, dann gehört alles, was außerhalb der Kommunikation liegt, zur Umwelt – also der Mensch, der Bewußtseinszustand der Menschen, die Körperlichkeit, die sonstige Umgebung. Aber man muß auch sehen, daß keine Kommunikation als Einzelereignis auftaucht und wieder verschwindet, vielmehr muß man immer Rückgriffe auf Kommunikation machen, also Gedächtnis ausbilden; man muß zum Beispiel die Sprache kennen und immer schon abschätzen, was als nächste Fortsetzung gesagt werden kann und so weiter. Und das ist eigentlich eine genaue Anwendung des Begriffs der »Autopoiesis« – der Selbstproduktion durch dieselbe Art von Operationen.

Sie sind in vielem einig mit dem Denken der sogenannten Postmoderne. Ihre Beschreibung von Systemen etwa beginnt gar nicht inhaltlich, sondern mit der Notwendigkeit einer Unterscheidung. »Différance«, Unterscheidung ist auch ein zentraler Begriff bei Jacques Derrida.

Derridas Differenzphilosophie ist wichtig, und ich denke, daß ich ihr folge, wenn auch mit einer anderen Terminologie. Denn ich glaube, daß man mit der neokybernetischen Sprache des Beobachters eine präzisere Terminologie erreicht, während bei Derrida Begriffe wie »Différance« oder »Spur« und »Iterabilität« oder »Dekonstruktion« verschmelzen. Wir hatten eine Diskussion in New York; für ihn war das alles etwas Ähnliches, und er konnte eines mit dem anderen definieren. Ich denke hingegen, daß man mit systemtheoretischen Mitteln oder auch einer Theorie des Beobachtens mehr Präzision erreicht, daß also Begriffe genauer definiert sind oder stärker einschränken, was damit bezeichnet werden soll. Und das ist natürlich wichtig, wenn man eine Gesellschaftstheorie aufbauen will.

Es gibt darüber hinaus Deckungen mit dem postmodernen Denken, indem Sie als ein Kennzeichen moderner Gesellschaften deren »Referenzverlust« beschreiben, also die Unfähigkeit, sich in der Wirklichkeit zu verwurzeln. Sie beschreiben selbst das Zu-Ende-Kommen von Vernunft, das Abhandenkommen von Verbindlichkeit. Aber die naheliegende Konsequenz einer Beliebigkeit, einer »Gleich-Gültigkeit« von unterschiedlichen Theorien wollen Sie nicht ziehen?

Es gibt mehrere Probleme in dieser Diskussion um die Postmoderne. Zum einen fehlt ihr der Kontakt zur Moderne in einem gesellschaftlichen Sinne: Wir haben ja nach wie vor Geld oder positives Recht und wissenschaftliche Forschung. Politik ist weiterhin am Konsens orientiert; es gibt die Massenmedien. Die Moderne setzt sich also fort, sie steigert sogar ihre eigenen Möglichkeiten. Die Diskussion über Postmoderne läuft eigentlich nur auf der semantischen Ebene, und sie ist, so würde ich es sehen, Resultat der allmählichen Selbstentdeckung der Moderne. Die Frage der Rationalität hat wiederum einen komplexen Hintergrund. Ich denke nicht, daß man Rationalität im Hinblick auf Vernunft als eine spezifisch menschliche Fähigkeit definieren kann. Da liegt eine Ähnlichkeit mit der postmodernen Diskussion, indem auch dort eine traditionelle Ontologie abgehakt wird, wo etwa der Mensch über seine Vernunft eine besondere Position hat. Andererseits denke ich nicht, daß die Konsequenz einer solchen Einsicht die der Beliebigkeit sein muß. Man muß vielmehr den Rationalitätsbegriff reformulieren, und das kann mit der Systemtheorie geschehen, etwa indem man einfach sagen kann, ein

System ist dann rational, wenn es die Unterscheidung von System und Umwelt in sich hineinkopieren kann, also sich selbst an dem, was es für die Umwelt hält, orientieren kann.

Damit schließen Sie aber an den traditionellen Begriff der Reflexion an. Sie würden Rationalität also so definieren, daß ein System – natürlich als eine nur im Inneren des Systems ablaufende Operation – sich selbst beobachtet?

Der einzige Unterschied zu einem traditionellen Sprachgebrauch ist, daß ich Rationalität nicht als Feststellung der Identität – also zum Beispiel »Was bin ich wirklich?« –, also nicht im Sinne einer philosophischen Weisheitslehre bestimme, sondern mich an der Differenz orientiere. Das System orientiert sich an der Differenz, die es selber erzeugt hat, kann aber darin seine Sensibilität durchaus steigern. Mit anderen Worten: Ich ersetze Identitätsreflexion durch Differenzreflexion.

Sie haben sich in den letzten Jahren verstärkt aktuellen Lebens- und Überlebensproblemen zugewandt, insbesondere auch allem, was mit den technisch-ökologischen Problemen der Gegenwart zu tun hat.

Wenn die Soziologie beginnt, Gesellschaft als ein Verhältnis von System und Umwelt zu beschreiben und nicht mehr von Gesellschaft als einem Objekt ausgeht, wird die ökologische Diskussion zu einem Thema der Soziologie. Wenn man dann sieht, daß die Gesellschaft nur über eigene Operationen wie die Kommunikation verfügt, dann wird zugleich die Beschränkung der Möglichkeit, auf ökologische Fragen zu reagieren, deutlich. Man kann nicht mit der Umwelt sprechen. Man kann den Dioxinen nicht sagen: verschwindet! Sondern man kann nur mit anderen Leuten reden und sie zu überzeugen versuchen, daß hier irgend etwas geschehen muß. Auf diese Weise kommt die ganze interne gesellschaftliche Problematik hinzu: wen kann man wie überzeugen? Muß man politische, rechtliche, wirtschaftliche oder wissenschaftliche Mittel einsetzen? Und dann hat man das Problem, ob diese verschiedenen Medien miteinander abgestimmt werden können oder ob jedes System auf seine eigene Weise operiert?

Pointiert gefragt: würden Sie sagen, daß es eine genuine Umweltproblematik gibt, oder gibt es nur ein Problem der Kommunikation über Probleme? Sie sagen ja selbst, daß die Vorstellung, »daß es Tatsachen gibt, auf die man reagieren muß, weil sonst Schäden entstehen«, zu einfach ist.

Gesellschaftlich kann es überhaupt nur Kommunikation geben. Wenn etwas überhaupt nicht thematisiert wird, dann ist es nicht gesellschaftlich wirksam. Das bedeutet nicht, daß nicht auch ein einzelner Beobachter Zustände feststellen kann wie Verschmutzung oder Luftverschlechterung. Das bedeutet nicht, daß dieser Beobachter seine Wahrnehmung nicht in Mitteilungen ummünzen kann. Aber die Frage, welchen Erfolg das hat, ist nur über die Gesellschaft beantwortbar. Man muß also irgendwo eine Position haben, wo man gehört wird. Und da liegt die Bedeutung der Protestbewegungen, der ökologischen Bewegung, die versuchen, sich eine Position zu schaffen, wo thematische Interessen dann Aufmerksamkeit finden.

Nun haben Sie sich ja durchaus sehr spöttisch über die Protestbewegungen geäußert und auch auf deren blinde Flecken verwiesen. So haben Sie zum Beispiel auf die gewissermaßen im Inneren des Systems erzeugte Unterscheidung zwischen Umweltschützern und sogenannten Umweltzerstörern hingewiesen, von denen letztlich aber keine Partei die Zukunft kennt. Aber indem Sie die blinden Flecken der Beteiligten aufzeigen, entwickelt sich möglicherweise aus Ihrer Position ein neuer blinder Fleck: daß nämlich mit dem Verzicht auf Parteinahme nichts gerettet werden kann, so es denn gerettet werden müßte.

Ich denke, wenn man eine wissenschaftliche Aussage sucht, muß man innerhalb der Wissenschaft bleiben, und sollte sich nicht in politische Engagements begeben. Das ist wiederum keine Aussage über die Person oder darüber, wie man wählt und durch persönliche Kontakte bestimmte Dinge fördert. Aber als Wissenschaftler muß ich mich an diese Grenze halten; als Wissenschaftler gehöre ich zu einem Funktionssystem der Gesellschaft, ebenso wie jeder Beitrag zur ökologischen Diskussion ein Beitrag in einem Teilsystem der Gesellschaft ist. Davon sind auch die Protestbewegungen nicht ausgenommen. Anders gesagt: die Protestbewegungen können die Gesellschaft nicht von außen betrachten, sondern sie bleiben innerhalb der Gesellschaft, und sie sind auf Moden, auf Unterstützung, auf Motivationsmechanismen angewiesen, sie haben zum Beispiel spezifische Rekrutierchancen, und andere haben sie nicht. Und vor allem können sie das, was sie bewirken wollen, nicht selbst bewirken, sondern sie können immer nur appellieren, etwa an die Politik. Wie aber wäre es, wenn man sich vorstellen würde, daß die ökologischen Bewegungen eine politische Partei wären und regierungsfähig sein müßten, also auch die Disziplin aufbringen müßten, sich als Regierungspartei an ihr eigenes Programm zu halten und die Konsequenzen zu übernehmen? Meiner Meinung nach sind die gegenwärtigen Protestbewegungen weit davon entfernt, so etwas erreichen zu können. Der Grund liegt zum Teil an einer Art von politischer Kurzsichtigkeit.

Es gibt den Versuch, diesen ganzen Diskussionen um ökologische Probleme, Technikfolgenabschätzung, dem Problem, daß wir mehr können, als wir verantworten können, mit Ethik-Kommissionen beizukommen. Fehlt unserer Gesellschaft die Ethik?

Ein Aspekt dieser Frage ist, ob es eine solche Ethik überhaupt geben kann. Ob es etwa eine Ethik der Risikobereitschaft oder der Grenzen der Risikobereitschaft gibt, was ja immer auch implizieren würde, daß derjenige, der einer solchen Ethik folgt, die anderen als moralisch schlecht behandeln kann. Eines der großen Probleme der Einführung von Ethik in die Politik oder in Rechtsentscheidungen ist darin zu sehen, daß die Dissentierenden abqualifiziert werden: Die haben nicht die richtige Moral, nicht die richtige Einstellung und so weiter. Das halte ich für hochproblematisch. Müssen wir also die Fahne der Moral hochziehen, um Leute, mit denen wir uns nicht verständigen können, abzuqualifizieren? Das ist zum Beispiel bei allen Risikoproblemen bedenklich, denn einerseits kommen wir gar nicht durch, ohne uns auf Risiken einzulassen, und andererseits haben wir natürlich den Betroffenenstandpunkt, der das schwer verkraften kann.

Sie haben in einer Ihrer letzten Veröffentlichungen für so etwas wie eine »Ökologie des Nicht-Wissens« plädiert, für eine Kommunikation, die zunächst Unsicherheit vermehrt und das gemeinsame Wissen des Nichtwissens pflegt. Wäre das eine Art »Ethik der Differenz«?

Ob das Ethik heißen muß, bin ich nicht sicher. Aber zumindest könnte damit ein Prozeß des Neudurchdenkens von sozialen Verständigungsprozessen in Gang gesetzt werden. Entscheidend ist, daß man einsieht, daß besonders die modernen Wissenschaften, indem sie Wissen erzeugen, noch mehr Unwissen erzeugen. Je mehr wir chemische Aufklärungen über die Bedingungen in der Stratosphäre betreiben, umso unsicherer wird es, wo man eigentlich einsetzen kann, um etwas zu verändern. Die kombinatorischen Möglichkeiten wachsen ins Astronomische, und zwar nicht so, daß man sie durch Wissen abarbeiten und somit Sicherheit schaffen könnte, sondern man schafft eigentlich Unsicherheit. Ich denke, in dieser Situation muß die Gesellschaft Formen finden, mit Unsicherheit umzugehen und trotzdem zu entscheiden. Dabei müßte man an Entscheidungen mit Widerrufsvorbehalt denken. Da tauchen dann solche Fragen auf, wieweit man irreversible Fakten schafft, wieweit man Gesetze wieder ändern kann, wieweit man experimentell reguliert und abwartet, was geschieht. In der Gentechnologie zum Beispiel müßte man in zwei Jahren wieder überprüfen: Vielleicht haben wir zu viel verboten, vielleicht zu wenig, vielleicht an der falschen Stelle. Und das heißt auch, den anderen als immer wieder vorkommenden Gesprächspartner ernst nehmen.

Entscheidungen sollten also mit einer Art neuen Bescheidenheit gefällt werden, gewissermaßen zurück zu dem sokratischen Prinzip: Ich weiß, daß ich nichts weiß.

Durchaus. Ich meine, Bescheidenheit wird jetzt als eine individuelle Eigenheit gesehen, aber es ist auch eine Frage des Verfahrens und eine der Rechtsstruktur, so wie ich überhaupt denke, daß moralische Fragen und Ethikkommissionen eigentlich der Vorbereitung rechtlicher Regulierungen dienen sollten.

Habermas hat Ihnen vor Jahren vorgeworfen, gesellschaftlich affirmativ zu verfahren. Sie wiederum haben vor einigen Jahren im Gegenzug gegen den kritischen Impetus der ehemals Frankfurter Schule eingewandt, daß das, »was als Gesellschaft sich realisiert hat, zu schlimmsten Befürchtungen Anlaß gibt, aber nicht abgelehnt werden kann«. Ist das fatalistisch zu verstehen, realistisch oder bescheiden?

Es ist sicher realistisch insofern, als alle Änderungen der Gesellschaft die Gesellschaft schon in Anspruch nehmen müssen. Es gibt keine Position, und schon gar keine soziale Position außerhalb von Gesellschaft. Dabei geht es nicht um Affirmation der Gesellschaft, sondern um die Vorstellung der Gesellschaft als eine Art historischer Maschine, die sich selber ändert, aber immer von dem Zustand ausgehen muß, an dem sie sich gerade befindet. Und dann wird die Frage akut: mit welcher Theorie, mit welchen Abstraktionsmitteln erfassen wir eigentlich den Zustand und wie sehen wir Probleme, wie definieren wir sie, wie sehen wir Lösungen. Dies geschieht immer in der Gesellschaft und bezogen auf die jeweilige Gesellschaft, so daß die Alternative zwischen Affirmation oder Kritik einfach keine sinnvolle Alternative ist. Kritik erfordert Affirmation, wenn man das so hart sagen will.

Das Gespräch führte Ingeborg Breuer.

Der entlastete Mensch. Skeptische Anthropologie bei Odo Marquard

»Philosoph: Rechtfertige Dich!
Laie: Bitte nach Dir.«
Odo Marquard

I.

1986, nach der Katastrophe von Tschernobyl, erschien in der Wochenzeitung *Die Zeit* ein Artikel, der einen Eklat erregte und eine heftige Debatte nach sich zog.[1] Der Autor erhielt gleich einen ganzen Waschkorb von Zuschriften – die meisten ablehnend gegenüber seinen Thesen, viele empört. In diesem Artikel hatte sich der Gießener Philosoph Odo Marquard nicht allein mit der Friedens- und Ökologiebewegung, sondern mit der öffentlichen Meinung insgesamt angelegt. Marquard behauptete damals, die gestiegene Angst vor Atomkrieg und ökologischer Katastrophe habe keinen realen Grund. Es handle sich vielmehr um Angstillusionen. Denn die moderne industrielle Zivilisation habe, gerade indem sie das Leben sicherer mache, ein Stück anthropologische Grundangst des Menschen freigesetzt. Und diese gleichsam arbeitslos gewordene Angst lebe sich nun illusionär aus und verführe zur Katastrophenfaszination. Später erklärte Marquard, daß seine Aussagen auch eine »Korrektivfunktion«[2] ausüben sollten. Es sei ihm um Realismus zu tun gewesen. Der Skeptiker Marquard widersprach einem Zeitgeist, dem das Thema des Weltuntergangs zur Mode geriet.

In dieser Widerrede wird exemplarisch ein Grundzug skeptischen Denkens sichtbar: Überall dort, wo bestimmte Überzeugungen, seien es zunächst auch kritische, das allgemeine Bewußtsein beherrschen, wird der Skeptiker mißtrauisch, wird sein Zweifel wach. *Skeptomai* bedeutet im Griechischen ursprünglich: »ich schaue prüfend umher«. Bei dieser Prüfung entdeckt die Skepsis Ursachen oder Umstände, die zu jenem einzigen Grund, der alles erklären soll, querstehen. Und der Skeptiker führt diese widerstreitenden Gründe ins

Feld. So ist er selber jemand, der sich querstellt und Einspruch gegenüber dem Wahrheitsmonopol universeller Erklärungsmodelle und Theorien erhebt.

Der Skeptizismus hat in der Philosophie eine lange Tradition, die bis in die hellenistische Antike zurückreicht. Schon dort unterschied man zwischen der »pyrrhonischen« und der »akademischen« Skepsis. Die akademische Skepsis bestreitet jede Erkenntnismöglichkeit von Wahrheit, sie zweifelt so absolut, daß sie den Zweifel selber zum Prinzip erhebt und auf diese Weise den Dogmatismus, den sie bekämpfen möchte, in Gestalt absoluter Verneinung fortsetzt. Demgegenüber operiert die Skepsis des Pyrrhon relativistisch, sie reklamiert auch für ihre eigene Position keinen absoluten Wahrheitsanspruch. Die pyrrhonische Skepsis empfindet es deshalb durchaus als anregend, »von Zeit zu Zeit widerlegt zu werden; denn sie versteht sich als tugendhafte Mitte zwischen zwei Lastern: dem absoluten Wissen und dem absoluten Nichtwissen.«[3]

Zu dem letzteren Typus der pyrrhonischen Skepsis zählt sich Marquard selbst. Er sieht seine Positionsnahme aber nicht philosophieimmanent, sondern lebensgeschichtlich begründet. Marquard reflektiert seine Geisteshaltung als Reaktion auf die Verführungen des Nationalsozialismus, als Resultat eines Prozesses der Desillusionierung, der die deutsche Jugend nach dem Zweiten Weltkrieg als eine – nach dem Wort des Soziologen Helmut Schelskys – »skeptische Generation« prägte.[4]

II.

Odo Marquard, 1928 in Pommern geboren, war als Junge auf eine NS-Kaderschule, eine sogenannte Napola geschickt worden. 1945, zum Volkssturm einberufen, geriet er darauf in Kriegsgefangenschaft. Entlassen und gründlich ernüchtert kehrte er auf die Schulbank zurück, machte Abitur und studierte zunächst in Münster bei Joachim Ritter, dann in Freiburg Philosophie, Germanistik und Theologie. Von 1965 bis zu seiner Emeritierung 1993 lehrte er in Gießen Philosophie.

Marquard charakterisiert seinen Weg in die Philosophie

hinein keineswegs als wohlüberlegt und frei gewählt, sondern betont das Moment des Zufalls. Seine Interessen galten ursprünglich der Architektur, dann vor allem der Bildenden Kunst und der Literatur. Weil er zur Problematik der Ästhetik auch philosophische Bücher lesen wollte, wandte er sich an Joachim Ritter, in dessen Wohnung die Bibliothek des Philosophischen Seminars nach Kriegsende zunächst untergebracht war. »Ich kam in die Philosophie, wie die Wespe in die Cola-Flasche: weil ich intellektuell naschhaft bin und die Philosophie süß zu sein schien und weil, als ich merkte, daß sie ernst und gefährlich ist, es schon zu spät war, noch herauszukommen.«[5]

Andere Philosophen erzählen Anekdoten über ihren Werdegang nur, um zu unterhalten, bedeutsam für ihre Theorie sind sie nicht. Marquard hingegen hat den Zufall philosophisch rehabilitiert, er nimmt ihn beim Wort: Zufall heißt, mir fällt etwas zu, mir widerfährt etwas, das mein Leben und auch Denken untilgbar prägt. Zufall meint darin nicht das Beliebige, sondern das Schicksalhafte, jedoch nicht im Rekurs auf eine göttliche Vorsehung, sondern als unverfügbares Ereignis, das den Menschen prägt. Gegen »das Programm der Absolutmachung des Menschen«[6], wie es sich noch einmal emphatisch in Jean-Paul Sartres Formel von der »Wahl, die wir sind« ausspricht, insistiert Marquard in seiner *Apologie des Zufälligen* von 1986 auf die Unverfügbarkeit der eigenen Lebensgeschichte. »Wir kommen mehr als durch Wahl – also über Pläne – durch Zufälle durchs Leben und zu uns selber; und das ist nicht – wie die Philosophie der absoluten Wahl und der Absolutmachung des Menschen uns weismachen will – ein Unglücksfall; denn der Zufall ist keine mißlungene Absolutheit, sondern – sterblichkeitsbedingt – unsere geschichtliche Normalität. Wir Menschen sind stets mehr unsere Zufälle als unsere Wahl.«[7]

Darin spricht sich Marquards Skepsis gegen die Hybris in der Figur des autonomen Subjekts aus, das sich völlig selbst bestimmen will und soll; und er vollzieht damit zugleich eine Infragestellung der Tradition der Vernunftphilosophie, die jenen Anspruch nährte. Schon in seiner Dissertation *Skeptische*

Methode im Blick auf Kant leitete ihn dieser kritische Impuls. Er trieb Marquard zu einer Auseinandersetzung mit der Geschichtsphilosophie, weil diese der Geschichte den Auftrag zuweist, den überhöhten Autonomieanspruch des Menschen einzulösen. Das gilt vor allem für die Geschichtsphilosophie in der Nachfolge von Hegel und Marx. Marquard, der sich zunächst von der Frankfurter Schule angezogen fühlte und Sympathien für die von ihr beeinflußte Studentenbewegung hegte, ging zunehmend auf Distanz und reflektierte in theoretischer Aufarbeitung, so sein philosophisches Debüt, die *Schwierigkeiten mit der Geschichtsphilosophie*.

Das Buch stellte seinerseits die große Infragestellung in Frage, mit der ausgehend von der Studentenbewegung im politisierten Klima der 70er Jahre alle Lebensbereiche kritisiert, der Entfremdung verdächtigt und in die totalisierende Perspektive der Emanzipation gerückt wurden, der gegenüber sie sich zu legitimieren hatten. »Heute bedarf offenbar alles der Rechtfertigung: die Familie, der Staat, die Kausalität, das Individuum, die Chemie, das Gemüse, der Haarwuchs, die Laune, das Leben, die Bildung, die Badehose; nur eines bedarf – warum eigentlich – keiner Rechtfertigung: die Notwendigkeit der Rechtfertigung vor allem und jedem. Wenn ich mich – höflich zu sein versuchend – vorstelle: ›Gestatten Sie, Marquard‹, so scheint heute die Normalantwort sein zu müssen: ›Hier wird ohne Justifikation gar nichts gestattet! Rechtfertigen Sie sich! Mit welchem Recht sind Sie Marquard, so, wie Sie sind, und nicht vielmehr ganz anders? Und mit welchem Recht sind Sie überhaupt und nicht vielmehr nicht?‹«[8]

Marquard verteidigt – das klingt paradox – die Menschlichkeit des Menschen gegen seine Emanzipation; er nimmt den Menschen vor philosophischen Befreiungsutopien in Schutz, die, so fürchtet er, in Dogmatismus und Unmenschlichkeit enden. In diesem Zusammenhang ist er philosophiegeschichtlich der Frage nachgegangen, woher der Rechtfertigungszwang rührt, der die menschliche Subjektivität überfordert und tyrannisiert. Er stieß dabei auf verkapptes theologisches Erbe, auf das Theodizee-Problem.

Die Theodizee fragt nach der Rechtfertigung Gottes angesichts der von ihm zugelassenen Übel in der Welt. Indem jedoch die Philosophie der Aufklärung die Vernunft an die Stelle Gottes rückte, bürdete sie dem Menschen auch seine Schuldfrage auf. »Wo zuvor – religiös – Gott über die Menschen zu Gericht saß, da sitzen jetzt – zuerst in der Theodizee – die Menschen über Gott und dann – in der Geschichtsphilosophie, die zur absoluten Legitimationsphilosophie wird – die Menschen über die Menschen zu Gericht. Eine der entscheidendsten Folgen dieser Veränderung ist der *Verlust der Gnade*: die moderne – vom Menschen übernommene – Rechtfertigungsfrage wird gnadenlos und darum total«.[9]

Aus der Theodizee wird eine Anthropodizee, die dem Menschen die totale Verantwortung für alles Übel in der von ihm gestalteten Welt, das ist die Geschichte, aufbürdet, und ihm selbst die Alternative oktroyiert, entweder zu denen zu gehören, die an der Verbesserung der Welt arbeiten, oder zu jenen, die für die Übel verantwortlich seien und im Namen der herzustellenden besseren Welt kaltgestellt werden müßten. Der Legitimationsdruck führt zu einer strukturell terroristischen, wie es in *Abschied vom Prinzipiellen* heißt, »Übertribunalisierung der menschlichen Lebenswirklichkeit«.[10] Denn dem Tribunal entkommt der moderne Mensch im Grunde nur dadurch, daß er es selber wird, also indem er »aus dem Gewissenhaben in das Gewissensein«[11] flieht und sich selbst zum schlechten Gewissen der anderen macht.

III.

Marquard kritisiert eine Gestalt der Kritik, die sich selbst absolut setzt und zum paranoiden Verfolger auswächst. Seine Skepsis bedeutet eine Metakritik der Philosophie, insbesondere ihrer utopischen Gehalte und Emanzipationsversprechen, indem er die Ideale und Entwürfe kritisch gegenliest. Marquard deckt auf, wie der Mensch weiterhin unter dem Bild eines halbgelungenen Gottes verkannt und menschliches Erkennen und Handeln am Ideal unbegrenzter Möglichkeiten buchstäblich *ver-messen* wird.

Sein eigener skeptischer Ansatz versucht eine Gegenführung, die die Begrenztheit des Menschen ins Recht setzt: Menschliche Endlichkeit ist kein Mangel oder Fehler, erst recht keine Verfehlung, sondern umgekehrt jene eigene und authentische Möglichkeit, die ausdrücklich anzuerkennen ist. Marquard greift hier existentialphilosophische Überlegungen auf, wie sie Martin Heidegger in *Sein und Zeit* entwickelte. Er hat jedoch in seiner Aneignung das Eigentlichkeitspathos Heideggers abgestreift. Marquard versteht Endlichkeit zunächst anthropologisch: *Vita brevis* – Das Leben ist kurz, es ist todesbegrenzt, deshalb sind die Möglichkeiten beschränkt und in ihrem Ansatz notwendig auf eine vorgängige Welt bezogen, in die die Menschen hineingeboren werden. Denn die Wirklichkeit ist – ihnen zuvorkommend – stets schon da; an sie muß angeknüpft werden. Kein Mensch ist der absolute Anfang: Jeder lebt mit seinen je eigenen unverfügbaren Vorgaben. Marquard formuliert damit eine Einsicht in die Macht der Tradition und ein Plädoyer für eine Bescheidung des Menschen.

Aber über die anthropologische Dimension hinaus entfaltet Marquard ein Denken der Endlichkeit, das eine – wie in der Existenzphilosophie – radikale metaphysikkritische Intention enthält. Sie wendet sich gegen die abendländische Ausrichtung der Philosophie, wie sie von Aristoteles grundgelegt wurde, der die Philosophie als theoretische Wissenschaft von den ersten Gründen und Ursachen definierte. Dagegen formuliert Marquard eine nachmetaphysische Position: »Wer nach dem Anfang fragt, will der Anfang sein; und wer der Anfang sein will, will kein Mensch sein, sondern das Absolute. Darum nehmen die Menschen modern – zugunsten ihrer Menschlichkeit: wo sie sich weigern, zum Absoluten zu werden – Abschied vom Prinzipiellen, von der *arché*.«[12]

In solcher Philosophie der Endlichkeit entwickelte und präzisierte Marquard seinen skeptischen Ansatz. Denn das Denken der Endlichkeit richtet sich gegen die Illusion der Souveränität, die gerade auch in der Position der Skepsis angelegt ist. Der Skeptiker ist versucht, sich hinter der großen

Geste des Zweifelns zu verschanzen und sich als jemand zu stilisieren, der über allem steht. Doch dabei erhebt er nur den Zweifel selber zum absoluten Prinzip. Und spätestens hier schlägt Skepsis, die doch gegen Dogmatismen aller Art angetreten war, selber in Dogmatismus um. In dieser Hinsicht ist die Ataraxie, jene Unerschütterlichkeit der Seele, nach der die antiken Skeptiker strebten, eine ambivalente Verfassung, weil unmerklich der Gleichmut zur Gleichgültigkeit verfällt.

Gegen solche Souveränitätsillusionen entwirft Marquard eine Skepsis, die in ihre eigene Endlichkeit und Bedingtheit einwilligt, die weiß, daß alles überall zu bezweifeln, dem Menschen nicht möglich, das heißt un-menschlich ist. Deshalb schließt die endliche Skepsis neben dem Zweifel auch die Zustimmung ein. Sie enthält das Eingeständnis, sich vom Gegebenen und den in ihm wirkenden Traditionen nicht absolut distanzieren zu können. »Die Skeptiker rechnen ... mit der sterblichkeitsbedingten Unvermeidlichkeit von Traditionen; und was dort – üblicherweise und mit dem Status von Üblichkeiten – gewußt wird, wissen auch sie. Die Skeptiker sind also gar nicht die, die prinzipiell nichts wissen; sie wissen nur nichts Prinzipielles: die Skepsis ist nicht die Apotheose der Ratlosigkeit, sondern nur der Abschied vom Prinzipiellen.« [13]

Was zunächst wie ein Widerspruch anmutet, *Skepsis und Zustimmung*, so der Titel von Marquards *Philosophische Studien* von 1994, geht gleichwohl eine spezifische Verbindung ein. Die Zurückweisung der metaphysischen Ausrichtung auf erste Ursachen, auf Letztbegründung im erkenntniskritischen Sinne ebenso wie auf Telos und politische Utopie im geschichtsphilosophischen Sinne, wird gemäß des Endlichkeitspostulats ergänzt durch ein Einverständnis mit vielen kleinen Zustimmungen. Die nachmetaphysische endliche Skepsis optiert für das Menschenmögliche, für das, was buchstäblich Menschenmaß behält.

Doch wahrt der Skeptiker Marquard in seiner Zustimmung zugleich das Moment des Vorbehalts und der Distanz, indem er seine Bejahung in einer heterogenen Wirklichkeit verschiedenen, zum Teil einander widerstreitenden Elementen zuteil werden läßt. Der endliche Skeptiker rettet seine Unabhängigkeit, indem er die eine Tradition strategisch gegen die andere ausspielt und seine partiellen Zustimmungen in einem prekären spannungsgeladenen Gleichgewicht hält. In dieser Weise definiert Marquard die Skepsis neu: »Skepsis... ist der Sinn für Gewaltenteilung: der Zweifel der Skepsis ist – wie das Wort Zweifel es sagt, das ja mit der ›Zwei‹ die Vielheit enthält – justament jenes ... Verfahren, das zwei gegensätzlich Überzeugungen in solcher Art aufeinanderprallen läßt, daß beide dadurch so viel an Kraft einbüßen, daß der Einzelne – als lachender oder weinender Dritter – von ihnen freikommt.« [14]

Marquard hat die Lehre der Gewaltenteilung, wie sie der französische Staatsphilosoph und Schriftsteller Montesquieu für den politischen Raum formulierte, philosophisch generalisiert: Nicht nur die Politik, sondern Freiheit überhaupt bedarf der Gewaltenteilung. Die Wirklichkeit einer Gesellschaft muß vielfältig sein, sie muß ganz unterschiedlichen Traditionen, Lebensformen und Überzeugungen Raum bieten, damit Freiheit und Individualität existieren können. Nicht ein autonomer Wille, nicht ein Unbedingtes, sondern – paradoxerweise – die Bedingungen und Verhältnisse sind es, die dem Menschen Freiheit verschaffen. »Die Menschen sind nicht dadurch frei, daß sie Gott kopieren; als quasi allmächtige Chefs der Weltregie oder durch ein unbedingtes Vermögen, sondern sie sind frei durch Freiheiten im Plural, die ihnen zufallen, indem die Determinanten, die ... auf sie einwirken, durch Determinantengedrängel einander wechselseitig beim Determinieren behindern: einzig dadurch, daß jede weitere Determinante den Determinantendruck jeder anderen einschränkt, anhält, mildert, sind und haben die Menschen ihre – bescheidene, durchaus endliche, begrenzte – je eigene, (individuelle) Freiheit gegenüber dem Alleinzugriff einer jeden.« [15]

Darauf baut Marquards List der skeptischen Vernunft, indem sie die schon bestehende Gewaltenteilung nach Kräften weitertreibt. Es gilt im Leben, ebenso wie im Umgang mit Theorien, den skeptischen Zweifel strategisch gegen Monopolbildungen im Denken einzusetzen. Denn am Zweifel bricht sich der absolute Wahrheitsanspruch, etwa auch eines Textes, so daß aus dem einen Text mehrere Interpretationen und Lesarten hervorgehen. Die Maxime dieser pluralistischen Skepsis lautet demnach: Keine Theorie soll allein herrschen.

An diesem Punkt drängt sich jedoch die Gegenfrage auf, ob die moderne Welt tatsächlich noch von starken Traditionsunterschieden geprägt ist, ob sie so heterogen ist, wie Marquard im Konzept seiner pluralistischen Skepsis voraussetzt. Er entwirft ein Bild der Moderne als spannungsreichem Ineinanderspiel von universalistischen Tendenzen und pluralisierenden Gegenströmungen, insbesondere von heterogenen Traditionssträngen, die weiterhin Einfluß nehmen. Der Fortbestand unterschiedlicher Kulturen und Traditionen impliziert einen Freiheitsgewinn, sofern der Einzelne durch jede Tradition, die lebt, von den anderen Traditonen ein wenig distanziert wird, und auf diese Weise die Chance erhält, ein wirklich individuelles Leben zu führen.

IV.

Die Vielfalt traditionaler Lebenswelten wird jedoch zunehmend fraglich. Naturwissenschaft und Technik im planetarischen Maßstab, Weltwirtschaft und internationaler Verkehr neutralisieren die Vielfalt traditionaler oder regionaler Lebenswelten. Marquard hat den Geisteswissenschaften die Aufgabe zugeordnet und zugleich die Kompetenz attestiert, diese Lebensweltverluste zu kompensieren. Das hat ihm die Kritik eingetragen, die Geisteswissenschaften einseitig auf eine konservative und traditionsbewahrende Funktion festzulegen. Kompensation statt Kritik – lautete verkürzt der Haupteinwand gegen Marquard in der Debatte über die Geisteswissenschaften, die Marquard mit seiner Kompensationstheorie ausgelöst hatte. Marquard konterte mit dem existenzphilosophischen Hinweis auf die Endlichkeit, die eine unvermeidliche partielle Bejahung des Immer-schon-Gelebten impliziert: Denn niemand fängt aus sich selber an, jeder wird vielmehr ganz selbstverständlich in bestimmten Traditionen und Gewohnheiten, in Üblichkeiten, groß. Man macht, was Usus ist, weit häufiger, als daß man sich originell und innovativ verhält. Das ist faktisch so. Doch Marquard ergreift darüber hinaus Partei für das Übliche und gegen die Veränderung: Denn »die Beweislast hat der Veränderer«.[16] Insofern verwandelt Marquard das faktische Übergewicht des Üblichen in ein normatives Vorrecht, als sei das Bestehende mit dem Bewährten identisch. Hier wird der konservative Zug des Skeptikers deutlich. Marquard sichert seinen Pluralismus durch eine konservative Option davor ab, in postmoderne Beliebigkeit abzudriften. Der Usualismus, die Orientierung am Üblichen, soll kompensieren und ein Widerlager zum rasanten Fortschritt bilden.

Vor allem dieser traditionsorientierte Usualismus markiert die Differenz Marquards zu Positionen der Postmoderne, wie sie besonders in Frankreich von Jean-François Lyotard oder Jacques Derrida vertreten werden. In anderer Hinsicht jedoch nähert sich Marquard der Postmoderne wieder an, und zwar dort, wo er in seinem skeptischen Votum für Pluralität und Differenz der universalistischen Vernunftkonzeption eine deutliche Absage erteilt. Sie gilt auch der von Karl-Otto Apel und Jürgen Habermas entwickelten Diskurstheorie, »denn in diesem universalistischen Diskurs ist Vielheit – die Vielfalt der Meinungen – nur als Anfangskonstellation gestattet; Bewegung der Kommunikation ist nur als Abbau der Vielfalt – Vielfalt der Meinungen – gerechtfertigt; und sein Endzustand – der universalistische Konsens – ist einer, bei dem niemand mehr anders denkt als die anderen, so daß dort die Vielheit der Teilnehmer gerade überflüssig wird, zugunsten jenes einen Teilnehmers, der dann genügt, um jene Meinung zu hegen, die dann sowieso als einzige herrscht. ... Demgegenüber muß die Kommunikation ... die Vielheit gerade bewahren und bekräftigen.«[17]

Während die postmoderne Rationalitätskritik die Vielheit, die universalistische Diskurstheorie umgekehrt die Einheit priorisiert, konzipiert Marquard eine dynamische Balance von Einheit und Vielheit. Die Spezifik ihrer Verbindung findet Marquard in der Denkfigur der Kompensation, wonach der unversalistische Zug der Moderne durch gegenläufige pluralistische Entwicklungen ausgeglichen wird, konkret: »In der modernen Welt gibt es: a) die technologischen Vereinheitlichungen; sie werden kompensiert durch traditionale, historische und ästhetische Pluralisierungen. ... b) die sozialen Vereinheitlichungen; sie werden kompensiert durch gewaltenteilige und individualistische Pluralisierungen.« [18]

Die Idee der Kompensation bildet einen Schlüsselbegriff für Marquards Philosophie, er sieht jene wirksam sowohl im Entwicklungsgang der Geschichte als auch im Verhältnis der Wissenschaften untereinander. Kompensation sichert, sorgt für Ausgleich und Balance. Es ist eine Denkfigur, die in der Theodizee-Problematik schon bei Leibniz auftaucht – »der Schöpfer der Natur hat die Übel und Mängel durch zahllose Annehmlichkeiten kompensiert« [19] –, aber vom Fortschrittsgedanken verdrängt wurde. Marquard verfolgt ihre verschiedenen Lesarten in der Geistesgeschichte, arbeitet sie in *Glück im Unglück* auf, um die Perspektive der Kompensation für ein entspannteres Weltverhältnis entsprechend seiner Endlichkeitsphilosophie stark zu machen. Er selbst neigt dabei weniger zu jener pathetischen Fassung des Kompensationsgedankens, wie ihn Friedrich Hölderlin gefaßt und wie ihn Heidegger in seiner Technikkritik aufgenommen hat: »Wo aber Gefahr ist, wächst das Rettende auch« – als vielmehr zur pragmatischen menschlich-allzumenschlichen Fassung bei Wilhelm Busch: »Wer Sorgen hat, hat auch Likör.« [20]

Mit Blick auf die ökologische Krise wird allerdings immer fraglicher, ob der Geschichte und den Menschen solche homöostatische Kraft des Selbstausgleichs noch zukommt. Günther Anders etwa vertrat hier die Gegenposition zu Odo Marquard. Anders sah längst den Punkt erreicht, an dem technische Möglichkeit und menschliche Moral in ein katastrophales Mißverhältnis geraten sind. Marquard widerspricht dieser Beurteilung der Moderne, da sie in seinen Augen »mehr Nichtkrise ist als Krise« [21], und er wendet sich ebenso gegen die Aufrüttelungsstrategie einer warnenden negativen Überzeichnung der Lage, wie sie Hans Jonas in seiner »Heuristik der Furcht« entwickelte. Wiederum führt Marquard die menschliche Endlichkeit ins Feld, und verweist auf die Grenze psychischer Belastbarkeit, jenseits derer negative Erwartungen und gar apokalyptische Szenarios nicht mehr bewältigt werden können, so daß die Menschen statt handlungsfähig zu bleiben, den Kopf in den Sand stecken und sich in die Unbelangbarkeit flüchten. Gegen Jonas' Heuristik der Furcht votiert Marquard deshalb für milden Zweckoptimismus.

Solcher Zweckoptimismus entspricht der skeptischen Anthropologie, die stets den psychischen Kräftehaushalt des Menschen im Blick behält und der es nicht zuletzt um Lebensbewältigung geht: Was kann der Einzelne verkraften, ohne sich direkt in Ablenkung und Verdrängung zu flüchten? Marquards Philosophie der Endlichkeit unterstützt die Selbstbehauptung des Einzelnen gegen besitzergreifende Ideologien und absolute Wahrheitsansprüche und will damit das Individuum vor dem schwindelerregenden Veränderungstempo der Moderne schützen. Philosophie sei vor allem ein »Orientierungsdienstleistungsgewerbe«[22], formulierte Marquard respektlos pragmatisch. Für solche bizarren Wortkombinationen und brillant-plastischen Formulierungen erhielt er 1984 den Sigmund-Freud-Preis für wissenschaftliche Prosa.

Philosophie als »Orientierungsdienstleistungsgewerbe«, das aus dem universitären Ghetto ausbricht und sich dem Einzelnen zur Aufklärung seiner Lebenssituation zuwendet, mit ihm in ein Gespräch tritt – dieser Impetus leitete die Entstehung des Konzepts der Philosophischen Praxis zu Anfang der 80er Jahre. Es ist kein Zufall, daß einer ihrer Initiatoren, Gerd B. Achenbach, bei Odo Marquard promovierte und um dessen Sympathie und Mitarbeit warb. Marquards Ansatz, die Philosophie in den Kontext der Lebensbewältigung zu stellen, hat dem Neuansatz theoretisch vorgearbeitet. Und Marquard selbst entdeckte im Experiment der Philosophischen Praxis Parallelen zur Antike. »Dort gehörte einfach zur Philosophie die Lebensberatung dazu, und die Philosophenschulen waren ja nicht in erster Linie akademische Forschungsstätten, sondern *Lebenskunst-Lernstätten.*«[23]

Auch Marquard selbst hat es nie lange im sicheren Reservat der akademischen Philosopie ausgehalten; er ist immer wieder ins Freie ausgebrochen, auf neues intellektuell ungesichertes Terrain, und wagte dort, wie zum Beispiel nach der Katastrophe von Tschernobyl, eben auch Riskantes und Unfertiges zu sagen, mit einem Wort: laut zu denken. Denn Philosophieren bedeutet bei Marquard nicht, ein Theoriegebäude zu errichten, sondern vielmehr einer ethisch-praktischen Maxime zu folgen. Philosophieren heißt für ihn, sich selbst und andere in Lebenskunst zu üben.

Anmerkungen

1 Odo Marquard, Die arbeitslose Angst, in: Die Zeit vom 12. 12. 1986.
2 Der Philosoph als Stuntman. Ein Gespräch mit Odo Marquard, in: Süddeutsche Zeitung vom 19./20. Sept. 1987, Feuilleton-Beilage.
3 Odo Marquard, Skeptiker, in: ders., Apologie des Zufälligen, Stuttgart 1986, S. 7.
4 Vgl. Odo Marquard, Abschied vom Prinzipiellen, in: ders., Abschied vom Prinzipiellen, Stuttgart 1981, S. 4ff.
5 Der Philosoph als Stuntman. Ein Gespräch mit Odo Marquard, in: Süddeutsche Zeitung vom 19./20. Sept. 1987, Feuilleton-Beilage.
6 Odo Marquard, Apologie des Zufälligen, in: ders., Apologie des Zufälligen, a.a.O., S. 118.
7 Ebd., S. 131.
8 Ders., Entlastungen. Theodizeemotive in der neuzeitlichen Philosophie, in: ders., Apologie des Zufälligen, a.a.O., S. 11.
9 Ders., Über die Unvermeidlichkeit von Üblichkeiten, in: ders., Glück im Unglück, München 1995, S. 72f.
10 Ders., Der angeklagte und der entlastete Mensch in der Philosophie des 18. Jahrhunderts, in: ders., Abschied vom Prinzipiellen, a.a.O., S. 49.
11 Ebd., S. 57.
12 Ebd., S. 77.
13 Ders., Abschied vom Prinzipiellen, in: ders., Abschied vom Prinzipiellen, a.a.O., S. 17.
14 Ders., Apologie des Zufälligen, in: ders., Apologie des Zufälligen, a.a.O., S. 133.

15 Ebd., S. 134.

16 Ders., Über Unvermeidlichkeit von Üblichkeiten, in: ders., Glück im Unglück, a.a.O., S. 64.

17 Ders., Einheit und Vielheit, in: ders., Skepsis und Zustimmung, Philosophische Studien, Stuttgart 1994, S. 43f.

18 Ebd., S. 34f.

19 Zit. n. Odo Marquard, Glück im Unglück. Zur Theorie des indirekten Glücks zwischen Theodizee und Geschichtsphilosophie, in: ders., Glück im Unglück, a.a.O., S. 23.

20 Vgl. ders., Skepsis und Zustimmung, in: ders., Skepsis und Zustimmung, a.a.O., S. 12.

21 Ebd., S. 7.

22 Der Philosoph als Stuntman. Ein Gespräch mit Odo Marquard, a.a.O.

23 Ebd.

Leiblicher Logos. Hermann Schmitz' Philosophie der Betroffenheit

»Der Mensch ›leibt‹ nur, wenn er ›lebt‹.«
Martin Heidegger

I.

Ein Großteil des philosophischen Diskurses unseres Jahrhunderts ist eigentlich Antidiskurs. Sein Selbstverständnis bezieht er aus den verschiedenen Facetten von Rationalitätskritik: als Kritik der abendländischen Metaphysik bei Martin Heidegger oder als Kritik der europäischen Egologie bei Emmanuel Lévinas, als Kritik des Begründungsdenkens bei Ludwig Wittgenstein, als Kritik des Identitätsdenkens bei Theodor W. Adorno, oder als Kritik des Logozentrismus bei Jacques Derrida. Überall destruiert, unterläuft oder verkehrt sich der Diskurs selbst, sprengt seine inneren Fesseln und streift seine hartnäckigen Vorurteile ab. Doch verfährt der Prozeß insofern zirkulär, als die Diskurse nicht über sich selbst hinauszuweisen vermögen. Sie führen ihre Kritik mit den Mitteln des Kritisierten selber und bleiben darum prinzipiell bei sich, ohne zu einem anderen, einem Jenseits der Rationalität, zu gelangen. Die Philosophie des 20. Jahrhunderts mündet auf diese Weise in ein Paradox, an dessen Ende, wie in den Bewegungen avantgardistischer Kunst, nur das Eingeständnis ihres Scheiterns stehen kann – sei es, indem sie wie bei Wittgenstein ins Schweigen führt oder wie bei Heidegger ins geheimnisvolle Raunen einer Sprache des Seins, die zuletzt in unverständliches Gestammel verfällt, oder sei es in Form mannigfacher Zufluchten zum vermeintlich anderen der Philosophie, der Religion wie bei Lévinas oder der Kunst wie bei Adorno und Derrida. Den Schlußpunkt bildet eine dilemmatische Alternative, die aus den Diskursen eine absurde Veranstaltung macht.

Hermann Schmitz, geboren 1928 in Leipzig, beschreitet von vornherein einen anderen Weg. Er beginnt sein zehnbändiges Hauptwerk *System der Philosophie* mit etwas eigentlich

Unphilosophischem: mit der Erfahrung der Leiblichkeit und dem Augenblick unmittelbarer Betroffenheit. »Ohne affektives Betroffensein wäre nämlich alles in gleichmäßige Neutralität getaucht.«[1] Schmitz betritt damit ein unbekanntes Terrain, auf dem die europäische Philosophie nicht nur nirgends zu Hause war, sondern dem sie sich systematisch verweigerte, um ihm sogleich den Stempel der Unwissenschaftlichkeit aufzudrücken. Die wahre Heimat des Denkens war stets die Seele oder der Geist; dagegen hat man die leibliche Befindlichkeit »jahrtausendelang in der Theorie vernachlässigt und in den Maximen der Theoretiker für das praktische Leben beargwöhnt ...«.[2] So galten traditionell das Gefühl, die Sensationen des Körpers, die singulären Erlebnisse des Erschrekkens oder der Lust als das Negative und Verachtete, weil sie weder Argument sein konnten noch der Wahrheit fähig, so daß sie buchstäblich ans unterste Ende der Philosophie verbannt wurden. Über Emotionen ließ sich nichts Sinnvolles oder Verbindliches aussagen, geschweige denn rechtfertigen; höchstens den Dichtern oder Mystikern wurde es zugestanden auszudrücken, wie ihnen zumute war. Und wer sich dennoch auf seine leiblichen Regungen berief, um sie in die Waagschale des Diskurses zu werfen, der stammelte bestenfalls Unsinn oder disqualifizierte sich selbst. Erst über den Umweg der Psychoanalyse war das jeweilige »Sich-Fühlen« des Menschen zum Sprechen zu bringen, um am Diskurs teilzunehmen und auf diese Weise in den Rang der Kultur aufgenommen zu werden. Das Ideal war der dressierte Gedanke, das selbstbeherrschte Werk; der Leib und seine Empfindungen gehörten hingegen zum philosophisch Degoutierten und Ausgegrenzten, das allein der Kunst vorbehalten blieb.

Hermann Schmitz versucht demgegenüber, das die Philosophie seit ihrem Beginn beherrschende Vorurteil zu durchbrechen und der Leiblichkeit wieder jenen Platz einzuräumen, der ihr gebührt. Seine Anstrengungen gelten der Rückwendung vom Primat des Diskurses, der Sprache und der Vernunft zu den fühlbaren Orten des Leibes und dem, was eindringlich gespürt wird und betroffen macht. Er sucht mithin zu jenen unausdrückbaren und nichtdiskursiven Bereichen des Leibes vorzudringen, wo die klassischen Kategorien der Wahrheit, des Grundes, des Sinns und der Subjektivität bedeutungslos und die rationalen Differenzierungen überflüssig werden. Denn die Leiberfahrung duldet weder Reduktion noch abstrakte Theoretisierung; zugänglich wird sie, indem man sich auf sie fühlend einläßt. Was sodann zum Ausgangspunkt von Philosophie avanciert, ist die vorbegriffliche Anwesenheit des Leiblichen, die in unwillkürlichen Eindrücken und direkter Befindlichkeit, der sich nicht entzogen werden kann, erfahren wird.

Philosophie ist darum nach Schmitz die Besinnung auf die unmittelbare Leiberfahrung des Menschen in seiner Umgebung. »Wenn ich vom Leib spreche, denke ich nicht an den menschlichen oder tierischen Körper, den man besichtigen oder betasten kann, sondern an das, was man in dessen Gegend von sich spürt, ohne über ein ›Sinnesorgan‹ wie Augen oder Hand zu verfügen, das man zum Zweck dieses Spürens willkürlich einsetzen könnte.«[3] Erfahrbar wird er in Formen des Betroffenseins, sei es als situiertes »Sich-Fühlen« oder als sich aufdrängende Affekte, die sich mit Macht zeigen und denen durch keine Sublimation auszuweichen ist. Es sind die Elemente einer Leibphilosophie, die die von Schmitz entwikkelte »Phänomenologie der Befindlichkeit« aufzuweisen trachtet. Ausdrücklich grenzt er sich dabei von der Phänomenologie Husserls, Sartres und Merleau-Pontys ab, die die reine Intentionalität des Bewußtseins und seines »Bedeutungsstroms« aufzudecken suchten, und spricht statt dessen von einer »neuen Phänomenologie«. Deren Gegenstand ist nicht die Pluralität des Bedeutens, welche von einer transzendentalen Subjektivität den Objekten verliehen wird, vielmehr die Vielfalt jener unhintergehbaren leiblichen Regungen und Empfindungen, die uns spontan bedrängen und sich unabweislich aufzwingen. »Phänomenologie«, schreibt Schmitz in *Der unerschöpfliche Gegenstand*, einer von ihm selbst besorgten Kurzfassung seines monumentalen *System der Philosophie*, »ist das Bestreben, durch systematische Abschälung aller vom Belieben abhängigen Annahmen den harten Boden der Phänomene freizulegen, nämlich der Sachverhalte, die man jeweils als Tatsachen anerkennen muß, weil man sie nicht im Ernst bestreiten kann. ... Ein Phänomen ist für jemand ein Sachverhalt, dem der Betreffende dann nicht im Ernst die Tatsächlichkeit bestreiten kann, wie sehr er sich auch durch Variation von Annahmen darum bemüht.«[4]

Solche unleugbaren Fakten bestehen für Schmitz in erster Linie in den pathetischen Gefühlen des Schmerzes und des Schocks, aber auch in Lachen, in plötzlicher Erschütterung oder in orgiastischer Befriedigung. Doch ist damit bereits eine grundlegende Weichenstellung vollzogen, die aus den Engführungen des Begriffsdenkens und seiner intellektualisierenden Präformation hinausführen soll: Schmitz' philosophische Emphase gilt dem Konkreten der Leiblichkeit, dem genuinen Sich-Spüren und Fühlen, dem, wofür nicht sofort ein Wort parat ist, was durch das Wort auch verstellt wird. Er geht derart zurück auf die unwillkürlichen Eindrücke und Evidenzen des Leibes, in denen sich sozusagen die Faktizität des empfundenen Lebens zeigt und die nicht intellektuell zerlegbar ist. Alle Versuche einer Verbegrifflichung scheitern hier, verfehlen das Phänomen und münden in verschwommene Redensarten, weil sie das Unmittelbare schon in Bestimmungen sistiert und verschlossen haben. Entsprechend lebt das philosophische Denken nicht aus der »Introspektion«, der sorgfältigen Selbstreflexion des Bewußtseins, das seine Inhalte zum Maßstab des Seins erhebt, auch nicht aus der rationalen Argumentation, die die Wahrheit der Welt in der Begründung des Grundes fixieren will, sondern vornehmlich vom genauen, fast idiosynkratischen Aufmerken auf fühlbare Leibbefindlichkeiten. Mit feinster Sensibilität horcht Schmitz in sich hinein, spürt noch den untergründigsten leiblichen Erlebnissen nach, sucht ihre Verwandtschaften und Unterschiede, ihr authentisches Zusammenspiel zu entdecken. Dabei ist sein Material das elementare affektive Berührtsein, und zwar soweit es leiblich durch »nicht im Ernst zu bestreitende« Grundempfindungen wie »Schmerz, Hunger, Durst, Schreck, Wollust, Frische, Mattigkeit, Behagen, Ein- und Ausatmen« zugänglich ist.[5]

Was dem Spürenden auf diese Weise begegnet, nennt

Schmitz »ein Gewoge verschwommener Inseln in größerer oder geringerer Zahl, dünnerer oder dichterer Verteilung«.[6] Nicht der Leib als Ganzer wird erfahren, sondern unspezifische Regionen, diffuse Zonen. Aus ihnen rekonstruiert Schmitz ein »Alphabet der Leiblichkeit«, das die »gestaltenden Kräfte des Leibes« in ein »einfaches, durchsichtig strukturiertes System« ordnet und gestattet, »die einzelnen leiblichen Regungen kombinatorisch zu rekonstruieren, wie Worte aus Buchstaben«.[7] Es bildet die Grundfolie leiblicher Vitalität. Die wichtigsten Elemente sind, wie die rhythmisch pulsierende Systole und Diastole, »Engung und Weitung«. Mal konkurrieren sie antagonistisch, mal fallen sie ins Extrem einer »Enge ohne Weite« wie im heftigen Schreck oder einer »Weite ohne Enge« wie beim Einschlafen, doch stehen sie zumeist in einem Grundgegensatz zueinander. »Leiblichsein bedeutet in erster Linie zwischen Enge und Weite in der Mitte zu stehen und weder von dieser noch von jener ganz loszukommen ...«[8] Ein ganzes Kaleidoskop von Leiberfahrungen bezieht Schmitz auf ihre Dialektik: Beklommenheit und gespannte Aufmerksamkeit ebenso wie muskuläre Anstrengung, Ringen um eine Sache, Kummer, Angst, Begierde und »hingebende Ergossenheit« an die Schönheiten der Natur. »Jede Gebärde, ja Gestikulation – einschließlich des planlosen Herumfuchtelns mit den Händen beim Reden – hat eine leiblich spürbare Gestalt, die aus der Enge hervor sich entfaltend Weite in Anspruch nimmt.«[9] Nur ein Kategorienpaar führt aus ihrer universalen Opposition heraus: die Tendenz zum »Dumpfen, Diffusen, Ausstrahlenden, worin die Umrisse verschwimmen«, und die entsprechend gegenläufige Tendenz zum Spitzen und Schärfenden, wodurch »Punkte und Umrisse« gesetzt werden, wofür er Müdigkeit und Ekel, Schmerz oder juckende Hautstellen anführt.[10]

Freilich ergibt sich hier ein erstes Problem. Das leiblich Gespürte geht der Sprache voraus; gleichwohl bedarf es zu seiner Beschreibung eben wiederum jener Sprache, die es von Anfang an entfremdet. Notwendig bedient sich Philosophie der Begriffe, über die sie doch hinauskommen will. Ist dann nicht jedes Wort bereits zuviel? Und sind diejenigen

Emotionen, die nicht im Ernst bestritten werden können, nicht gleichzeitig auch unsagbar? Schmitz begibt sich damit in das Dilemma des Ausdrückens von Unausdrückbarem und spricht am Rande des Diskurses. Daraus ergibt sich die Frage nach der Möglichkeit einer adäquaten Rede. Ausdrücklich verwirft Schmitz die einseitige Zuschreibung ins Dichterische, will vielmehr im Medium der »neuen Phänomenologie« zu einer exakteren Darstellung gelangen, ohne auf die Techniken der Rhetorik und Metaphorik zurückgreifen zu müssen. Die Schwierigkeit gleicht der der Psychoanalyse: Wenn diese die Theorie des Unbewußten sein will, die Sprache jedoch dem Bewußtsein angehört, dann kann es keine Sprache des Unbewußten geben, und die Psychoanalyse bleibt eigentlich sprachlos. Im gleichen Sinne kann es keine Leibphilosophie geben, die das flüchtige leibliche Spüren zur Grundlage eines Systems machte, zumal Schmitz der Sprache innerhalb dieses Systems einen späteren Platz zuweist. Notwendig wird dann das Spätere zum Mittel des Ausdrucks des Früheren.

Das Dilemma verwirft nicht den Ansatz der Schmitzschen Philosophie im Ganzen, wohl macht es aber deren problematische Rechtfertigungsstruktur deutlich. Insbesondere wirft es die Frage nach der Legitimität einer Rede auf, die sich durchweg einer extensiven Substantialisierung befleißigt, wo nur unbestimmte Unmittelbarkeiten regieren. Die Problematik entspricht der des Verhältnisses von Diskursivität und Nicht-Diskursivität. Die Philosophie von Schmitz macht insofern innerhalb der prekären philosophischen Konstellation dieses Jahrhunderts keine Ausnahme: wie Heidegger, Lévinas, Derrida oder Adorno gerät auch er in jene Grenzbereiche der Rede, wo diese absurd zu werden droht, weshalb andere Verfahren des Ausdrucks gefunden werden müssen. Doch während diese der Absurdität dieses Unternehmens durch ihren eigenwilligen sprachlichen Gestus Rechnung zu tragen versuchen, glaubt Schmitz sich ihr durch Rekurs auf die schlichten vorsprachlichen und damit unbegrifflichen Leibempfindungen entziehen zu können – und gerät derart noch tiefer ins Dilemma.

Zudem bleibt die Frage, ob die authentischen Sensationen

leiblicher Betroffenheit, auf die sich Schmitz beruft, überhaupt existieren. Jedes Fühlen und Empfinden, sei es Zorn oder brennende Leidenschaft, sind, soweit sie einen Namen tragen, in ein Gefecht von Bedeutungen und Zuschreibungen eingesponnen wie in einen sie umhüllenden Kokon, in dem sich ihr vermeintlich Naturhaftes unablässig verpuppt. So schreiben sich die Diskurse, wie gleichermaßen Jacques Derrida und Judith Butler etwa für die Geschlechterdifferenz behauptet haben, bis in die Struktur der Körper ein, konstituieren Abneigungen, Vorlieben, Sensibilitäten und Unberechenbarkeiten, die nicht in aller Unschuld als »unbestreitbare« Tatsachen hingenommen werden können. Vom Körper zu sprechen und seine Funktionen benannt zu haben, heißt ihn bereits eingeteilt, zerlegt und dichotomisiert zu haben. Gleiches gilt von Gefühlen: Ein Raster von Empfindlichkeiten überzieht unseren Leib und verleiht ihnen bereits eine Ordnung. Schmitz verkennt es systematisch: Er vermag nicht das, was die Sprache im Leiblichen buchstäblich anrichtet, zu thematisieren, weil nicht diese der *Logos* von jenem ist, sondern umgekehrt der Leib zum *Logos* der Welterfahrung wird.

II.

Viel fundamentaler als das Denken und seine Bestimmungen, erscheint bei Hermann Schmitz das Erspürte. Dessen Wahrheit ist Evidenz. Der Leib wird so zum Absoluten, zum unbedingten »Prinzip« der Philosophie. Durchgängig bezeichnet er ihn als das Erste, von dem alle Erfahrung ihren Ausgang nimmt. Nur dem Erfühlten kommt eigentliche Realität zu: Wirklichkeit erscheint durch die emotionale Ergriffenheit eigentümlich beseelt. Gegenwart bedeutet dann nicht primär »In-der-Welt-Sein«, sondern »Im-Leib-Sein«, und zwar in dem Sinne, daß sie unmittelbar leiblich angeht. Leibhaft befinde ich mich in der Welt und werde von ihr betroffen: Das bedeutet auch, daß nicht *ich* es als Subjekt meiner Sinne bin, der oder die etwas wahrnimmt, auch nicht mein Auge, das seine Eindrücke physiologisch umsetzt, sondern mein Leib »sieht«, »hört«, »riecht« oder »schmeckt« in dem Sinne, daß ihn das Sichtbare, Hörbare, Riechbare und Schmeckbare angeht. Wahrnehmungen beruhen so auf der Dynamik des Leiblichen – womit freilich eine ganz andere Sicht auf die Dinge induziert ist, und es gehört zu den Leistungen der Schmitzschen Philosophie, die Möglichkeit dieses Horizonts geöffnet zu haben. Denn es gibt nach Schmitz keine isolierten und scharf umrissenen Gegenstände, auf die wir uns als solche beziehen könnten; vielmehr stehen sie immer schon in einer räumlichen Gesamtheit zueinander, welche gleichsam einen gemeinsamen Hof arrangiert, in dem die Gegenstände lokalisiert sind. Ein Ding begegnet nur in seiner Umgebung, die es mit seiner besonderen Note einfärbt, und es daraus herauslösen hieße, ihm seine Seele zu rauben. »Gegenstand ... ist nicht nur der, den ich vor mir habe, auf den ich hinsehen und nach dem ich greifen kann, sondern auch der Gegenstand, der mich umschließt und durchdringt ...«[11] Nicht ein Einzelnes ist mir gegeben, das ich auf seine Eigenschaften hin untersuchen kann, sondern *etwas* betrifft mich und löst meinen fühlenden Mitvollzug aus. Hier ist ein Baum, dort ein Fenster, da ein Buch; aber jeder der Gegenstände ist nur durch die Erscheinung der anderen, und sie gewinnen erst ihren spezifischen Charakter durch die Weise ihrer Wirkung auf mich. Wahrnehmen ist so stets an Gefühle gebunden: Die Dinge sind sozusagen von Empfindungen umwoben, und diese sind es auch, die berühren, nicht die »harte« Gegenständlichkeit mit ihrer scheinbar objektiven Bestimmung.

Schmitz verwirft damit die klassische Dingontologie. Das Seiende ist nicht durch seine jeweiligen Qualitäten determiniert, sondern es entsteht aus den unendlichen Abschattungen der Berührung. Darum stehen wir ihm nicht gemäß der selbstverständlich gewordenen Teilung von Subjekt und Objekt selbständig gegenüber, um es betrachtend zu klassifizieren oder anzueignen, sondern es geht aus der Gesamtheit von Eindrücken hervor, wodurch es allererst »leiblich« zu Leben erweckt wird. Das heißt aber, wir erleben die Welt nicht primär erkennend durch unser Bewußtsein oder symbolisch durch unseren Geist, sondern emotional durch die Weise, wie sie uns als Leib je unterschiedlich »einstimmt«. Darin besteht wohl die hauptsächliche Provokation der Schmitzschen Philosophie an die Adresse der bestehenden: »Wirklichkeit kommt uns bei Überraschungen und Enttäuschungen – peinlichen und freudigen – zu Bewußtsein«[12], das heißt angesichts von Gefühlen und Stimmungen, die von uns Besitz ergriffen haben. Strenggenommen existieren dann keine individuierten, unverwechselbaren Gegenstände, sondern lediglich eine Unzahl von Variationen, die jener Atmosphäre entsprechen, von der sie hervorgebracht werden. Die Trauer gibt einer Landschaft eine andere Färbung als die Freude: Aber es ist nicht dieselbe Landschaft, die uns unterschiedlich erscheint, sondern es sind verschiedene Landschaften, weil die scheinbare Identität der Einzelheiten, die sie ausmacht, bestenfalls einer fiktiven Abstraktion entstammt.

Schmitz' Einwände gegen die Ontologie erwachsen aus einer grundsätzlichen Verdinglichungskritik. Diese trifft die »Erschöpfung des Gegenstandes«, die ihm durch seine wissenschaftliche Objektsetzung widerfuhr. Sie impliziert daher zugleich eine Wissenschaftskritik. Statt dessen versucht Schmitz jene volle »Unerschöpflichkeit des Gegenstandes« wiederzugewinnen, wie sie der Mannigfaltigkeit der Gestimmtheiten und Eindrücklichkeiten entspringt. »Wir können wieder das Unzählige, wo es sich augenscheinlich zeigt, gelten lassen, nicht als das sehr Viele, sondern als Unzähliges im strikten Sinne, als das nicht zahlfähige, chaotische Mannigfaltige der Bedeutungen, wodurch Situationen und Eindrücke vielsagend sind.«[13] Aus ihrem unklaren Nebel kristallisiert sich Faßbares: Es sind die Gefühle, die die Realitäten stiften, wie die Realitäten Gefühle sind, die objektiv angehen. Es wäre allerdings ein Mißverständnis, wollte man die Schmitzsche Philosophie auf diejenigen subjektiven Zustände reduzieren, die gewöhnlich mit dem uns zur Verfügung stehenden Katalog von Emotionen identifiziert werden. Viel genauer definiert Schmitz sie als »ortlos ergossene Atmosphären ..., die einen Leib ... in der Weise des ... affektiven Betroffenseins heimsuchen, wobei dieses die Gestalt der ... Ergriffenheit annimmt«.[14]

An diesem Begriff der »Atmosphäre« hängt das ganze Pathos der Leibphänomenologie. Er bildet deren Grundkategorie. Schmitz nennt sie in »unbestimmte Weite« räumlich ausgedehnt.[15] Dabei entsteht sie nicht aus der besonderen Konstellation der Dinge im Raum, etwa durch eine bestimmte Anordnung von Möbeln oder Licht; ihr Eigentümliches besteht vielmehr darin, daß sie uns »unwillkürlich« widerfährt. Sie erscheint darin als ein »objektives Gefühl«, das einen in den Bann schlägt oder überkommt, gleichgültig, ob man ihm nachgibt oder es zu fliehen sucht. Solches wird zuweilen sehr dramatisch empfunden, wie bei Liebe und Haß oder in Zorn und Neid, aber auch subtil, etwa wenn das Fehlen einer geliebten Person gleichsam den Himmel schwarz tönt oder wenn in der Dämmerung Stille aufkommt. »Gefühle sind Atmosphären, die sich ergreifend über viele Menschen gemeinsam legen können, aber auch solche Gefühle, die man für Privatsache des Einzelnen hält.«[16] Sie kennzeichnen nicht »innerweltliche Seelenzustände«, sondern äußere »Bestandteile der Umgebung, in die ein erlebender Mensch hineingeraten kann«.[17]

Schmitz vergleicht sie darum mit Mächten; sie wehen an wie der Wind oder erzeugen eine Witterung wie das Wetter, denen man sich nicht zu entziehen weiß. Sprichwörtlich sind die »Seligkeit des Abendhimmels«, die »Heiterkeit des Meeres« oder die »düstere Leidenschaftlichkeit der Gewitterwolken«. Ähnliches gilt von der »Sonntagsstimmung«, für die »Ruhe vor dem Sturm«, für die Spannung, die entsteht, wenn plötzlich ein Unbekannter den Raum betritt oder für die beklemmende Verlegenheit angesichts einer begeisterten Menschenmenge. Nicht nur ein Einzelner wird von ihnen beschlichen, sondern ganze Gruppen gleichzeitig wie in Massenhysterie, ohne daß es dafür einen Grund gäbe. Am stärksten aber merkt man ihre Mächtigkeit, so Schmitz, wenn man sich konträr zu anderen gestimmt fühlt oder von anderen »umgestimmt« wird. Entgegengesetzte Gefühle können sich so an beherrschende Atmosphären angleichen oder sie überlagern; sie können gerade durch den Gegensatz ihre eigentliche Tiefenwirkung entfalten oder in unangenehmen Kontrast geraten und sich darin sogar verstärken, wie die Einsamkeit in ausgelassener Gesellschaft oder die Müdigkeit bei andächtiger Versenkung. »Weil die eigene Trauer gerade kein subjektiv-privater, ausgedehnter Seelenzustand, sondern eine ganzheitlich das Erlebnisfeld durchstimmende Atmosphäre wie das Klima ist, wird dieses Feld, und damit das ganze eigene Erleben, in Zwiespalt versetzt, sobald eine andersartige, mit der Trauer unvereinbare ganzheitliche Atmosphäre – etwa als über die äußere Umgebung ergossene strahlende Heiterkeit – sich darin verbreitet, ohne daß eine vereinheitlichende Anpassung durch Absorption oder Verschmelzung gelingt.« [18]

Entscheidend ist, daß Schmitz auf diese Weise jegliche Zuordnung von Stimmungen zu einem empfindenden Subjekt bestreitet, das seine Quelle wäre. Gefühle oder Atmosphären »gehören« nicht der Seele, die sie nach außen projizierte; vielmehr bilden sie ein Äußeres, daß unsere jeweilige Sensibilität trifft. Mit dieser Verkehrung der Verhältnisse verbindet sich eine Kritik der Seele. Vieles hat Schmitz dabei von Ludwig Klages übernommen, insbesondere von dessen *Der Geist als Widersacher der Seele.* Tatsächlich verbietet sich ja zumeist die Verbindung von Subjektivität und Gefühl, denn wir entscheiden uns nicht zur Dankbarkeit oder zur Scham, sondern wir empfinden so. Emotionen entstehen unabhängig von jedem Entschluß; doch hat dafür die Psychoanalyse ein Modell bereitgestellt, das das Emotionale ans Unbewußte koppelt, welches einer anderen Logik gehorcht als das Bewußtsein. Schmitz geht noch einen Schritt weiter, wenn er überhaupt jede Rede von der Innerlichkeit des Psychischen ablehnt, als ob das Seelische im Leib gleichsam wie in einem Kerker eingeschlossen sei. Alle Psychologie erweist sich dann als eine Wissenschaft gewordene Verkennung: Sie leugne die Macht des Atmosphärischen, wenn sie die Seele zum »inneren Gesicht« stilisiere, das seine Gefühle auf magische Weise nach außen projiziere, um sie der Wirklichkeit anzudichten. Nach Schmitz verhält es sich vielmehr umgekehrt: Der Subjektivierung der Gefühle hält er ihre Objektivierung entgegen, wodurch allererst verständlich werde, weshalb wir schwankenden Stimmungen unterworfen und atmosphärischen Wechselfällen ausgeliefert seien.

Diese Kritik der Seele bezeichnet den eigentlichen Dreh- und Angelpunkt der Schmitzschen Philosophie. Sie dient der Abweisung des Phantasmas der Souveränität, der Umkehrung der Befreiung der Person vom Diktat seiner Regungen. Eine Jahrtausende währende Emanzipation habe den Menschen die Illusion vorgegaukelt, er könne lernen, seine Gefühle zu kontrollieren; dagegen seien Gefühle selbständige Mächte, die ihn beherrschten. So sei es widersinnig, daß er sich einbilden könne, über sie Macht zu erlangen. Insbesondere versucht Schmitz nachzuweisen, wie diese Entstellung mit dem Anfang der griechischen Philosophie, ihrer Ablösung vom Mythos einsetzte und seither das Selbstverständnis der europäischen Kultur prägte. »Schmitz zeigt im Rahmen einer historischen Anthropologie, daß die Projektionsthese eine Introjektion voraussetzt. Er zeigt, daß in unserer Kultur historisch früh, und das heißt im homerischen Zeitalter, Gefühle als etwas *draußen* erfahren wurden, als Mächte, die erregend in die menschliche Leiblichkeit eingreifen. Das ist ... Schmitz' Rekonstruktion der griechischen Götterwelt. Auf diesem Hintergrund erscheint so etwas wie Seele überhaupt als eine ›phänomenwidrige Konstruktion‹. Was phänomenal gegeben ist, nämlich gespürt wird, ist der menschliche Leib in seiner Ökonomie von Spannung und Schwellung und ferner in affektiver Betroffenheit, die sich in leiblichen Regungen manifestiert.«[19]

Dann aber folgt aus der Kritik der Seele gleichzeitig eine Philosophiekritik, die gleichsam noch vor die Wegbiegung der Vorsokratik zurück ins homerische Zeitalter zu gelangen sucht, um jenen Ursprung aufzufinden, der erlaubt, die Verstellungen philosophischer Aufklärung und die mit ihnen verbundene Autonomie der Person rückgängig zu machen. Nicht diese ist die Wurzel des Selbst, sondern der Leib und die Eigenart seines Gegenwärtigseins im Atmosphärischen, aus deren Mächten es sich erhebt, um immer wieder in sie zurückzusinken. Schmitz verneint so die Selbständigkeit des Subjekts, um ihm die Selbständigkeit objektiver Atmosphären entgegenzusetzen, die für ihn ebenso selbstverständliche Realität sind, wie die Tatsachen der Natur. Sie werden zu Substanzen, die auf ihre Weise die Welt bevölkern. »Alle vermeintlichen Inhalte des Bewußtseins passen nicht in ein mythisches Privathaus, mit dem der Mensch gleichsam in die Welt hineingeboren würde, sondern sie kommen, soweit sie nicht bloße Erdichtungen sind, in der gemeinschaftlichen Welt nicht prinzipiell anders vor als Häuser und Bäume. ... Gefühle sind nicht subjektiver als Landstraßen, nur weniger fixierbar.«[20]

Fast scheint es, als seien wir dann für unsere Zustände nicht mehr verantwortlich. Plötzlich erscheinen sie wie das Dämonische, grundlos und ohne unser Zutun, und schlagen uns in ihren Bann. Willenlos werden wir von ohnmächtiger Raserei gepackt oder von tiefer Trauer befallen. Schmitz entrechtet das Subjekt; er entzieht ihm die Instanz der Rechtfertigung für sein Handeln und entbindet es der Schuld. Gefühle, von denen es sich überwältigt sieht, können nicht verantwortet werden: Sie werden erlitten. Meist klingen denn auch Schmitz' Beschreibungen nach der Unausweichlickeit eines Schicksals, das einzig Hinnahme erlaubt, statt Aufbegehren. Und doch enthält auch diese radikale Umkehrung humanistischer Ideale der Aufklärung ein Stück Sehnsucht nach Humanität, weil sie den Blick schärft für die Ökonomie des Leibes und seiner Gefühle, die uns auf ihren Schlachtfeldern zuweilen zu Opfern auserkoren haben, um die Ohnmacht des Geistes vorzuführen.

Anmerkungen

1 Hermann Schmitz, Der unerschöpfliche Gegenstand, Bonn 1990, S. 7.
2 Ebd., S. 115.
3 Ebd.
4 Ebd., S. 34.
5 Ebd., S. 115.
6 Ebd., S. 119.
7 Ebd., S. 121.
8 Ebd., S. 122f.

9 Ebd., S. 125.
10 Ebd., S. 126.
11 Ebd., S. 1.
12 Ebd., S. 41.
13 Ebd., S. 2.
14 Hermann Schmitz, System der Philosophie, 5 Bde. in 10 Büchern, Bonn 1964-1980, Bd. III, 2, S. 343.
15 Vgl. ebd., S. 98.
16 Ders., Der unerschöpfliche Gegenstand, a. a. O., S. 293.
17 Vgl. ders., System der Philosophie, III, 2, a. a. O., S. 137.
18 Ebd., S. 105.
19 G. Böhme, Atmosphäre, Frankfurt/M. 1995, S. 30.
20 Hermann Schmitz, System der Philosophie, III, 2, a. a. O., S. 87.

»Demokratische Askese«. Naturwissenschaft, Ethik und Religion bei Carl Friedrich von Weizsäcker

»Wahre Wissenschaft kann es nicht ohne Philosophie geben, Philosophie nicht ohne die Essenz der Religion.«
Carl Friedrich von Weizsäcker

I.

Das griechische Wort für »Natur« heißt *Physis. Phyo* bedeutet »ich zeuge«; *phyesthai* »wachsen«. *Physis* ist dann dasjenige, das sich im Sinne des Wachsens und Erblühens selbst zeugt. Natur wird erkannt als reines Werden; sie ist *natura naturans*: schöpferisches Prinzip. So steckt im Wort *Physis* auch eine ursprüngliche Weltbewunderung. Sie kommt gleichermaßen zum Ausdruck, worin die Griechen das Ganze dachten: *Kosmos. Kosmos* bezeichnet die Einheit des Wahren, Guten und Schönen. Er ist das wohlgeordnete »Eine«, in dem nach einer »Symphonie« des Seins alle Elemente einträchtig zusammenklingen. Natur, als lebendiges »Sich-Zeugen«, zeugt so zugleich von ihrer inneren Harmonie und Vollkommenheit.

Solche Weltbewunderung ist der Moderne abhanden gekommen. Natur wird nurmehr Materie, zerlegbar in lauter tote Atome, deren Reaktionen und Bewegungen durch Gesetze beschreibbar erscheinen. Was einst als in sich stimmiger Organismus galt, läßt keinerlei eigenständiges Leben mehr erkennen. Bestenfalls noch ihren Namen ererbte die Physik von der antiken *Physis*; doch ist sie nicht länger Denken des Werdens und Erzeugens, sondern Zerlegung in ihre Bausteine und Sezierung ihrer Verläufe. Ihre Sprache ist die Mathematik, die sich wiederum in Form abstrakter Kalküle und Strukturen ausdrückt. Der Grundzug der neuzeitlichen Wissenschaft ist darum der Rationalismus: Er ist, wie Carl Friedrich von Weizsäcker es ausdrückt, »das Wagnis einer Erkenntnis ohne Liebe«.[1]

Weizsäcker entstammt einer weitverzweigten protestantisch-liberalen Familiendynastie. Sein Großvater war württembergischer Ministerpräsident, sein Vater Diplomat im Dienste des Deutschen Kaiserreiches, sein Onkel Viktor, den er auch seinen »geistigen Vater« nennt, Neurologe und Begründer der Psychosomatik. Am 28. Juni 1912 in Kiel geboren, verbrachte er seine Kindheit und Jugend zunächst in Basel, dann in Kopenhagen und Berlin. Schicksalhaft wurde die Begegnung des Vierzehnjährigen mit Werner Heisenberg; dieser überredete ihn zum Studium der Physik. 1933 promovierte Weizsäcker bei ihm in Leipzig, drei Jahre später erfolgte die Habilitation, und 1942 erhielt er schließlich die erste Professur für theoretische Physik an der Universität Straßburg. Von Anfang an lag dabei das Schwergewicht seiner Arbeit auf dem Gebiet der Atomphysik, vor allem der Quantenmechanik – ein »Orchideenfach«, wie er sagte, das »nutzlose« Grundlagenforschung erlaubte. Hier erzielte Weizsäcker eine Reihe wichtiger Ergebnisse, die ihn in Fachkreisen bekannt machten: so die Aufstellung einer Massenformel für Atomkerne – die sogenannte »Bethe-Weizsäcker-Formel« –, die Entdeckung des »Kohlenstoffzyklus« als Quelle der Sternenergie sowie die Formulierung einer Theorie der Planetenentstehung. Doch galt sein Hauptinteresse nicht eigentlich der Physik, sondern ihrer Philosophie. »Daß ich Physik studierte, um die Quantentheorie philosophisch zu verstehen, war offensichtlich. Aber vorerst scheiterte ich an der Aufgabe. Die Grenzen meines mathematischen Talents machten mir das Technische schwerer als den meisten theoretischen Physikern. Die philosophischen Probleme dieser Physik aber bewegten zwar das Gemüt der Physiker, doch lernte ich schrittweise, daß weder sie noch die zeitgenössischen Philosophen sie in den Griff bekamen. Ich wich für 25 Jahre, nur leise über die Quantentheorie weitermeditierend und von depressiven Selbstvorwürfen geplagt, in unphilosophische, konkrete Physik aus«, schreibt Weizsäcker in seiner *Selbstdarstellung.*[2] Er wird den Mangel später, besonders in *Aufbau der Physik* und *Zeit und Wissen* aufzuheben versuchen.

Das Problem der Quantenmechanik besteht im Skandal ihrer Unverständlichkeit. Dieser liegt nicht so sehr in ihrem

»esoterischen« Charakter, der sie für den Laien nicht mehr nachvollziehbar macht, als vielmehr in einer Anzahl irritierender Resultate, die auffallende Paradoxien und Absurditäten zeigen. Sie scheinen dem gewöhnlichen Sinn der Wirklichkeit zu widersprechen: so die Komplementarität zwischen Welle und Teilchen, die Heisenbergsche Unschärferelation oder haarsträubende Rätsel, die unter dem Titel »Schrödingers Katze« oder »Wigners Freund« bekannt geworden sind. Sie nötigen zur philosophischen Reflexion. Weizsäcker enthüllt sie als Konsequenz der immanenten theoretischen Struktur der Quantenmechanik: »Der Schlüsselbegriff ... ist der Begriff der Wahrscheinlichkeit«[3] – ein Umstand, worauf gleichermaßen auch Erwin Schrödinger und Karl Raimund Popper hingewiesen haben. Die Quantenmechanik verfährt mithin als statistische Theorie, die keinerlei Aussagen mehr über Wirklichkeit macht, sondern höchstens über Potentialitäten. »Das tiefe, noch nie genug verstandene philosophische Problem der Quantentheorie liegt ... darin, daß ... jede klassische faktische Beschreibung ... nur eine Näherung ist. Wenn die Quantentheorie richtig ist, so ist die Wirklichkeit in Strenge niemals faktisch. ... Wenn die heutige Physik richtig ist, so ist der Objektbegriff selbst ... nur eine Approximation.«[4] Die Quantenmechanik läßt daher weder gesicherte noch generelle Urteile zu, sondern sie spricht über Vorhersagen in Ereignisräumen. Sie impliziert eine grundlegende Relativität, die keine Unsicherheit des Erkenntnismittels ist, sondern des Gegenstandes selber. Denn es gibt eine prinzipielle Differenz zwischen Wahrscheinlichkeitsaussagen und den tatsächlich eintretenden Ereignissen: Zwischen ihnen besteht eine Unschärfe, weil die errechneten Werte nicht mit den beobachteten korrespondieren. Sie bilden deswegen auch keine objektiven Größen, sondern kontingente. Entsprechend nannte sie Ludwig Wittgenstein »unvollständige Beschreibungen«: Sie produzieren kein Wissen, das sich nach überprüfbarer Wahrheit und Falschheit befragen ließe, allenfalls entscheidbare Prognosen, die im Kontext gewisser Häufigkeiten, Zufallsstreuungen und Stichproben eine annähernde Bestätigung finden. Aus diesem Grunde kommt ihnen auch nicht der Status der Notwendigkeit zu, sondern lediglich der Möglichkeit.

Diese Struktur der Wahrscheinlichkeit läßt die Quantenmechanik in ihrem Wesen radikal indeterministisch werden – und stellt sie damit in schroffen Gegensatz zur klassischen Physik. Weizsäcker hat in mehreren Anläufen versucht, ihr sowohl ein mathematisches als auch ein philosophisches Fundament zu verleihen. Seine mathematischen Bemühungen betreffen dabei die Begründung einer probabilistischen Logik auf der Basis eines allgemeinen Kalküls zeitlicher Aussagen; diese wird vertieft in der Theorie der »Ure«, jener fabelhaften Entitäten, die keine sind, sondern formale Entscheidungskonstellationen.

Weizsäckers philosophische Anstrengungen gelten hingegen der Transformation der Ontologie. Die klassische Physik unterstellt die Homogenität und Kontinuität ihrer Gegenstände. Diese Voraussetzung läßt sie allererst als bestimmbare, wohldefinierte und abgrenzbare Objekte hervortreten. Mit einem Ausdruck von Martin Heidegger könnte man von einer Ontologie der »Vorhandenheit« sprechen: Das Seiende ist ein lokalisierbares »Anwesendes« in Raum und Zeit, das uns als »Gegen-Stand« buchstäblich »vor Augen gestellt ist«. Diese naive Ansicht wird durch das theoretische Gerüst der Quantenmechanik außer Kraft gesetzt, eben deshalb, weil sie es nicht mehr mit eindeutig identifizierbaren Objekten zu tun hat. Es »gibt« in diesem Sinne keine Elementarteilchen, weil das Instrument ihrer Untersuchung wiederum auf Elementarteilchen beruht und jede Analyse immer schon ihren Begriff voraussetzen muß. Die Bestimmung ihrer Beschaffenheit wird damit grundsätzlich zirkulär, so daß ihnen keine definitive Objektivität zukommen kann. Man hat insofern vom »subjektiven Charakter« der modernen Physik gesprochen, und Weizsäcker tut es in *Der Garten des Menschlichen* auch, weil das Subjekt der Beobachtung bereits an der Erzeugung der experimentellen Fakten mitarbeitet. Dieser durchgehenden Subjektivität entspricht die Beschreibungsform der Wahrscheinlichkeit, insofern in dieser Zeit und somit Veränderung immer schon mitenthalten ist.

Wahrscheinlichkeitsaussagen, so Weizsäcker, beziehen sich auf künftige Ereignisse; ihnen ist der Modus der Zukunft inhärent. Zukünftiges verlangt jedoch, daß wir unseren Einfluß mitdenken müssen: So gelingt Weizsäcker eine schlüssige Rekonstruktion der modernen Physik aus der Verknüpfung von Wahrscheinlichkeit, Subjektivität und Zeit. Sie ist nicht mehr im Lichte der klassischen Ontologie zu lesen; vielmehr verlangt sie eine neue Philosophie der Naturwissenschaft.

Allerdings neigt die moderne Physik dazu, die Grundlagen der Quantenmechanik selber mißzuverstehen, indem sie theoretisch zwar die traditionelle Ontologie verwirft, sie diskursiv als Beschreibungsmittel aber beibehält. Sie gibt sich systematisch ihr eigenes Geheimnis auf. Der Skandal der Unverständlichkeit moderner Physik löst sich in eine Reihe von Mystifikationen auf, die dadurch entstehen, daß die Interpretationsebenen miteinander vermischt werden. Anders gesagt: das philosophische Problem der Quantentheorie ist eigentlich ein Auslegungsproblem. Ihre Ungereimtheiten und Widersprüche sind Folgen einer irreführenden Deutung, die für Realität hält, was nicht als solche verstanden werden kann. Umgekehrt verschwindet jedes Mysterium, wenn auf den Gebrauch der herkömmlichen ontologischen und erkenntnistheoretischen Kategorien verzichtet wird und der »Modellsinn« der modernen Physik gewahrt bleibt. Dann ist sie mehr in die Nähe der Kunst gestellt als der Wissenschaft.

Solcher Verzicht nötigt gleichzeitig zur Bescheidenheit. Dies gilt um so mehr, als für Weizsäcker die Physik heute zur Zentraldisziplin der Naturwissenschaften überhaupt avanciert ist, von der aus sich das Ganze der Natur erschließen läßt. Sie ist dies insofern, als jedes Denken natürlicher Vorgänge von ihr seinen Ausgang nehmen muß und sich ihre Grundsätze im Prinzip auch auf den Bereich des Organischen ausdehnen lassen müssen. »Alles in der Welt, auch die Organismen, auch wir, bestehen aus *einer* Art von Substanz. Die Gesetze, denen diese Substanz genügt, formuliert die Physik. Also kann man alles im organischen Leben gemäß den Gesetzen der Physik beschreiben.«[5] »Ich bin der Meinung, und ich glaube die Biologen sind heute so gut wie durchgängig der

Meinung, daß die Quantentheorie ein vollständiges und hinreichendes Gesetzes-System auch für das Verhalten lebender Materie bietet.«[6]

So bahnt sich ein Holismus in den Wissenschaften an, der zugleich in dem Maße, wie die Quantentheorie kein exaktes Wissen zuläßt und unseren eigenen Bezug auf die Dinge stets mitdenkt, ein neues Verständnis der Wirklichkeit und der Natur hervorbringt. Mit den Naturwissenschaften revolutioniert sich auch unser Verhältnis zur Welt, weil nach Weizsäker wieder jenes Staunen über deren Zauber möglich wird, welches nach Aristoteles am Beginn jeden Philosophierens stehen muß. Für Weizsäcker führt der Weg jedoch zurück zu Platon und dem Denken des »Einen«, dessen Schatten die Mathematik der Quantenmechanik zwar gewahr wird, das sich selbst aber gleichwohl ewig entzieht.

Programmatisch hat Weizsäcker diesen Weg bereits in seiner Göttinger Vorlesung *Die Geschichte der Natur* von 1946 beschritten und später, seit 1957, als Lehrstuhlinhaber für Philosophie an der Universität Hamburg in seinen Büchern *Die Einheit der Natur* und *Der Garten des Menschlichen* immer weiter vertieft. Es ist der Versuch einer einheitlichen Übersicht, der von jenen beiden Hauptsätzen ausgeht, die zu so etwas wie dem Credo der Weizsäckerschen Philosophie geworden sind: »Die Natur ist älter als der Mensch. ... Der Mensch ist älter als die Naturwissenschaft.«[7] Beide Sätze spiegeln Halbkreise, die sich zum »Kreisgang« als Prinzip der philosophischen Reflexion – ebenfalls ein zentraler Topos Weizsäckers – schließen: Der erste beschreibt nach dem Stand des Wissens die Geschichte der Natur von ihren Anfängen bis zum Menschen, der sie begreifen lernt; der zweite, sozusagen im rückwärtigen Verlauf, die Geschichte der menschlichen Kultur bis zu den Gipfeln der Naturwissenschaften, an deren Ende eben wieder jenes Naturverständnis steht, dessen Geschichte im ersten Halbkreis erzählt wurde. Der Mensch kann sich so nur in bezug auf die Natur verstehen, die ihn übersteigt; doch jedes Verstehen von Natur setzt den Menschen gleichzeitig als Verstehenden und als Naturwesen immer schon voraus. Die alte Vorstellung der *Physis* als

Sich-selbst-Zeugendes wird damit erneut ins Recht gesetzt und zugleich auf den Menschen als ein ihm Sich-Zeigendes und Sich-Entziehendes bezogen. Alles Denken der Natur ist in diese Ambivalenz gestellt: Es ist vom Menschen nicht zu trennen, wiewohl Natur ein vom Menschen Getrenntes ist, das sich in seinen Gestalten und Schönheiten erst dadurch enthüllt, daß er sie als solche erfaßt. Beide gehen miteinander ein verletzliches Gleichgewicht ein; und es liegt am Menschen zu erkennen, daß die Natur, als Ältere, ihm ein permanent anderes bleibt, das er nicht beherrschen kann, sondern lieben muß, um sich selbst zu finden.

II.

Zu den erschütterndsten Erfahrungen des Jahrhunderts gehört indes die Einsicht, daß die naturwissenschaftliche Grundlagenforschung keine zweckfreie Kontemplation bildet, sondern, wie jede Wissenschaft ebenso wie die Philosophie, politisch ist. Von Otto Hahn wurde Weizsäcker über die Möglichkeit der Kernspaltung informiert, die der Atomphysik mit einem Schlag ihre Unschuld raubte. Während des Krieges wirkte Weizsäcker im sogenannten »Uranverein« mit, der die technische und militärische Verwertbarkeit der Kernspaltung und der mit ihr verbundenen Kettenreaktion ausloten sollte – ein Projekt, das zwar bald als zu schwierig aufgegeben werden mußte, das gleichwohl indirekt zur Forcierung der Arbeiten Robert Oppenheimers und Edward Tellers in den USA beitrug. Weizsäcker verband mit seiner Mitwirkung, wie er selbst eingestand, die fast tragische Illusion einer positiven Einflußnahme auf die Entwicklungen des nationalsozialistischen Deutschland: »Ich teilte keine Meinung des NS-Credo, kam mit Regimegegnern mühelos in Gefühlsverbindung und Gespräche und erwartete etwas unaussprechbar Außerordentliches von den Ereignissen. Dies war der Hintergrund meiner Hoffnung, durch die Uranarbeiten einen Zugriff zur Macht zu erhalten. Der Traum, eine bessere Zukunft einem Manne wie Hitler verständlich zu machen.«[8]

Dieses, wie er später bekannte, phantasmagorische Verhältnis zu den Problemen der Politik, ließ Weizsäcker nach dem Kriege zeitweilig in Verdacht geraten: Zusammen mit anderen Physikern wurde er in England interniert und ihre Gespräche wurden abgehört. Die Schuldfrage und die damit verbundene tiefe Lebenskrise führten schließlich in den 50er Jahren zum entschiedenen Engagement für den Weltfrieden: Anläßlich der Pläne zur atomaren Bewaffnung der deutschen Bundeswehr verfaßte er die ebenso von Otto Hahn, Werner Heisenberg, Max Born und vielen anderen unterzeichnete »*Göttinger Erklärung*«: »Für die Entwicklungsmöglichkeit der lebensausrottenden Wirkung der strategischen Atomwaffen ist keine natürliche Grenze bekannt. Heute kann eine taktische Atombombe eine kleine Stadt zerstören, eine Wasserstoffbombe aber einen Landstrich von der Größe des Ruhrgebiets zeitweilig unbewohnbar machen. ... Wir leugnen nicht, daß die gegenseitige Angst vor den Wasserstoffbomben heute einen wesentlichen Beitrag zur Erhaltung des Friedens in der ganzen Welt und der Freiheit in einem Teil der Welt leistet. Wir halten aber diese Art, den Frieden und die Freiheit zu sichern, auf die Dauer für unzulässig, und wir halten die Gefahr im Falle eines Versagens für tödlich.«[9]

So wurde die Politik für Weizsäcker zur »bitteren Pflicht des Physikers im Zeitalter der Atombombe«.[10] Die Risiken der Verselbständigung und die verheerenden Folgen eines Atomkrieges zwingen von sich aus zur Abschaffung der »Institution des Krieges«, weil bereits das Vernichtungspotential der Waffen selber jenseits der Kategorie des Gewinns steht. Daraus folgt die konsequente Verfechtung einer Friedenspolitik auf der Basis von Abrüstung und Diplomatie als einzig zulässiges Mittel der Politik: »Das Problem der heutigen Menschheit ist der Weltfriede. Er ist nicht mehr nur der außenpolitische, durch periodische Kriege stabilisierte Friede zwischen souveränen Mächten, sondern der ›weltinnenpolitische‹ Friede der Menschheit mit sich selbst.«[11] Dazu gehört als Aufgabe die Errichtung einer neuen Weltordnung. Deren vordringliches Ziel wäre die Überwindung der Weltmachtpolitik durch eine »weltweit durchsetzbare Legalität«.[12] Zur Sicherung des Friedens wird so die Frage der Macht und ihrer

Begrenzung zentral. »Der Mensch hat die Macht über die Welt in die Hand genommen, und er muß so werden, daß er diese Macht verwalten kann. Das erfordert eine Verwandlung des ganzen menschlichen Bewußtseins.« [13]

Die Aufgabe des Friedens ist allerdings nicht Sache der Politik allein: Sie entspringt gleichermaßen der Verantwortung aller. Darum hat sich Weizsäcker, wo er konnte, eingemischt. Mehrfach hat Weizsäcker betont, daß es keinen ethikfreien Raum gibt. Verantwortung ist nicht teilbar; vielmehr sind wir grundsätzlich für alles verantwortlich, ob wir es wollen oder nicht. Das heißt im besonderen, daß die Wissenschaft die technischen und politischen Folgen ihres Handelns mit der gleichen Leidenschaft übernehmen muß, wie sie ihre Forschungen betreibt. »Wer sich einläßt auf die ungeheuere Erweiterung ... der Rationalität und nicht gleichzeitig mit derselben Energie fragt, wie es sein sollte, ... der geht ein Wagnis ein.« [14] Der fällige Bewußtseinswandel besteht daher in einer radikalen Vertiefung des Gewissens. Das bedeutet ebenso eine Vertiefung der Wahrheit um das ihr seit Beginn der Neuzeit entzogene Gute. Es gilt, das Denken selber zu moralisieren. Die Antwort kann nicht umgekehrt in der Verweigerung des Wissens liegen – so wie sich Friedrich Dürrenmatts *Physiker* am Schluß in die Irrenanstalt einschließen, um ihre Erkenntnisse vor einer machtbesessenen Öffentlichkeit zu retten. Vielmehr schreibt Weizsäcker in *Rechenschaft vor der Öffentlichkeit*: »Es gibt eine moralische Einsicht, der ich mich nicht habe entziehen können. ... Sie heißt, in einem Satz zusammengedrängt: Die Wissenschaft ist für ihre Folgen verantwortlich. ... Erstens: Der Satz meint nicht, die Wissenschaft selbst sei um ihrer weltverändernden Folgen willen betrieben worden. ... Aber Wissen ist Macht, auch wenn man es nicht um der Macht willen gesucht hat. ... Zweitens: Der Wissenschaftler ist für die Folgen seiner Erkenntnis nicht legal, sondern moralisch verantwortlich. ... Drittens: Produktive Verantwortung der Wissenschaft bedeutet ... nicht den Verzicht auf Wissenschaft. Nicht den Verzicht auf Wahrheitssuche: das hieße unserer Kultur das Herz herausoperieren.« [15]

Die Thematik einer unerläßlichen »Ethik der wissenschaftlichen und technischen Welt« hat sich jedoch für Weizsäcker in den letzten Jahrzehnten um eine wichtige neue Dimension erweitert. Standen seine Reflexionen in den 50er und 60er Jahren hauptsächlich unter der Drohung der Bombe, so in den 70er und 80er Jahren unter dem Zeichen der um sich greifenden Umweltkrise. Weizsäcker gehörte zu einem der ersten Wissenschaftler in Deutschland, der die Gefahr einer ökologischen Katastrophe ernst nahm. Als Direktor des von ihm 1969 gegründeten Starnberger Max-Planck-Instituts zur »Erforschung der Lebensbedingungen in der technisch-wissenschaftlichen Welt«, dessen Mitdirektor zeitweise Jürgen Habermas war, erregte er mit pessimistischen Prognosen vor allem zur Umwelt- und Energieproblematik und zum Welthunger Aufsehen. Als die »drei Grundbefürchtungen für die Zukunft« listete er auf: 1. Wachsende Armut in der Dritten Welt, 2. Wettrüsten, 3. Zerstörung der natürlichen Umwelt durch fortschreitende Technik. Diese Probleme sind gerade durch die Errungenschaften der Wissenschaft »hausgemacht«. Nach Weizsäcker folgen sie der unerbittlichen Logik der Moderne. Sie bedingt, indem sie sich durchsetzt, das Versagen der modernen Kultur. Auf diese Weise hat ihr eigener Fortschritt »die Menschheit in eine der tiefsten Krisen in der Geschichte geführt«.[16]

Weizsäcker kommt so zu einer eigenen Form von Modernismuskritik. Wo Max Horkheimer und Theodor W. Adorno eine »Dialektik der Aufklärung« am Werk sahen, erkennt er die Tragödie des Fortschritts. Deren positive Wirksamkeit schlägt ins Verhängnis um, wo sie durchgängig mit einem »Willen zur Macht« verschwistert ist und zum Sklaven ihres eigenen Herrschaftsanspruchs wird. »Die moderne Kultur ist eine Willens- und Verstandeskultur. Der so verstandene Wille kann wollen, was der Verstand denken kann; der Verstand kann denken, was ein Wille wollen kann. Verstand und Wille sind auf endliche, angebbare Ziele eingeschränkt. Eben darum aber sind sie grenzenlos: Ziel an Ziel kann gereiht werden, Begriff an Begriff.«[17] Weizsäcker nennt diese, der Denkform des Rationalismus selbst entspringende Grenzenlosigkeit, den »Titanismus«: »Vermutlich ist der gewaltige

Erfolg der Theorie der Kern des neuzeitlichen Titanismus. ... Es ist dann wohl auch angemessen, den Titanismus der Neuzeit nicht primär in ihrer Praxis, sondern in ihrer Theorie zu beschreiben. ... Die Rationalität der neuzeitlichen Theorie ist machtförmig. Dann aber kann, so scheint es, der neuzeitliche Titanismus nur ein tragisches Ende nehmen.«[18]

Dessen Konsequenz ist die Selbstzerstörung: Deshalb kann die moderne Kultur, soll sie noch eine Chance besitzen, nur versuchen, ihren Titanismus zu bändigen. Was damit gebändigt werden soll, ist das Prinzip der Macht. Das aber kann nicht wiederum durch Machtsteigerung geschehen: Dies wäre paradox und führte zur Verschärfung der Krise. Weizsäcker setzt dagegen, vor allem in *Der bedrohte Friede* und *Bewußtseinswandel*, auf eine Kultur der Askese. Sie definiert sich aus den Tugenden des Verzichts, der Bescheidenheit und der Selbstbeherrschung, die er auch als »demokratische Askese« bezeichnet.[19] Sie erfüllt sich in einem Bewußtsein von Maß und Grenze, das der Fragilität und Endlichkeit der Welt einzig angemessen wäre. Alle Hochkulturen, heißt es in *Bewußtseinswandel*, waren asketische Kulturen, ausgenommen der neuzeitlichen. Sie müßte das verlorene Maß erst wieder lernen. Solches Lernen bedingte freilich die völlige Umkehr von der Maßlosigkeit. Es wäre, nach Weizsäcker, gleichbedeutend mit einem Lernen von Liebe; denn das Lieben birgt – aus Achtung – bereits in sich die Beschränkung. Die eingeforderte Ethik der Zukunft bestünde dann in einer Ethik der Liebe.

III.

Diese Neubestimmung der Ethik als einer Ethik des liebenden Bezugs gestattet zugleich, ihr Fundament tiefer zu legen. Weizsäcker geht es denn auch nicht um die Begründung einer normativen Ethik, die verbindliche Handlungsrichtlinien festlegte, sondern vordem um die Verankerung des Ethischen in Lebensformen. Das führt zur Kategorie der *religio*, der »Bindung« sowohl an die Gemeinschaft als auch als Eingebundensein in die Welt und den Wertehorizont einer Kultur.

Wahre Ethik ist für Weizsäcker immer religiös, wie Religion stets »radikale Ethik« bedeutet. Der Begriff »Religion« verweist hier allerdings auf kein dogmatisches System, sondern auf den in allen Religionen immer schon enthaltenen »Sinn« des Religiösen selber. Dieser besteht weder im Glauben noch etwa in der Theologie oder den Institutionen der Kirchen, sondern in der jeweiligen inneren Haltung, der konkreten moralischen Tat. Religion trägt das Ethische allererst ins Leben aus und schützt damit vor der Bedenklichkeit einer lediglich im Appellativen steckenbleibenden Moral. Diese, sagt Weizsäcker, tendiere stets zur »Selbstgerechtigkeit«. »Die Selbstgerechtigkeit ist das Mittel des Widerstandes, um unerkannt zu bleiben. So entfaltet sich die selbstgerechte Moral als Gipfel der Bosheit.«[20] »Bloße« Moral ist »unbelehrbar böse«[21]; es gibt demnach ein moralisches Problem der Moral, das zu lösen allein der praktischen Religiosität aufgetragen ist. »Unter bloßer Moral verstehe ich hier eine Moral, die zwar die goldene Regel oder den kategorischen Imperativ zugrunde legt, aber nicht noch tiefer in dem begründet ist, was ich ... die religiöse Erfahrung genannt habe. Dies ist die Erfahrung der Gnade, der religiösen Kraft der Nächstenliebe, und zwar in der Liebe, Verehrung und Furcht jenes tiefsten Selbst, das in der religiösen Tradition Gott heißt.«[22]

Keine Religion vermag dabei für sich einen Alleinvertretungsanspruch zu behaupten. Entschieden bestreitet Weizsäcker jedes Recht eines Fundamentalismus, weil Religiöses, wie aller kultureller Inhalt, stets im Überkommenen verwurzelt ist und mithin historisch relativ bleibt. »Das Faktum, daß ich zufällig Lutheraner bin, ist doch überhaupt kein Argument dafür, daß die Katholiken unrecht haben. Ich bin als Christ getauft, als Christ aufgezogen. Das Faktum, daß ich, weil ich in Europa geboren bin, Christ bin, besagt nicht das geringste darüber, daß das Christentum eher recht habe als der Buddhismus oder der Hinduismus ... Ich bin in einer religiösen Tradition aufgewachsen. Das heißt: solange ich an Autoritäten gebunden bin, weil es Autoritäten sind, in deren Schatten ich zufällig aufgewachsen bin, hat das mit der Wahrheitsfrage nichts zu tun.«[23] Umgekehrt aber läßt sich unsere

Zugehörigkeit zum abendländischen Kulturkreis nicht einfach abstreifen. Er bildet unseren Horizont, die kontingente Ortschaft jener Geschichte, in die wir hineingehören. Deren religiöser Grundbestand ist, aus dem Judentum geboren und durch die Geistigkeit der Spätantike vermittelt, das Christentum. Es ist unsere Weise, Religiosität zu erfahren und zu deuten; daher müssen wir, wo wir religiös sein wollen, stets auf sie zurückgreifen. Sie markiert unsere Prägung, aber auch unsere Möglichkeit. Vehement hat Weizsäcker deswegen auf zahlreichen evangelischen Kirchentagen und bei anderen Gelegenheiten dafür plädiert, die Überlieferung des Christentums lebendig zu halten und für die eingeforderte Erneuerung der Ethik fruchtbar zu machen – ohne freilich zu verkennen, daß sie als Überlieferung nur einen Weg unter vielen darstellt.

Ihren Kern bildet das moralische Gebot der Liebe. »Den anderen und sich lieben zu können, kann eigentlich die moralische Forderung an eine Stelle setzen, wo sie lebendig macht und nicht tötet.«[24] Dieses Gebot verbindet das Christentum, zwar nicht unbedingt dem Wort, wohl aber der Sache nach, mit den anderen großen Weltreligionen. Man könnte sagen: ihr gemeinsamer Schnittpunkt bildet das Desiderat der Liebe. Sie impliziert eine Hingabe an die Welt. Diese kommt in vielen verschiedenen Formen zum Ausdruck, für Weizsäcker auch in einer recht verstandenen Naturwissenschaft. Sie wird für ihn, wo sie Natur nicht auf reine Kausalität reduziert, sondern offensteht für deren »Wesen«, selber zu einer Art »Gottesdienst«.[25] »Auch in der Wissenschaft ist Wahrheit. Man kann die Wirklichkeit objektivieren, indem man sie in ein Kausalgeflecht auflöst. Das Unternehmen ist erfolgreich; die Frage ist nur, was dabei verlorengeht. Hier müßte die Frage nach der Wahrheit der Religion einsetzen. Eine im echten wissenschaftlichen Sinne erfahrungsoffene wissenschaftliche Frage nach der Wahrheit, die in der Religion verborgen gewesen sein mag, könnte dazu führen, daß die Gegenpositionen dogmatischer Religion und dogmatischer Wissenschaft in einer neuen Wahrheit gleichermaßen ›aufgehoben‹ würden ...«[26]

So treffen sich Wissenschaft, Ethik und Religion. Ihr gemeinschaftliches Fundament erfüllt sich in dem, was Weizsäcker die »Wahrnehmung des Ganzen« nennt. Sie wird, mal als »eigentliche Vernunft«, mal, im Wortsinne, als »Philosophie«, als »Liebe zum Wissen« bezeichnet, zur Grundformel des gesamten Weizsäckerschen Denkens. Dabei erschöpft sich der Begriff der »Wahrnehmung« nicht in der unmittelbaren Sinnlichkeit des »Sehens« oder »Hörens«, sondern er bedeutet ein behutsames »Vernehmen« und »Aufmerken«, das sich gleichsam durch das Wahrgenommene selbst anregen und berühren läßt. Etwas liegt davon in der ursprünglichen Bedeutung des Wortes »*Wahr*«nehmung wie auch in seiner griechischen Entsprechung »*Aisthesis*«: Das Wirkliche »offenbart« sich, statt subjektiv erkannt zu werden; es »zeigt« sich uns, ohne daß wir es durch unser Erkenntnisvermögen erfassen und erklären. *Aisthesis* ist insofern das denkende Erschauen des »*eidos*«, des »inneren« Aussehens oder der Gestalt der Dinge. Jede Wahrnehmung ist deshalb für Weizsäcker immer »Gestaltwahrnehmung«. Sie verfährt nicht mittels methodischer Analyse, indem sie die Gestalten in ihre Elemente zerlegt, sondern sie sucht sie in ihrer Ganzheit zu erschauen. Sie verhält sich darum kontemplativ und schöpft aus einem Bewußtsein der mitfühlenden »Teilhabe«, wie sie ebenfalls Platon ins Zentrum seiner Ideenlehre gestellt hat.

In der so verstandenen »Wahrnehmung des Ganzen« kommt die Liebe zum Seienden allererst zum Ausdruck. Sie beinhaltet mithin jene Antwort, die Weizsäcker dem neuzeitlichen Titanismus mit seiner »machtständigen Willens- und Verstandeskultur« entgegenhält. Sie wird zur heute maßgeblichen philosophischen, ethischen und politischen Anstrengung, von der her sich, »bei Strafe des Untergangs«, allein die notwendige Erneuerung des Bewußtseins vollziehen kann. An dieser Stelle ergibt sich auch eine tiefgreifende Affinität zwischen dem Denken Weizsäckers und der Spätphilosophie Heideggers. Wenn Heidegger in seinem *Spiegel*-Interview mit Rudolf Augstein von 1976 auf die Frage nach dem Selbstlauf des technischen Zeitalters antwortete: »Nur ein Gott kann uns noch retten«, so setzt ebenso Weizsäcker seine ganze Hoffnung auf eine Intensivierung des Religiösen: »Nur die Religion hat eine hinreichend tief gegründete ursprüngliche Vision dessen, was sein muß.«[27] Und in *Der Mensch in seiner Geschichte* fügt er hinzu: »Ich bin überzeugt, daß die Geschichte der Religion nicht am Ende, sondern in einer ihrer aktivsten, freilich kritischsten Phasen ist.«[28] Sie steht an einer Schwelle, weil sich das Verständnis des Religiösen selber wandeln muß, um zu werden, was es im eigentlichen Sinne ist: nämlich – im Einklang mit Philosophie – die Gewahrung des Ganzen mit liebendem Blick für das Maßvolle und die Verletzlichkeit der Welt.

»Das Ganze« bleibt jedoch dabei stets im Rücken des Menschen. Er kann es weder steuern noch kontrollieren, sondern allenfalls versuchen, ihm zu genügen. Der Scholastik des Mittelalters galt es als göttlich gewirktes Haus. Das griechische Wort für Haus lautet »*oikos*«; und die Bemühungen des Hausherrn galten der Herstellung und Erhaltung seiner rechten Ordnung. Der Hausherr der Schöpfung ist der Mensch, und das Prinzip der Ordnung heißt »*logos*«. Die Gewahrung des Ganzen in seinem Maß und seiner Endlichkeit ist darum wesentlich »Ökologie«. Die von Weizsäcker betonte »Wahrnehmung des Ganzen« wird damit zugleich zum »ökologischen Denken«. Es bedeutet nicht »Wissenschaft« von der gegenseitigen Vernetzung der Strukturen und ihren Regelkreisen, sondern wiederum in der genuinen Bedeutung des Wortes *religio*: Rückbindung ins Haus des Seienden, welche in sich bereits dessen liebende Wahrung und Schonung trägt. Die drei Grundkoordinaten der Weizsäckerschen Philosophie bezeichnen mithin das gleiche: Wahrnehmung des Ganzen, Religion als Ethik der Liebe und ökologisches Denken. Sie bilden die unterschiedlichen Tore zur Einheit des Geistes.

Geschöpft hat Weizsäcker die Erfahrung solcher Einheitlichkeit sicherlich auch aus seiner Begegnung mit dem asiatischen Kulturraum. Seit seiner Tätigkeit in Indien für den Deutschen Entwicklungsdienst 1969 hat sie für ihn eine immer größere Rolle gespielt. Sie entstammte keiner lediglich theoretischen Expedition ins Unbekannte, sondern der direkten Anschauung und dem Erlebnis der Meditation, die ihm wieder jene Dimension des Mystischen aufschloß, die im heutigen, kirchlich geprägten Christentum keinen Platz mehr hat.

Bei wacher Bewußtheit der vielfältigen kulturellen Gegensätze habe er sich seither im spirituellen Asien selbstverständlicher zu Hause gefühlt als in Europa: »Ich sah sofort ihre Nähe, wenn nicht Identität mit Platons Lehre vom Einen.«[29] Denn Meditation, so Weizsäcker, sei die praktische Verwirklichung der dort gemeinten »Teilhabe«. Sie entspreche darin der von ihm zugrundegelegten »Wahrnehmung des Ganzen«. Wiederum ergibt sich das gleiche von einem anderen Ort her: Meditation als ganzheitliches Erleben, religiöser Sinn und philosophische Erfahrung. Durch Verwandlung der Einstellung lehrt sie einen anderen Bezug, der Weizsäcker, wie er beschreibt, mit plötzlicher Gewißheit als eigentlich liebender aufging: »Ich wußte nun, welche Liebe der Sinn der irdischen Liebe ist. ... Ich war jetzt ein völlig anderer geworden ...«[30] »Die Methode, mit dem Begriff die Wirklichkeit zu zerschneiden und das Zerschnittene wieder zusammenzufassen, scheint mir hinter dem ganzen wissenschaftlichen Verfahren zu stehen, während die Schulung, die wir heute mit dem lateinischen und deutsch gewordenen Wort ›Meditation‹ bezeichnen, im Grunde eine Schulung zu einem anderen Verhalten ist, einem Verhalten, das nicht mit dem Zerschneiden beginnt, um dann wieder zusammenzusetzen, sondern ich würde am liebsten sagen, das mit dem Geltenlassen des Unzerschnittenen beginnt ...«[31] Insbesondere spricht Weizsäcker vom »Stillwerden des bewußten Getriebes«.[32] Solche Einkehr ermöglicht die Abkehr von der herrschsüchtigen Willensbesetzung des neuzeitlichen Rationalismus. Sie bedeutet damit die konkrete Einübung in jene Haltung, die frei ist von allem Machtstreben und sich stattdessen entleert, um sich auf diese Weise für die Fülle der Welt zu öffnen. So rührt die Erfahrung der Meditation an das, was in der christlichen Tradition Meister Eckhart die »Gelassenheit zu den Dingen« genannt hat – ein Terminus, der ebenso für die Spätphilosophie Heideggers leitend ist. Dort meint sie das »Sein-Lassen« des Seienden, das es weder zu erfassen noch anzueignen gilt; vielmehr sucht sie sich für dessen »Geheimnis« aufzuschließen; hier den Augenblick vollkommener Verschmelzung mit dem Ganzen. Es ist für Weizsäcker der »*Kairos*«, der Wendepunkt einer Philosophie, die dadurch zu jener alten und dennoch zukunftsweisenden Weisheit besitzloser Liebe zurückfindet, durch welche der angesichts einer verwissenschaftlichten Neuzeit verlorengegangene *Kosmos* im Sinne der Einheit des Wahren, Guten und Schönen erneut ersteigt.

Anmerkungen

1 Vgl. Carl Friedrich von Weizsäcker, Bewußtseinswandel, München 1988, S. 339.
2 Ders., Der Garten des Menschlichen, München 1977, S. 415f.
3 Ders., Aufbau der Physik, München 1985, S. 49.
4 Ders., Der Mensch in seiner Geschichte, München 1991, S. 96.
5 Ders., Der Garten des Menschlichen, a.a.O., S. 140.
6 Ders., Bewußtseinswandel, a.a.O., S. 313.
7 Ders., Die Geschichte der Natur, Stuttgart 1948, S. 8.
8 Ders., Bewußtseinswandel, a.a.O., S. 360.
9 Ebd., S. 384f.
10 Vgl. ders., Der Mensch in seiner Geschichte, a.a.O., S. 9.
11 Ders., Der Garten des Menschlichen, a.a.O., S. 28.
12 Vgl. ders., Bewußtseinswandel, a.a.O., S. 65.
13 Ebd., S. 375.
14 Ebd., S. 339.
15 Ders., Wahrnehmung der Neuzeit, München 1983, S. 340f.
16 Ders., Der Garten des Menschlichen, a.a.O., S. 74.
17 Ebd., S. 42.
18 Ders., Wahrnehmung der Neuzeit, a.a.O., S. 387f.
19 Vgl. ders., Bewußtseinswandel, a.a.O., S. 460.
20 Ebd., S. 423.
21 Ebd., S. 163.
22 Ders., Der Garten des Menschlichen, a.a.O., S. 88f.
23 Ebd., S. 332.
24 Ebd., S. 336.
25 Ebd., S. 329.
26 Ders., Gopi Krishna, Die biologische Basis der religiösen Erfahrung, Frankfurt/M. 1988, S. 16.

27 Ders., Bewußtseinswandel, a. a. O., S. 429.
28 Ders., Der Mensch in seiner Geschichte, a. a. O., S. 74.
29 Ders., Der Garten des Menschlichen, a. a. O., S. 442.
30 Ebd., S. 443.
31 Ebd., S. 402.
32 Ebd., S. 399.

Fortschritt ohne Bewußtseinsreifung wäre eine Katastrophe. Ein Gespräch mit Carl Friedrich von Weizsäcker

Herr Professor von Weizsäcker, Sie sind 1912 geboren, haben als Kind den Ersten Weltkrieg miterlebt, als junger Wissenschaftler die Nazizeit. Zu den zentralen Erfahrungen Ihres Lebens gehört die Drohung der Atombombe; Sie haben sich dann mit der sogenannten »Göttinger Erklärung« von 1957 entschieden gegen die atomare Bewaffnung der Bundeswehr gewandt, später, vor allem in den 70er Jahren mit Gründung Ihres Instituts »Zur Erforschung der Lebensbedingungen in der technisch-wissenschaftlichen Welt«, haben Sie vor der drohenden Umweltkatastrophe und dem Elend in der Dritten Welt gewarnt. Wenn Sie zurückschauen: Was ist für Sie die charakteristische Kontur dieses Jahrhunderts, was die Physiognomie des Zeitalters?

Daß man es miterlebt und daß man darüber nachdenkt, ist ja zweierlei. Und das Miterleben, das ist von Jahr zu Jahr, von Jahrzehnt zu Jahrzehnt immer wieder anders. Aber wenn Sie ein Urteil über das ganze Jahrhundert, wie es sich heute mir darstellt, hören wollen, würde ich sagen: Dieses Jahrhundert ist sicher ein Jahrhundert großer Krisen, auch großer Möglichkeiten; und es scheint mir, daß in diesem Jahrhundert die Konsequenzen von sechstausend Jahren Menschheitsgeschichte und insbesondere vier- bis fünfhundert Jahren neuzeitlicher und europäischer Geschichte eine Deutlichkeit bekommen haben, die sie vorher nicht hatten. Man sieht jetzt, worauf das fast unweigerlich zulaufen mußte.

Was ist da zum Vorschein gekommen, was zuvor noch verhüllt war?

Lassen wir die sechstausend Jahre weg, aber gehen wir zurück auf die Zeit um Kolumbus. Da gab es wenigstens zwei Philosophen, die an Naturwissenschaft interessiert waren: Francis Bacon, der sagte: Wissen ist Macht, und René Descartes, der sagte: Die Wissenschaft wird uns zu Meistern und Eigentümern der Natur machen. Da ist schon vollkommen klar gesehen, daß die Wissenschaft Macht produziert, was die Wissenschaftler selber meist gar nicht so empfunden haben. Denn ihre elementare Leidenschaft ist nicht die Macht, sondern die reine Erkenntnis; aber diese klugen Philosophen haben gesehen, daß Macht eine unausweichliche Folge der Erkenntnis ist. Nur haben es beide optimistisch interpretiert. Andere haben es schon früher zum Teil pessimistisch verstanden, und heute – gerade nach dem naiven Optimismus der frühen Jahre dieses Jahrhunderts – ist der Anlaß, es pessimistisch zu sehen, größer geworden. Ich habe immer wieder gesagt, wenn man wie Galilei anfing, Fallgesetze herauszubringen, dann braucht es nur dreihundert Jahre, und die erste Atombombe ist die natürliche Konsequenz dieser Erkenntnis.

Sie sind Physiker, sie sind Philosoph – und Sie haben sich immer wieder auch politisch eingemischt. Gibt es eine innere Nötigung zu dieser Verbindung von Physik, Philosophie und Politik?

Ich habe mich als Kind als Naturwissenschaftler entdeckt: Ich wollte zunächst Forschungsreisender werden, dann wollte ich Astronom werden. Die Philosophie habe ich gar nicht von der Naturwissenschaft verschieden empfunden, sondern unter der Philosophie habe ich mir eigentlich immer vorgestellt, nicht nur ein paar Probleme zu lösen, sondern zu verstehen versuchen, was man macht, wenn man Probleme löst. Und das Verstehen der Physik ist schon Philosophie, insofern gehören beide für mich untrennbar zusammen. Die Politik war dann eine bittere Pflicht – eine Pflicht, die daraus hervorgeht, daß die Naturwissenschaft politische Konsequenzen hat.

Bittere Pflicht auch, weil mit den naturwissenschaftlichen Ent-

deckungen Erschütterungen verbunden waren, die zur Einsicht zwangen, daß Grundlagenforschung nicht so ›rein‹ oder wertfrei sein kann, wie sie sich gibt?

Das ist es ja, was Bacon und Descartes längst gewußt hatten. Ich habe einmal gesagt: Der Wissenschaftler ist der glückliche Mensch, den die menschliche Gesellschaft dafür bezahlt, daß er sein Leben lang seiner kindlichen Neugier folgt. Und dann kommt an den Tag – eben genau weil die Erkenntnis wahr ist –, daß sie uns zugleich Macht in die Hand gibt, die wir vorher nicht gehabt haben. Und Macht ist notwendigerweise verbunden mit Verantwortung. Also wird man in das Faktum der Verantwortung genau dadurch geführt, daß die Wissenschaft gut ist – gut im Sinne der Erkenntnis. Nun muß man die Verantwortung übernehmen; und das ist, wie wir heute sehen, eine riesige Aufgabe.

In Ihrem Buch Der Mensch und seine Geschichte *schreiben Sie: »Ich hatte die Physik um ihrer philosophischen Bedeutung willen, um der Quantentheorie willen, zum Studienfach gewählt.« Inwiefern nötigt die moderne Grundlagenforschung, vor allem die Atomphysik, zur Philosophie?*

Ich wollte ursprünglich Astronom werden, schon zehnjährig. Dann las ich – ich war gerade vierzehn – in einer populären Zeitschrift, daß das Atom ein kleines Planetensystem ist. Und meine natürliche Reaktion war: Wie lustig, wenn das ein Planetensystem ist, und ich lebe auf einem Planeten. Leben auf diesen Elektronen wieder ganz kleine Menschen und bestehen diese wieder aus Atomen? Sind da noch kleinere Menschen drauf? Und ist unser Planetensystem nur ein Atom in der Nase eines Riesen? Das kann doch nicht so sein! Wenn es aber so nicht ist, dann müssen wahrscheinlich bei den Atomen andere Gesetze gelten als hier, aber diese Gesetze zur Folge haben. Und dann lernte ich Werner Heisenberg kennen, der genau die Gesetze der Atome gefunden hatte. Es war also zunächst kindliche Neugier – und eben deshalb Philosophie. Einer der wesentlichen Punkte in der Philosophie ist, den

Sinn der Begriffe zu verstehen. Aber da zeigte sich in bezug auf die Physik dieses Jahrhunderts, daß die wichtigsten philosophischen Schulen sie nicht verstanden. Da waren zum Beispiel die Neukantianer, die mit der modernen Physik nichts anzufangen wußten, und da waren die Positivisten des Wiener Kreises, die alles auf Erfahrung zurückführten. Das wußte ich auch – ich wollte aber wissen, was Erfahrung ist, und wieso sie möglich ist. Also ging ich zurück zu Kant, der darüber nachgedacht hatte; nur verstand ich nicht alle seine Begriffe: Was ist Verstand, was Vernunft; was heißt Begriff, was Urteilskraft? Diese hatte er wiederum von von Wolff, Leibniz und Descartes übernommen, Descartes hatte es aus der Scholastik und die Scholastik von Aristoteles. So mußte ich Aristoteles lesen und schließlich Plato. Und dort zum allerersten Mal hatte ich das Gefühl: Das kann man vielleicht wirklich verstehen. Denn Plato und Aristoteles redeten nicht nach, was andere gesagt hatten, sondern entwickelten ihre Gedanken aus der alltäglichen Umgangssprache. Also muß man, wenn man Physik verstehen will, philosophisch fragen, und wenn man philosophisches Fragen verstehen will, die Geschichte der Philosophie studieren. Und dann ist man plötzlich achtzig Jahre alt und ist immer noch nicht damit fertig.

Aber was ist das eigentlich, was die moderne Physik, die Quantentheorie zumal, ihrem Wesen nach herausgebracht hat? Sind das nicht nur einfach Hypothesen über ein komplexes mathematisches Modell, die ganz verschiedene Interpretationen zulassen?

Hier wäre es vielleicht ganz nützlich, ein Wort über die Mathematik zu verlieren. Johannes Kepler, der die mathematischen Gesetze der Planetenbewegung gefunden hat, hat einmal an einen Freund geschrieben: Könnte ich doch Gott in der menschlichen Seele mit der Deutlichkeit erkennen, mit der ich Ihn in der Natur erkenne. Das ist das Grunderlebnis des mathematischen Physikers, auch wenn er heute nicht mehr einer bestimmten Religion angehört. Die wirklich schöpferischen Physiker hatten alle dieses Verhältnis zur mathematischen Analyse in der Physik. Nur, das ist noch nicht Philosophie, das ist eine Erfahrung, die man macht. Erst dann kommt die philosophische Frage: Kann ich wirklich begreifen, was das heißt – und daran sitze ich heute noch.

Bedeutet das nicht, die Erfahrung Gottes durch die unwandelbaren Ideen der Mathematik darzustellen, und führt das nicht letztlich zu einer Art von Platonismus in der Physik – zu der Vorstellung, mit den präzisen mathematischen Methoden hätte man die wahren Gestalten der Natur erfaßt?

Die Nähe zu Plato ist ganz unverkennbar. Aber Platonismus ist so wenig selbstverständlich die Meinung von Plato, wie es nicht selbstverständlich ist, daß das Christentum die Meinung von Jesus Christus ist. In meiner Art, die Quantentheorie zu interpretieren, zeigt sich, daß das, was wir gewöhnlich Materie nennen, eigentlich reine Gestalt ist im Sinne Platos. Wenn Plato sagt, die Feueratome bestehen aus Tetraedern, dann meint er nicht, daß sie so aussehen, sondern daß es mathematische Tetraeder sind. Da wird die Mathematik mit der Ontologie essentiell verbunden. Und so scheint mir das philosophisch in der Quantentheorie auch zu laufen.

Im Sinne dieser Nähe zu Plato haben Sie zeitlebens damit gerungen – wie Sie es in Ihren Büchern Die Einheit der Natur *oder* Aufbau der Physik *entwickelt haben –, so etwas wie die Einheit der Naturwissenschaften zu finden.*

Subjektiv ist mir die Einheit der Natur beinahe selbstverständlich. Wie soll denn das auseinanderklaffen! Doch je mehr man sich damit beschäftigt, desto erstaunlicher ist es, daß dieselben Gesetze hier gelten und im Andromedanebel oder im Atom. Die Einheit der Gestalten ist, wenn man sich ernstlich darauf einläßt, ein großes und ganz erstaunliches Erlebnis. Gerade die Physik unseres Jahrhunderts hat das gezeigt, und die Physik in der Form der heutigen Quantentheorie hat diese Einheit faktisch gewonnen, so daß man mit Gesetzen, die man für einen mathematisch gebildeten Leser auf einer halben Druckseite mitteilen kann, eine Milliarde Erfahrungen zutreffend beschreiben kann.

Eine der zentralen Einsichten Ihrer Philosophie der Quantentheorie ist die Einbeziehung der Zeit in die Physik. Nun gehört die Erfahrung der Zeit ja zu den Grunderfahrungen der Philosophie des 20. Jahrhunderts überhaupt, wenn man etwa an Bergson, Husserl oder Heidegger denkt.

Das Interessante war für mich rückblickend, daß ich auf dieses Fundamentalproblem der Zeit nicht etwa durch Heidegger oder andere Philosophen gestoßen bin, sondern durch das Nachdenken über eine spezielle physikalische Theorie, nämlich die Thermodynamik der irreversiblen Vorgänge. Das heißt also, ich habe in der Physik gesehen, daß man die Struktur der Zeit, nämlich die Faktizität der Vergangenheit – die vergangenen Dinge sind geschehen und man kann sie nicht ungeschehen machen – und die Offenheit der Zukunft ernst nehmen muß, wenn man den Zweiten Hauptsatz der Thermodynamik verstehen will. Und dann hat mich mein Freund Georg Picht darauf aufmerksam gemacht, daß man alle diese Probleme auch bei Heidegger diskutiert findet, wenngleich nicht im Blick auf die Physik, sondern auf die klassische Ontologie. Also komme ich auf denselben Weg, auf den Bergson oder Heidegger gekommen sind, nur von einer vollkommen anderen Seite her, nämlich von der Physik. Das heißt: ich bin als Physiker, der in dem Moment nichts anderes wollte, als einen bestimmten Satz der Physik einsehen, auf Strukturen gestoßen, auf welche auch die Philosophen gekommen sind, die wiederum diesen Satz der Physik niemals im Auge gehabt haben – also auf fundamentale Strukturen.

Nun beginnt die Geschichte der Physik in der Neuzeit mit der Formulierung allgemeingültiger Gesetze, die nicht nur Prozesse in der Natur erklären, sondern sie auch beherrschbar machen. Könnte man nicht die Quantentheorie als die letzte Steigerung dieser Gesetzesbeherrschung verstehen – in dem Sinne, daß eine gerade Linie von Galilei zur Atombombe führt?

Sie setzen hier voraus, daß die Ontologie der modernen Physik eine destruktive Komponente hat. Und ich habe vorhin auch gesagt, daß das etwa Bacon und Descartes genau andersherum sehen. Beide bejahen das neuzeitliche Machtstreben, also durch Erkenntnis die Dinge beherrschen zu können, weil sie glauben, genau dadurch die Dinge auch verbessern zu können. Ich würde nun, je nachdem mit wem ich rede, entweder die eine oder die andere Seite betonen. Und da Sie gerade die destruktive Seite betonen, betone ich jetzt zum Spaß mal die entgegengesetzte. Denn die Überwindung von Hunger, Armut und Not durch Technik ist einfach ein Faktum. Und daß die Technik noch nicht die ganze Menschheit erreicht hat, rührt weitgehend daher, daß sich die politisch-sozialen Strukturen nicht entsprechend geändert haben – daß die Reichen und Mächtigen alles in einem Maße zur Verfügung haben, wie man es früher nie hatte, und daß sie nicht bereit sind, den Machtlosen den gebührenden Anteil davon zu geben. Das ist ein Mangel unserer Sozialstruktur, ein Mangel unserer Moral, aber zunächst nicht ein Mangel der Technik.

Hinzu kommt: Heidegger etwa beschreibt das Problem, das Sie haben ansprechen wollen, nicht mit moralischen Kategorien, wie ich es tue, sondern er nennt das: »Seinsvergessenheit«. Die Entbergung des Seienden geht Hand in Hand mit der zunehmenden Vergessenheit des Seins. Darin ist angedeutet: Wenn man seine ganze Aufmerksamkeit auf die mathematisierbaren Strukturen in der Natur legt, die man durchschauen und beherrschen kann, dann sieht man in zunehmendem Maße von dem ab, was zugrunde liegt. Und zu diesem Zugrundeliegenden gehört, was der Mensch als Mensch erfahren kann, wenn er nicht nur einfach seinen Verstand betätigen will, sondern wenn er imstande ist wahrzunehmen, wenn er imstande ist zu lieben – auch seinen Mitmenschen. Wird all dies ausgelassen, dann entsteht in der Tat eine mörderische Sache. Aber unser Jahrhundert kommt mir als dasjenige vor, das in der Enthüllung dieser Strukturen am weitesten fortgeschritten ist. Nur weil sie enthüllt werden, haben wir die Möglichkeit, sie anzuschauen – und insofern bin ich nicht notwendigerweise pessimistisch.

Ist nicht alles menschliche Tun durchzogen von einer tiefen Ambivalenz?

Genau das. Und ich sage nur, unser Jahrhundert bringt diese Ambivalenz in Dimensionen zum Vorschein, die es so vorher nicht gegeben hat. Aber das Wort »Ambivalenz« bedeutet nicht, daß es schlecht ist; es bedeutet nur auch nicht, daß es gut ist, sondern es bedeutet: Es ist eine Aufgabe! Der Mensch kann denken, und er kann handeln und lieben. Und dann soll er bitte auch denken und handeln und lieben. Und er soll nicht meinen, das geht von selber gut, und nicht meinen, es geht von selber schlecht.

Als ein Mahnmal der Hybris des Menschen kann die Atombombe gelten. Hier verdichtet sich sozusagen symbolisch die Ambivalenz, weil sie die Vernichtung des ganzen Erdballs einschließt – aber auch Wissenschaftler zur Umkehr in der Politik zwingt. Sie haben den Schock der Bombe Ende der 30er Jahre unmittelbar miterlebt, als Sie zusammen mit Werner Heisenberg und Otto Hahn im Rahmen des sogenannten »Uranprojekts« an Fragen arbeiteten, die deren Möglichkeit einschlossen. Und Sie haben damals bereits die Folgerung gezogen, daß damit, wie Sie es ausdrückten, »die Institution des Krieges« abgeschafft werden müßte.

Vielleicht darf ich deutlich sagen: Im Februar oder März 1939 habe ich verstanden, daß Atombomben möglich sind, und in denselben vierundzwanzig Stunden bin ich mit meinem Freund Georg Picht zu der Konsequenz gekommen: Wenn solche Waffen möglich sind, dann wird sie jemand bauen. Wenn sie aber jemand bauen wird, dann werden sie auch eingesetzt. Und das bedeutet, daß die Grundstruktur der menschlichen Gesellschaft, der menschlichen Politik so verändert werden muß, daß die Institution des Kriegs überwunden wird. Ich habe nie die Ansicht geteilt, man müsse nur die Atomwaffen abschaffen und dann sei alles gut, sondern ich habe eher gefunden, daß die Atombombe sozusagen ein Wekkersignal ist: Und man soll bitte nicht den Wecker aus dem

Fenster werfen, um weiterschlafen zu können. Man muß sehen, daß hier besonders deutlich wird, was durch die moderne Technik überhaupt möglich ist.

Sie haben wohl aber zunächst selbst die Entwicklung einer deutschen Bombe ins Auge gefaßt und wollten auf diese Weise politischen Einfluß gewinnen, sogar bei Hitler selbst.

Ja, das wollte ich. Ich habe subjektiv gefunden: Wenn man über Atomenergie arbeiten kann – und ich gehörte zu den paar Leuten in Deutschland, die das konnten –, dann soll man es nicht anderen überlassen. Mein Gefühl war: Ich muß so nahe dran sein, wie ich überhaupt kann, um die denkbaren Chancen wahrzunehmen und die Folgen zu durchdenken. Aber ich sage nachträglich, und ich habe das schon oft gesagt: Ich würde dieses Risiko nicht noch einmal eingehen. Ich habe es genannt: Göttliche Gnade hat mich davor bewahrt, das ausführen zu müssen. Der Gedanke, zu Hitler vorzudringen – und diesen Traum hatte ja nicht nur ich – war natürlich illusionär, und ich habe damals nicht hinreichend deutlich gesehen, wie ich es heute sehe, daß Hitler auf irgendeine dämonische Art getrieben war und daß ihm vermutlich das Gespräch gar nicht imponiert hätte. Deshalb sage ich: Ich bin glücklich, daß ich nicht in die Lage gekommen bin, diese Träume zu verwirklichen.

Sie wollten Macht umstrukturieren auf der Grundlage eines noch viel größeren Machtpotentials, also Macht mit Macht beeinflussen. Ist das nicht eigentlich tragisch zu nennen?

Also das ist nun die Frage! Sie können natürlich sagen, Macht ist ihrem Wesen nach immer tragisch, und Macht, isoliert genommen, Macht an sich, ist natürlich auch tragisch. Auf der anderen Seite ist Macht unvermeidlich; sie ist unablässig da, sie ist ein Grundfaktum.

Ich bin etwa halb so alt wie Sie, ich bin also aufgewachsen mit dem Bewußtsein einer atomaren Hochrüstung, eines mehrfa-

chen »Overkills«. Aber ich habe nie ernsthaft – vielleicht aus Verdrängung – geglaubt, daß es zu einer direkten atomaren Auseinandersetzung zwischen den Supermächten kommen würde. Nun ist das sowjetische System wie ein Kartenhaus in sich zusammengefallen, doch ist damit für mein Empfinden keineswegs die Bedrohung kleiner geworden oder gar verschwunden. Im Gegenteil: Die Waffen können heute leichter verbreitet werden, insbesondere in die Dritte Welt, weil die entsprechenden Kontrollen fehlen. Und ich habe die Sorge, daß deren Machthaber aus irgendwelchen kurzfristigen machtpolitischen Erwägungen heraus nicht eben zimperlich damit umgehen werden.

Wenn ich dazu nur kurz sagen soll, ob ich zustimme oder nicht, würde ich sagen: Ich stimme zu. Vielleicht habe ich in der Zeit des sogenannten *Kalten Krieges* etwas zuviel Angst vor der Möglichkeit gehabt, daß er in einen *heißen Krieg* umschlagen könnte. Daß die Atomwaffen durch ihre abschrekkende Wirkung den großen Krieg verhindert und damit auch die kleineren Kriege ausgeschlossen haben, ist heute rückblikkend ein Faktum – und das ist ja eigentlich schon ein Beispiel dafür, daß ich meinte, man müsse die Institution des Krieges überwinden. Nur ist das bisher allein zwischen den Großmächten geschehen. Ich habe nun einmal – das war in den 60er Jahren – mit einem Berater De Gaulles gesprochen, der die Ansicht vertrat, der Weltfriede würde dann gesichert sein, wenn jede souveräne Nation Atomwaffen hätte. Mein Szenario war dagegen: Die Atomwaffen verbreiten sich und irgendwelche zwei Mächte, sagen wir im Mittleren Osten, führen gegeneinander einen Krieg, und eine von beiden ist im Begriff, den Krieg zu verlieren und setzt eine Atomwaffe ein. Vierundzwanzig Stunden später sitzen beide am Verhandlungstisch und der Staat, der die Atomwaffe eingesetzt hat, ist gerettet. Danach wissen alle: Mit Atomwaffen kann sich ein Staat retten und sogar einen Krieg gewinnen. Dies wird einige Jahre später noch einmal passieren. Und wenn das öfter passiert, dann reißen nach und nach alle Stricke. Und dieses Szenario ist ja nicht weit weg von Ihrer Befürchtung.

Die Bedrohung durch die Atombombe bleibt also. Dennoch trägt heute die Katastrophe sozusagen andere, sehr viel konkretere Namen, nämlich unter anderem Umweltverschmutzung, Überbevölkerung und Welthunger. Und das scheint allmählich aus den Fugen zu geraten.

Also mit dem »Aus-den-Fugen-Geraten« ist das immer so eine Sache. Denn sehr häufig geschehen in der Geschichte kleinere Schrecklichkeiten und man lernt daraus und vermeidet die noch größeren. Manchmal kommen auch ganz große Schrecklichkeiten zustande, und ich kann gar nicht ausschließen, daß für uns, die wir technisch eine so große Macht entwickelt haben, die Katastrophen, die wir erzeugen werden, größer sind als in der Vergangenheit. Allgemein gesehen, weiß niemand, wohin das führt. Hingegen im Detail kann man sich sehr wohl darauf einlassen. Denn nach allem, was wir heute sagen können, ist etwa der sogenannte Treibhauseffekt, die Erwärmung der Erde, zu einem großen Teil durch die Kohlendioxidproduktion als Folge der Verbrennung fossiler Brennstoffe erzeugt. Und wenn man will, daß sie zurückgeht, dann muß man den alternativen Energieformen in der Marktwirtschaft die Marktchance geben. Nötig ist dazu allerdings eine ökologische Steuerreform, welche die ökonomisch schädlichen Energieformen besteuert und die ökologisch nützlichen steuerfrei läßt. Das sind natürlich Einzelheiten, und möglicherweise retten uns diese Einzelschritte nicht. Aber sie sind ein Beispiel dafür, daß man handeln kann.

Ist nicht auf der anderen Seite aber die Situation schon so weit, daß sie gleichsam objektiv dilemmatisch geworden ist? Den Weltkonsum an Energie etwa können bislang nur die klassischen fossilen Energieträger oder die Kernenergie befriedigen. Dann aber verändert man entweder irreversibel das Weltklima oder man hinterläßt den künftigen Generationen das fast noch größere Problem der Entsorgung. Mit anderen Worten: Es gibt nur Alternativen zwischen zwei Unmöglichkeiten. Mir scheint, daß die meisten gravierenden Probleme, mit denen wir es inzwischen zu tun haben, diese Struktur haben.

Das hat aber rein politische Gründe. Wenn man wollte, könnte man die ökologische Steuerreform durchführen, und das Dilemma wäre nicht mehr da. Und so ist es mit den meisten anderen Problemen auch. Es ist politisch nicht möglich, das Notwendige zu tun, wenn man Strukturen hat, die politisch unzureichend sind. Winston Churchill hat einmal gesagt: Die Demokratie ist die schlechteste Staatsform mit Ausnahme aller anderen. Die Schwächen der Demokratie sind evident, denn wie man für Regierungen Mehrheiten erzeugen soll, die unpopuläre Maßnahmen ergreifen, weil sie wissen, daß sie es tun müssen, ist nur sehr schwer zu sehen. Nur leider: Regierungen, die diese Rücksichten nicht zu nehmen brauchen, benehmen sich meistens noch viel törichter als die Demokratien. Also es ist ein fundamentales politisches Strukturproblem. Aber die rein technische Seite, soweit ich es bisher übersehen kann, ist in keinem Punkt, den ich kenne, unlösbar.

Wäre es darüber hinaus nicht notwendig, anders zu denken – anders mit der Welt, in der wir leben, umzugehen? Sie haben in Ihrem Buch Bewußtseinswandel *einen dramatischen Mentalitätswechsel angemahnt.*

Das geschieht aber heute auch, und das ist das Positive. Es ist denkbar, daß man die ökologische Steuerreform in ein paar Ländern bald wird durchsetzen können, wenn man nur Politiker überzeugt, sie einzuführen, kurz nachdem sie eine Wahl gewonnen haben, und nicht kurz ehe die Wahl stattfindet. Natürlich, diejenigen Politiker, die die durchschnittliche Rechnung machen, wie sie die nächste Wahl gewinnen, sind unter einem bestimmten Verdrängungsdruck und erliegen ihm oft auch. Das sind die Eigentümlichkeiten der Demokratie. Aber im Prinzip würde ich sagen: Das Umweltbewußtsein ist heute viel größer als vor zwanzig Jahren.

Mir scheint nur, daß diese Rechnungen vorrangig und ausschließlich gemacht werden, daß überhaupt nur noch gerechnet wird. Es wird immer wieder gesagt, unser Jahrhundert zeichne sich vor allem dadurch aus, daß alle Werte verschwunden seien; mir scheint dagegen, daß sämtliche Werte unterschiedslos unter einen einzigen subsumiert werden, nämlich unter den ökonomischen. Wir leben in der Maßlosigkeit – und das, was fehlt, ist so etwas, wie »ein Maß wiederzufinden«.

Das ist natürlich in gewisser Weise ganz richtig. Wenn ich zum Beispiel die Bibel lese, dann sehe ich da, daß die Propheten ihrem Volk gesagt haben: Wenn ihr so weitermacht wie bisher, dann werdet ihr untergehen. Und sie haben so weitergemacht, und sie sind untergegangen. Es ist eine uralte Erfahrung der Menschen, daß das Notwendige nicht rechtzeitig getan wird. Das ist nicht erst unserem Jahrhundert so gegangen. Gleichzeitig ist es auch wahr, daß dann gewisse Maße erkannt und formuliert wurden und daß man versuchte, nach ihnen zu leben. Und seit ein paar hundert Jahren ist in der Tat der eigentümliche Gedanke vom unbegrenzten Fortschritt aufgekommen. Und ein unbegrenzter Fortschritt, der nur ein technischer, ein materieller Fortschritt ist, und nicht zugleich eine größere Bewußtseins- und Wahrnehmungsreifung enthält, kann nur katastrophal sein. Und ich könnte mir denken, daß vielleicht – leider – nur unter dem Druck von großen Katastrophen den Menschen etwas klar wird und eine Veränderung im Menschheitsbewußtsein eintritt.

Das Gespräch führte Dieter Mersch.

Auswahlbibliographie

Günther Anders

Die Antiquiertheit des Menschen, Bd.I, Über die Seele im Zeitalter der zweiten industriellen Revolution, München 1956.
Die Antiquiertheit des Menschen, Bd.II, Über die Zerstörung des Lebens im Zeitalter der dritten industriellen Revolution, München 1980.
Der Blick vom Turm. Fabeln, München 1968.
Besuch im Hades. Auschwitz und Breslau 1966, Nach »Holocaust« 1979, München 1979.
Die atomare Drohung. Radikale Überlegungen, München 1981.
Hiroshima ist überall, München 1982.
Ketzereien, München 1982.
Das Günther-Anders-Lesebuch, hrsg. v. Bernhard Lassahn, Zürich 1984.
Mensch ohne Welt. Schriften zur Kunst und Literatur, München 1984.
Tagebücher und Gedichte, München 1985.
Lieben gestern. Notizen zur Geschichte des Fühlens, München 1986.
Günther Anders antwortet, hrsg. v. Elke Schubert, Berlin 1987.
Wir Eichmannsöhne. Offener Brief an Klaus Eichmann, 2. Aufl., München 1988.
Die molussische Katakombe, München 1992.

Über Anders
Ludger Lütkehaus, Philosophieren nach Hiroshima. Über Günther Anders, Frankfurt/M. 1992.

Karl-Otto Apel

Die Idee der Sprache in der Tradition des Humanismus von Dante bis Vico, Bonn 1963 (Archiv für Begriffsgeschichte Bd. 8).
Transformation der Philosophie, 2 Bde., Frankfurt/M. 1973.
Einführende Bemerkungen zur Idee einer »transzendentalen Sprachpragmatik«, in: C. H. Heidrich (Hg.), Semantics and Communi-

cation. Proceedings of the 3rd Colloquium of the Institute for Communications Research and Phonetics, University of Bonn, Amsterdam/London/New York 1974, S. 81-144.
Zur Idee einer transzendentalen Sprachpragmatik, in: J. Simon (Hg.), Aspekte und Probleme der Sprachphilosophie, Freiburg/München 1974, S. 283-326.
Der Denkweg des Charles Sanders Peirce, Frankfurt/M. 1975.
Sprechakttheorie und transzendentale Sprachpragmatik. Zur Frage ethischer Normen, in: Karl-Otto Apel (Hg.), Sprachpragmatik und Philosophie, Frankfurt/M. 1976, S. 10-173
Ist die Ethik der idealen Kommunikationsgemeinschaft eine Utopie? Zum Verhältnis von Ethik, Utopie und Utopiekritik, in: W. Voßkamp (Hg.), Utopieforschung, Bd. 1, Stuttgart 1982, S. 325-355.
Grenzen der Diskursethik? Versuch einer Zwischenbilanz, in: Zeitschrift für philosophische Forschung, Bd. 40 (1986), H. 1, S. 3-31.
Diskurs und Verantwortung. Das Problem des Übergangs zur postkonventionellen Moral, Frankfurt/M. 1988.
Normative Begründung der »Kritischen Theorie« durch Rekurs auf lebensweltliche Sittlichkeit? Ein transzendentalpragmatisch orientierter Versuch, mit Habermas gegen Habermas zu denken, in: A. Honneth u. a. (Hg.), Zwischenbetrachtungen. Im Prozeß der Aufklärung, Jürgen Habermas zum 60. Geburtstag, Frankfurt/M. 1989.

Über Apel

Hans Albert, Transzendentale Träumereien. Karl-Otto Apels Sprachspiele und sein hermeneutischer Gott, Hamburg 1975.
Wolfgang Kuhlmann, Reflexive Letztbegründung. Untersuchungen zur Transzendentalpragmatik, Freiburg/München 1985.
Wolfgang Kuhlmann/Dietrich Böhler (Hg.), Kommunikation und Reflexion, Frankfurt/M. 1982.
Walter Reese-Schäfer, Karl-Otto Apel zur Einführung, Hamburg 1990.

Hans Blumenberg

Paradigmen zu einer Metaphorologie, Bonn 1960.
Die Legitimität der Neuzeit, Frankfurt/M. 1966, 1988 (erweitert zu: Säkularisierung und Selbstbehauptung, Frankfurt/M. 1974).
Schiffbruch mit Zuschauer, Frankfurt/M. 1979.
Die Genesis der kopernikanischen Welt, 3 Bde., Frankfurt/M. 1981.

Die Lesbarkeit der Welt, Frankfurt/M. 1981.
Wirklichkeiten, in denen wir leben, Stuttgart 1981.
Arbeit am Mythos, Frankfurt/M. 1986.
Lebenszeit und Weltzeit, Frankfurt/M. 1986.
Die Sorge geht über den Fluß, Frankfurt/M. 1987.
Das Lachen der Thrakerin, Frankfurt/M. 1987.
Matthäuspassion, Frankfurt/M. 1988.
Höhlenausgänge, Frankfurt/M. 1989.
O. Marquard, Lebenszeit und Lesezeit, Bemerkungen zum Œuvre von Hans Blumenberg, in: Akzente 3, 37. Jg. (1990), S. 268-271.

Über Blumenberg

J. Kirsch-Händert, Zeitgeist – Die Vermittlung des Geistes mit der Zeit. Eine wissenssoziologische Untersuchung zur Geschichtsphilosophie Hans Blumenbergs, Frankfurt/M. 1989.
Hans Blumenberg zum Geburtstag. Akzente. Zeitschrift für Literatur, Heft 3 (1990).
Franz Josef Wetz, Hans Blumenberg zur Einführung, Hamburg 1993.

Vilém Flusser

Für eine Philosophie der Fotografie, Göttingen 1983.
Ins Universum der technischen Bilder, Göttingen 1985.
Die Schrift. Hat Schreiben Zukunft?, Göttingen 1987.
Krise der Linearität, Bern 1988.
Bodenlos. Eine Philosophische Autobiographie, Düsseldorf und Bensheim 1992
Gesten. Versuch einer Phänomenologie, Düsseldorf und Bensheim 1991.
Dinge und Undinge, München/Wien 1993.
Schriften Bd. 1: Lob der Oberflächlichkeit. Für eine Phänomenologie der Medien, Mannheim 1993.
Schriften Bd. 2: Nachgeschichte. Eine korrigierte Geschichtsschreibung, Mannheim 1993.
Schriften Bd. 3: Vom Subjekt zum Projekt, Mannheim 1994.
über flusser. Die Fest-Schrift zum 70. Geburtstag von Vilém Flusser, hrsg. v. Volker Rapsch, Düsseldorf 1990.
(Vilém Flussers Schriften in 14 Bänden, hrsg. v. Stefan Bollmann und Edith Flusser erscheinen seit 1993 im Bollmann Verlag, Mannheim)

Hans-Georg Gadamer

Gesamtausgabe
Gesammelte Werke, Tübingen 1985 ff.

Einzelausgaben
Kleine Schriften I-III, Tübingen 1966-1971.
Hegels Dialektik, Tübingen 1971.
Wahrheit und Methode, 3. Aufl., Tübingen 1972.
Rhetorik, Hermeneutik und Ideologiekritik, in: Hermeneutik und Ideologiekritik. Mit Beiträgen von Apel, Bormann, Bubner, Gadamer, Giegel, Habermas, Frankfurt/M. 1973, S. 57-82.
Poetica, Frankfurt/M. 1977.
Philosophische Lehrjahre, Frankfurt/M. 1977.
Heideggers Wege, Tübingen 1983.
Das Erbe Europas, Frankfurt/M. 1989.
H.-G. Gadamer/P. Vogler (Hg.), Philosophische Anthropologie, 2 Bde., Stuttgart 1975.

Über Gadamer
Carsten Dutt, Hans-Georg Gadamer. Eine Einführung, Heidelberg 1996.
J. Habermas, Zu Gadamers »Wahrheit und Methode«, in: Hermeneutik und Ideologiekritik. Mit Beiträgen von Apel, Bormann, Bubner, Gadamer, Giegel, Habermas, Frankfurt/M. 1973, S. 45-56.
Ders., Urbanisierung der Heideggerschen Provinz, in: Philosophisch-politische Profile, erw. Ausgabe, Frankfurt/M. 1987, S. 392-401.

Jürgen Habermas

Strukturwandel der Öffentlichkeit, Neuwied 1962.
Theorie und Praxis, 4. Aufl., Frankfurt/M. 1971.
Erkenntnis und Interesse, Frankfurt/M. 1968.
Technik und Wissenschaft als »Ideologie«, Frankfurt/M. 1968.
Gegen einen positivistisch halbierten Rationalismus, in: Th. W. Adorno u. a., Der Positivismusstreit in der deutschen Soziologie, Darmstadt und Neuwied 1969, S. 235-266.
Vorbereitende Bemerkungen zu einer Theorie der kommunikativen Kompetenz, in: Habermas/Luhmann, Theorie der Gesellschaft oder Sozialtechnologie, Frankfurt/M. 1971, S. 101-141.

Philosophisch-politische Profile, Frankfurt/M. 1971.
Was heißt Universalpragmatik?, in: K.-O. Apel (Hg.), Sprachpragmatik und Philosophie, Frankfurt/M. 1976, S. 174-272.
Zur Rekonstruktion des Historischen Materialismus, Frankfurt/M. 1976.
Theorie des kommunikativen Handelns, 2 Bde., Frankfurt/M. 1981.
Moralbewußtsein und kommunikatives Handeln, Frankfurt/M. 1983.
Die neue Unübersichtlichkeit, Frankfurt/M. 1985.
Der philosophische Diskurs der Moderne, 2. Aufl., Frankfurt/M. 1985.
Nachmetaphysisches Denken, Frankfurt/M. 1988.
Die nachholende Revolution, Frankfurt/M. 1990.
Erläuterungen zur Diskursethik, Frankfurt/M. 1991.
Faktizität und Geltung, 2. Aufl., Frankfurt/M. 1992.

Über Habermas

Detlef Horster, Jürgen Habermas, Stuttgart 1991.
Thomas McCarthy, Kritik der Verständigungsverhältnisse. Zur Theorie von Jürgen Habermas, Frankfurt/M. 1980.
Axel Honneth et al., Zwischenbetrachtung. Im Prozeß der Aufklärung, Frankfurt/M. 1989.

Hans Jonas

Gnosis und spätantiker Geist. Erster Teil: Die mythologische Gnosis, Göttingen 1934 und 1988.
Gnosis und spätantiker Geist. Zweiter Teil: Von der Mythologie zur mystischen Philosophie, Göttingen 1993.
Zwischen Nichts und Ewigkeit. Zur Lehre vom Menschen, Göttingen 1963.
Organismus und Freiheit. Ansätze zu einer philosophischen Biologie, Göttingen 1973.
Das Prinzip Verantwortung. Versuch einer Ethik für die technologische Zivilisation, Frankfurt/M. 1979.
Technik, Medizin und Ethik. Zur Praxis des Prinzips Verantwortung, Frankfurt/M. 1985.
Macht und Ohnmacht der Subjektivität. Das Leib-Seele-Problem im Vorfeld des Prinzips Verantwortung, Frankfurt/M. 1987.
Philosophische Untersuchungen und metaphysische Vermutungen, Frankfurt/M. 1992.

Dem bösen Ende näher. Gespräche über das Verhältnis des Menschen zur Natur, Frankfurt/M. 1993.
Philosophie. Rückschau und Vorschau am Ende des Jahrhunderts, Frankfurt/M. 1993.

Über Jonas
Dietrich Böhler (Hg.), Herausforderung Zukunftsverantwortung, 2. Aufl., Münster 1992.
Franz Josef Wetz, Hans Jonas zur Einführung, Hamburg 1994.

Niklas Luhmann

Soziologische Aufklärung, Bd. I-V, Opladen 1970-1990.
N. Luhmann/J. Habermas, Theorie der Gesellschaft oder Sozialtechnologie, Frankfurt/M. 1971.
Gesellschaftsstruktur und Semantik, 3 Bde., Frankfurt/M. 1980-1989.
Liebe als Passion. Zur Codierung von Intimität, Frankfurt/M. 1982.
Soziale Systeme, Frankfurt/M. 1984.
Ökologische Kommunikation, Opladen 1986.
Die Wirtschaft der Gesellschaft, Frankfurt/M. 1988.
Paradigm lost. Über die ethische Reflexion der Moral. Rede von Niklas Luhmann anläßlich der Verleihung des Hegel-Preises 1989, Laudatio von Robert Spaemann, Frankfurt/M. 1990.
Die Wissenschaft der Gesellschaft, Frankfurt/M. 1990.
Soziologie des Risikos, Berlin/New York 1991.
Beobachtungen der Moderne, Opladen 1992.
Das Recht der Gesellschaft, Frankfurt/M. 1995.

Über Luhmann
Peter Fuchs, Niklas Luhmann. Eine Einführung in die Systemtheorie, 2. Aufl., Wiesbaden 1993.
Helga Gripp-Hagelstange, Niklas Luhmann. Eine erkenntnistheoretische Einführung, Stuttgart 1995.

Odo Marquard

Skeptische Methode im Blick auf Kant, Freiburg/München 1958.
Schwierigkeiten mit der Geschichtsphilosophie, Frankfurt/M. 1973.
Abschied vom Prinzipiellen. Philosophische Studien, Stuttgart 1981.
Apologie des Zufälligen. Philosophische Studien, Stuttgart 1986.

Transzendentaler Idealismus, romantische Naturphilosophie, Psychoanalyse, Köln 1987.
Aesthetica und Anaesthetica. Philosophische Überlegungen, Paderborn 1989.
Skepsis und Zustimmung. Philosophische Studien, Stuttgart 1994.
Glück im Unglück. Normen, Üblichkeiten, Kompensationen, 4. Aufl., München 1995.

Hermann Schmitz

System der Philosophie, 5 Bde. in 10 Büchern, Bonn 1964-1980.
Subjektivität. Beiträge zur Phänomenologie und Logik, Bonn 1968.
Neue Phänomenologie, Bonn 1980.
Die Ideenlehre des Aristoteles, 2 Bde. in 3 Büchern, Bonn 1985.
Der Ursprung des Gegenstandes, Bonn 1988.
Der unerschöpfliche Gegenstand. Grundzüge der Philosophie, Bonn 1990.

Carl Friedrich von Weizsäcker

Zum Weltbild der Physik, Stuttgart 1943.
Die Geschichte der Natur. Zwölf Vorlesungen, Stuttgart 1948.
Die Einheit der Natur, München 1971.
Der Garten des Menschlichen. Beiträge zur geschichtlichen Anthropologie, München 1977.
Der bedrohte Friede. Politische Aufsätze 1945-1981, München 1981.
Wahrnehmung der Neuzeit, München 1983.
Aufbau der Physik, München 1985.
Bewußtseinswandel, München 1988.
Gopi Krishna, Die biologische Basis der religiösen Erfahrung, Frankfurt/M. 1988.
Der Mensch in seiner Geschichte, München 1991.
Zeit und Wissen, München 1992.

Über von Weizsäcker

Thomas Görnitz, Carl Friedrich von Weizsäcker, Freiburg 1992.
Michael Drieschner, Carl Friedrich von Weizsäcker zur Einführung, Hamburg 1992.